“新时代文明实践+”视角下

国家智能社会治理综合实验的成都探索与研究

林 枫 袁 野 谭全万 / 著

中国社会出版社
国家一级出版社 · 全国百佳图书出版单位

图书在版编目（CIP）数据

“新时代文明实践＋”视角下国家智能社会治理综合实验的成都探索与研究 / 林枫，袁野，谭全万著．—— 北京：中国社会出版社，2023.12

ISBN 978-7-5087-6972-1

Ⅰ．①新… Ⅱ．①林… ②袁… ③谭… Ⅲ．①社会管理－研究－成都 Ⅳ．①D677.11

中国国家版本馆 CIP 数据核字（2024）第 014120 号

“新时代文明实践＋”视角下国家智能社会治理综合实验的成都探索与研究

出 版 人： 程　伟
终 审 人： 李新涛
责任编辑： 张耀文
装帧设计： 时　捷
出版发行： 中国社会出版社
（北京市西城区二龙路甲 33 号　邮编 100032）
印刷装订： 河北鑫兆源印刷有限公司
版　　次： 2023 年 12 月第 1 版
印　　次： 2023 年 12 月第 1 次印刷
开　　本： 170mm × 240mm　1/16
字　　数： 260 千字
印　　张： 16.75
定　　价： 58.00 元

客服热线：（010）58124852　投稿热线：（010）58124812　盗版举报：（010）58124808

购书热线：（010）58124841；58124842；58124845；58124848；58124849

学术应用研究和编撰工作委员会

课题研究

基础课题：“社区公共服务大数据工程”与互联网背景下的新型政社互动机制研究

立项单位：中华人民共和国民政部

项目类别：委托课题

立项编号：2016MZRL010502

结项编号：2016MZRJ031－80

应用课题：成都市国家智能社会治理实验综合基地“智能网络空间治理”（成都市智慧蓉城建设领导小组规划项目）

成华区国家智能社会治理实验综合基地“智能社区与网络空间融合治理”（武汉大学网络传播与社会治理研究中心联合科研项目、成都市和成华区社会科学界联合会社科规划项目）

科研实验

成都市国家智能社会治理实验综合基地成华区智能社区与网络空间融合治理研究中心

成都理工大学－四川新锐虚拟现实技术应用研究中心人工智能法律与伦理规范研究中心、社区文化与意识形态实验室

四川创新社会发展与管理研究院－西财天府社区治理学院社区治理 AI 算法实验室、智能社区与大健康服务实验室

成都“学习强国”主题街区智能社会治理与民生服务研究基地（成都市智慧城市治理研究会“人文社区·智能社会”智库专委会）

成都市成华区社科联智能社会治理与社会事业发展创新中心

著作牵头

四川创新社会发展与管理研究院

成都市智慧城市治理研究会

西南财经大学天府学院社区治理学院

统稿人

谢　刚　曹莎莎　张邦辉　杨　平　张华川

学术指导

民政部政策理论研究基地（重庆大学）

成都理工大学文法学院

重庆大学自动化学院“人工智能＋社会治理”研发中心

武汉大学网络传播与社会治理研究中心

学术顾问

柴　毅　中国人工智能学会智能空天专业委员会委员，重庆大学二级教授、博士研究生导师

李小曼　武汉大学网络传播与社会治理研究中心执行主任，研究员

刘　裕　电子科技大学公共管理学院教授

李海梅　成都理工大学文法学院副院长、教授，成都市智慧城市治理研究会研究员

苟兴才　西南财经大学天府学院副校长、西财天府社区治理学院院长

杨仕清　成都职业技术学院博士后创新实践基地主任，博士研究生导师、二级教授

向自强　四川省社会科学界联合会研究员

熊　平　成都市社会科学界联合会副主席

蒋茂文　成都市广播电视台党委委员、副台长

但　强　成都天府通金融支付股份有限公司董事长

肖连凤　四川创新社会发展与管理研究院执行院长，教授级高级工程师

龚育雄　成都市成华区社会科学界联合会主席

应用指导

茆长宝　成都理工大学文法学院

张　庆　成都市成华区民政局

彭　昊　成都市广播电视台生活消费传媒中心

刘　敏　成都市成华区龙潭街道

肖道伟　成都市智慧城市治理研究会

闵　艳　成都市成华区青龙街道昭青路社区

周　琪　四川新锐虚拟现实技术应用研发中心

牛汶洪　成都体投集团

汤珊蓉　四川天府新区原点公益促进中心

樊明杰　成都理工大学人工智能法律与伦理规范研究中心

高　霞　成都市成华区教育服务中心正高级实验师

序言一

智能计算新领衔　智慧治理新探索

马福云

《“新时代文明实践＋”视角下国家智能社会治理综合实验的成都探索与研究》一书，深入剖析了近年来成都市在智能社会治理领域的创新探索。该书不仅详细描述了成都市如何利用人工智能技术提升社区治理效能，还深刻揭示了智能社会建设背后的理论逻辑和实践路径。读完这部书稿，我深感成都市智慧治理方面的探索已经取得不少的创新性突破，值得我们深入学习借鉴。

伴随人工智能的不断演进，人类社会正日益形成一个紧密联结的“数字社会共同体”。基于互联网建构起来的虚拟社会已发展成为人们活动于其中的现实网络空间，线上与线下交互交融所塑造的数字社会，使得现实与虚拟的边界越发模糊。数字社会与现实社会的互动融合日益改变着人类生活的社会形貌，使得人们的生活场景越来越表现出一种渐趋不同的新形态。这一社会新形态将会影响人们的社会行动，推动新的群体及组织建构，进而改变传统个人心理与社会心态。目前，对这一新形态社会的认知及治理尚处于探索起步阶段，还没有现成模式可供参照。因此，中央网信办等八部门联合启动了国家智能社会治理实验综合基地建设，以探索这一社会运行的规律和治理模式，分析其给社会舆论、心理心态带来的影响挑战，为制定相关政策规范和法律法规提供案例参考。

成都市始终坚持以习近平新时代中国特色社会主义思想为指引，特别是立足习近平总书记关于网络强国、社会治理创新等重要论述，以全面建设践行新发展理念的公园城市示范区为统领，积极推进智慧蓉城的建设步伐，大力推动国家智能社会治理实验综合基地的落地实施。

在智慧蓉城建设过程中，成都市坚持结果导向、问题导向和目标导向，力求在政府管理、社会服务、公共安全和数字经济等多个领域深入开展人工智能社会实践，推进智能社会治理的创新探索。同时，成都市高度重视人工智能应用可能带来的潜在风险挑战，将党的意识形态安全和国家法律法规贯彻实验工作的始终，加强风险研判、识别和防范，旨在维护市民及市场主体的合法权益，确保城市的安全稳定。这些努力为推进超大城市治理体系和治理能力现代化提供了坚实的支撑，也为国家治理体系和治理能力现代化建设贡献了成都智慧和蓉城力量。

我认为，在人工智能技术的驱动下，成都市的探索实践与研究工作具有深远的示范意义。它不仅展示了智能社会建设的必要性和可行性，也为多地社会治理的智能化提供了宝贵的经验与借鉴。

一是在理论研究层面，成都市审时度势地提出了"新时代文明实践+"智能社会建设治理的指导思想，这一创新理念为智能社会构建提供了切实可行的理论支撑。该指导思想以习近平新时代中国特色社会主义思想为引领，深刻把握了智能社会发展的时代脉搏，致力于将社会主义核心价值观融入智能网络空间治理的全过程。这一创新性观点还强调社会主义核心价值观在智能网络空间领域的实践，为我们理解和应对智能社会的复杂性和多元性提供了强有力的工具。通过践行这一理念，我们能够更好地推动智能网络空间的健康有序发展，培育积极向上的智能空间网络文化，实现智能技术与社会价值的良性互动。网络文明建设的加强，有利于引导广大网民树立正确的网络价值观和行为规范，共同营造一个清朗的网络空间。

二是在实验试点应用方面，成都市以智慧蓉城建设为核心支撑，依托舆情监测分析、文明实践、智慧治理信息系统（"云社区+智媒体"）等关键技术，积极探索"人文社区·智能社会"建设的新路径。通过集成现有智慧社区、文明实践、网络舆情监测等系统资源，采用人工智能算法等技术对现有系统平台予以优化改造，增强智能技术在网络空间舆论治理、文明实践、社会治理等领域的作用，不仅提升了网络舆论治理内部生态系统的稳定性和安全性，还大大提升了智慧蓉城城运平台的功能。

三是在虚实共治领域，成都市率先提出“新时代文明实践 +”智能社区与网络空间舆论治理社会实验的创新举措。该实验着眼于区—街道—社区层面业务的“解构重构”，旨在通过精细化治理，形成包括平安、幸福、健康、友好等在内的多元化“AI + 业务域”。在实验过程中，充分利用AIGC（人工智能生成内容）、NLP（自然语言处理）和 CIG（社区治理算法应用技术）等先进技术，构建“虚实共治、协同治理”的交互界面，推动线上线下治理的有机融合。通过实验，成都市有关方面总结智能空间文化建设、智能精神空间净化以及智能网络空间治理的新路径，深入研究区级文明实践、社会治理、网络治理的模式变化与流程变革。同时，通过对智能网络舆论治理实现路径的评估，总结市区级智能网络舆论治理及智能社会治理的新模式，为智能网络空间舆论监管和执法流程规范等政策与制度的制定提供案例支撑，也为全国的智能社会治理提供可借鉴的成都经验。

四是在推进社区治理与服务方面，成华区推进的政产学研用一体化发展取得了显著成效。2012 年以来，成华区以申报“全国创新社会治理典型案例”为契机，不断探索智慧治理创新之路，将理论研究成果迅速转化为实际应用场景，形成了有效的闭环机制。在本次实验中，成华区充分发挥自身优势，因地制宜地在小区、社区、街区等不同层面打造了一系列创新应用场景。“学习强国”主题街区、青龙健康体育街区、昭青坊 66 号关爱大院、新鸿文明小区等项目，以及安全校园与心理健康协同关爱服务等应用新场景，不仅让实验试点成果看得见、摸得着，更增强了社区的凝聚力和居民的幸福感。同时，通过设立龙潭智能社会治理融合实验区、社区大数据基础制度实验区等方式，深入探索社区大数据在县域之间的流通和资产化等前沿问题，构建“社区公共服务大数据 + 应用场景 + 算法”的生态体系，为“人文社区 · 智能社会”治理和服务创新提供了强有力的数据支撑和智能决策依据。

五是成华区围绕“新时代文明实践＋”智能社会治理创新方向，深化教育、就业、社保、卫生、住房等福利政策改革，促进民生服务精细化。通过扎实细致的福利政策实施，切实增强民众福祉，提升获得感、幸福感和安全感。此举不仅营造文明风尚，培育积极社会心态，还为下一步深入开展社会心理量化研究与应用实践、“人文社区·智能社会”建设奠定了坚实基础，让民众在共享发展成果中感受到智能社区治理的新成效。

综上所述，该书不仅是对成都市智能社会治理实践成果的总结和展示，更是对未来社会智慧治理发展方向的一种引领和启迪。我相信，随着人工智能新质生产力技术的不断进步和应用场景的不断拓展，成都市在智慧治理领域的探索创新将取得更加丰硕的成果，为我们构建一个更加美好、更加智能的未来社会提供有力的支撑和保障。

最后，期待成都市有关单位继续深入实验试点创新，积极探索智慧治理的新模式、新路径，共同推动人类社会向更加智能、更加和谐的方向迈进。

[作者系中央党校（国家行政学院）社会和生态文明教研部社会治理教研室主任，教授、博导]

序言二

“新时代文明实践＋”引领：首创“人文社区·智能社会”虚实共治理论与实践

侯水平

在成都市有关方面的大力支持下，三位学者历经半年深入调研和不懈努力，《“新时代文明实践＋”视角下国家智能社会治理综合实验的成都探索与研究》一书终于付梓。作者紧扣新时代脉搏，围绕成都市智能社会治理实验综合基地规划建设和成华区“智能社区与网络空间融合治理”的创新实践，深入剖析智能社会治理和服务创新的理论与实践路径，成果丰硕，成效显著。不仅为当前智能社会治理提供了有力的理论参考，也为人工智能时代背景下社区层面实践探索提供了思路。此书的问世，有望为“人文社区·智能社会”相关领域的研究与实践注入新的活力，开启新的篇章。

作者综合运用比较分析、多学科交叉分析、归纳总结及案例分析等多种研究方法，对智能社会治理的理论与实践路径进行了深入探讨，不仅创新性地提出了“新时代文明实践＋”的理念，更在理论与实践层面实现了新突破，一定程度上填补了相关领域的空白。其研究成果对推动智能社会治理“虚实共治、协同治理”具有重要意义，展现了作者深厚的学术功底和前瞻的视野，无疑将为后续研究提供宝贵的借鉴与启示。

第一，本书在深入分析智能社会治理现状的基础上，提出了“新时代文明实践＋”的智能社会治理综合实验理论与实践指导观点。

在当前人工智能迅猛发展的时代背景下，国际社会日益形成一个紧密相连的“数字网络社会共同体”。本书认为，从互联网虚拟社会到智能网络空间，再到线上线下深度融合的智能社会，现实与虚拟世界的交织共同塑造了一个独特的网络社会生态。在这一进程中，社会科学研究发挥着至关重要的作用，能够为智能社会治理提供有力的理论支持和策略指引。

进一步地，成华区与成都市广播电视台及驻区高校科研机构合作，创新政产学研用和共驻共建、共建共享机制，共同打造“社区治理 AI 算法应用实验室”“智能社区与大健康服务”“人工智能与意识形态实验室”“成华区社会治理与民生服务研究基地”等跨系统、跨学科、跨平台、跨领域、跨部门的融合协同创新平台，为本书撰写提供了研究和案例支撑。本书通过对大数据、社区善治、社会计算、新公共管理及智能社会控制等多元理论的深入研究，深入探讨社会主义核心价值观在智能社会治理中的重要作用。在此基础上，本书提出了以习近平新时代中国特色社会主义思想为指导，以“新时代文明实践＋”为引领，探索物质与精神空间、现实社区与虚拟社区、智能社会与网络空间“虚实共治、协同治理”的新路径。这一路径的提出，不仅是对现有智能社会治理的创新和完善，更是对未来智能社会治理发展趋势的前瞻性思考。

可以说，本书期望通过这一理论与实践指导观点的提出，为超大城市治理和智能社会治理与服务创新领域填补空白。我们期待本书的研究成果能够为国家智能社会治理实验提供有力的理论支撑和实践参考，为推动国家智能社会治理体系与治理能力现代化的目标贡献成都智慧。这不仅是对成都市乃至全国智能社会治理实践的重要贡献，也是对全球智能社会治理理论与实践发展作出的积极努力。

第二，本书在深入探讨新时代文明实践和智能社会治理的关系基础上，提出了“新时代文明实践＋”智能社会治理创新的有效路径。

智能社会作为信息化、网络化的高级社会形态，借助先进信息技术与智能化手段，实现了社会功能的智能化管理与服务。智能社会的高度复杂性和多元化特性，使其包含多个相互交织、相互影响的构成空间，如智慧城市、智能网络、智能精神、智慧文化及智能经济等。这些空间共同推动着全域社会的智能化发展，为高效运转和可持续进步奠定了坚实基础。

在智能社会治理创新的实践中，成华区展现出前瞻性的视野和坚实的行动。成华区坚持“问题导向、利旧创新、智能融合、场景打造、机制闭环”的原则，以智慧城市（智慧蓉城）、微网实格、文明实践等智能化设施设备融合建设为基础，着力构建“社区公共服务大数据 + 应用场景 + 算法”的生态体系。这一创新举措不仅推动了传统智慧社区向人文智慧社区的转型，更为“人文社区·智能社会”的集成建设方向升级提供了有力支撑。

在“新时代文明实践 +”的视角下，成华区积极探索国家智能社会治理综合实验的新路径。支持本书作者通过深入研究，对智能社会领域的治理创新进行了全面而系统的梳理和总结。这一探索不仅丰富了智能社会治理的理论体系，更为实践层面的操作提供了宝贵的经验和借鉴。通过这一路径的实施，展示了成华区在智能社会治理创新方面取得的显著成效，为其他地区乃至全国范围的智能社会治理提供了有益的参考和启示。

第三，本书在深入分析人文智慧社区与“人文社区·智能社会”集成建设的基础上，深入考察分析了“新时代文明实践 +”社区文化精神空间的智慧共同体构造等重点领域。

在成华区推进国家智能社会治理实验综合基地“智能社区与网络空间融合治理”的实践中，“社区文化精神空间”智慧共同体这一领域被赋予了极高的价值和重要意义。通过深入研究和实践，成华区力求探索出一条在人工智能背景下，构建“社区文化精神空间”智慧共同体的新路径。

在这一过程中，“新时代文明实践 +”理念被贯穿于“虚实共治、协同治理”的各项研究和实践工作之中。这不仅体现了社会主义核心价值观在智能社会治理中的引领作用，也彰显了成都市有关单位和成华区在推动智能社会治理创新方面的坚定决心和前瞻视野。通过这一理念的引导，成华区着力创新政产学研用和共驻共建、共建共享机制，致力于打造一个人人有责、人人尽责、人人享有的智能网络空间人文共同体，为居民提供更加便捷、高效、智能的服务。

成都市各方面的这些努力不仅推动了智能精神空间净化、智能文化空间塑造、智能网络空间治理，而且探索出了构建健康、和谐、高效的“人文社区·智能社会”的新路径。这不仅对智能社会治理理论体系的丰富和完善起到推动作用，还为其他地方在实践层面提供了重要经验和借鉴。通过本书的阐述和总结，我们期望能够为国家治理体系和治理能力现代化贡献一份力量，推动智能社会治理体系与治理能力实现现代化目标。

第四，本书在深入分析“智慧蓉城”城运平台提质增效要求的基础上，提出了“新时代文明实践+”智能网络文化精神“家空间”共同体研究成果的应用及特色应用场景打造方案。

这一创新思路将推动理论研究转化为实践应用，通过集成“大联动·家空间”智能治理之芯，构建起高效的社区公共空间隐患AI治理系统平台。该平台实现了“一芯百算千视万物”的智能化管理，以科技力量推动城市管理、微网实格、智慧社区、文明实践等工作在社区领域的融合发展，为智能社区治理与网络空间融合治理创新提供了有力支撑。

在“新时代文明实践+”的引领下，成华区龙潭街道、双桥子街道、青龙街道等辖区积极探索将智能治理技术应用于社区公共空间隐患的治理，校园安全与心理健康家校社协同关爱、“一老一小”服务等领域。通过集成先进的AI技术，着力构建了一个高效、智能的社区层面“一港三云”治理融合系统平台。这些底层融合平台不仅具有较强的数据处理能力，能够实时分析社区公共空间的各种数据，还能够通过CIG等社会计算、视觉识别等技术，及时发现潜在的社区公共空间安全隐患。同时，平台还提供了丰富的应用场景，如平安场景、服务场景、友好场景、健康场景和幸福场景等，为居民提供了更加便捷、舒适的生活环境。

通过这些特色应用场景的打造，有利于推动智能治理技术与社区治理实践结合，实现人工智能新质生产力与人文社区的深度融合。这不仅有利于提升社区的综合服务水平，也必将增强居民的获得感、幸福感和安全感。通过该书的总结，有望吸引更多社会力量加盟继续深化相关研究和实践，为打造更加智能、和谐、美好的“人文社区·智能社会”和高品质社区生活贡献力量。

第五，本书在深入分析成华区现实需求的基础上，提出构建线上线下“虚实共治、协同治理”机制的重要性及其具体实践路径。

在这一机制的构建过程中，成都市有关单位注重打造多样化的有形空间，如“学习强国”主题街区、社区学习小站、文明实践站以及“双百”社区教育培训和体验基地等，旨在通过这些平台的建设，推动线上线下治理资源的深度融合与互补。

同时，成华区特别注重构建新时代文明实践“一街百站千景万家”的社会宣传与民生服务体系，“云社区 + 智媒体”人文智慧社区治理“一池三联”等互动机制建设，推动“人文社区 · 智能社会”持续健康发展。成华区与成都市广播电视台合作，发挥都市生活频道《幸福成都》等栏目及融媒体、智媒体（自媒体）在智能社会治理创新中的作用，推动“群众活动天天有 · 主题活动相约星期四”等校地结合，通过开展各类志愿服务和群众推选评选等活动，实现线上线下良性互动和“虚实共治、协同治理”。这一系列措施不仅提高了居民对文明实践的认知度和参与度，也进一步激发了居民的人文智慧社区共同体的归属感和参与热情。

在此基础上，成华区还不断探索完善“社区公共服务大数据 + 应用场景 + 算法”生态体系，通过 AIGC、NLP、CIG 等人工智能社区算法技术的应用，进一步促进智能社区治理需求的精准识别和服务资源的优化配置。这不仅提升了社区“家空间”服务的品质和效率，还为开展人工智能社会实验提供了有力的线下系统支撑、数据支撑、场景支撑和机制支撑。

从以上粗略的分析中，我深感本书在智能社会治理领域的创新价值。它以“新时代文明实践 +”作为核心指导观点，促进人工智能等新质生产力技术与社区人文深度融合，促进智能社区与网络空间融合治理创新，为超大城市治理体系和治理能力现代化提供了新的思路。同时，也为智能社会治理综合实验提供了全新的理论视角，特别是为一些地方依托智慧城市、传统智慧型社区等建设，向人文智慧社区转型，向“人文社区 · 智能社会”升级探索出了一条切实可行的实践路径，提供了鲜活的案例参考。

综上所述，本书在理论和实践方面，一定程度上实现了新的突破，其研究成果有望填补相关领域的空白，为国家治理体系和治理能力现代化贡献重要的成都智慧。

在此，期望作者与成都市有关单位及高校科研机构继续紧密合作，持续深化研究和实践，不断探索“新时代文明实践+”视觉下的智能社会治理的理论体系和实践模式，积极为推动国家治理体系和治理能力现代化贡献更多力量。

（作者系四川省社会科学院原院长）

序言三

“新时代文明实践 + ”：共建智能网络文化精神家园新视野

孟建伟

阅读《“新时代文明实践 + ”视角下国家智能社会治理综合实验的成都探索与研究》初稿后，我深感震撼。成都市在国家智能社会治理实验中，勇于创新，以“社区文化精神空间”智慧共同体构造为核心，这不仅体现了对新时代社区文化守正创新的深刻理解，也展现了其前瞻性的战略布局。

第一，深刻把握新时代社区文化守正创新的要义。

在人工智能背景下，社区文化不再是单一的、静态的存在，而是需要与时俱进、不断创新。成都市有关单位在推进国家智能社会治理实验综合基地中，深刻领悟并准确把握了新时代社区文化守正创新的要义。它一方面坚守传统社区文化的精神内核，传承优秀文化基因，确保文化之本不失；另一方面，则大胆创新，积极运用现代科技手段，为社区文化注入时代活力，推动传统文化与现代社会的有机融合。这种守正创新的态度，展现了成都市在推进智能社会治理中的创新精神和前瞻视野，又为构建充满活力、健康和谐的智能社区文化空间奠定了坚实基础。

第二，深刻把握了社会大变革时代“社区文化精神空间”智慧共同体构造的基本内涵。

这一内涵强调，在信息化、智能化的时代背景下，社区文化精神空间不再局限于传统的物理空间，而是扩展到了更广阔的虚拟空间。成都市在探索智能社会治理的过程中，通过构建人文智慧社区共同体，将线上线下文化空间有机融合，实现了社区文化的共享、共创与共生。这不仅丰富了社区文化的内涵与形式，也提升了居民的文化参与感和归属感，对于推动"人文社区·智能社会"建设，以及社区文化精神空间的智慧化、现代化发展具有重要意义。

第三，深刻把握了智能网络文化与精神家园打造的基本方略。

近年来，成都市在推进智慧蓉城、新时代文明实践、国家智能社会治理实验综合基地等建设过程中，注重研究智能网络意识形态及社区文化的核心价值，以及 AIGC、CIG 等人工智能生成机制，注重构建智能网络空间行为新秩序，加强文化空间塑造、精神空间净化，营造清朗的网络空间，为网络文化的发展提供良好环境。同时，推动智能网络文化创新，丰富网络文化表现形式，打造具有地方特色的"新街坊·家空间""邻里守望·家文化"等智能网络空间文化品牌，弘扬真善美，引领网络文化健康发展。

第四，深刻把握"社区文化精神空间"智慧共同体构造的机制和制度优化设计方向。

成都市有关单位建立健全了多元主体参与机制，鼓励居民、社区组织、企业等多元主体共同参与社区文化建设，形成共建共治共享的文化治理格局；注重制度保障和激励创新，通过制定相关政策和法规，为社区文化智慧共同体的发展提供有力支撑。同时，积极探索文化创新激励机制，激发文化创造活力，推动社区文化繁荣发展。这些机制和制度的优化设计，为"社区文化精神空间"智慧共同体构造提供了坚实保障。

第五，深刻把握"社区文化精神空间"研究成果转化应用和特色应用场景打造。

成华区与成都市广播电视台，以"新时代文明实践+"为导向，打造"学习强国"主题街区，坚守法律法规和伦理规范，科学运用 AIGC、NLP、CIG 等人工智能技术，有效构建"社区公共服务大数据 + 应用场景 + 算法"生态体系，创新社区治理算法应用。通过这一系列举措，逐步呈现

"AI +"平安、服务、友好、健康、幸福等特色文明实践新场景，让居民群众深切感受到社区文化的魅力与温度，进一步增强了社区的凝聚力和向心力，共同推动着全域社会的智能化发展，实现高效运转和可持续进步。

综上所述，该书以成都市的智能社会治理综合实验项目为切入点，深入剖析了"新时代文明实践 +"在智能社会治理中的理论价值和实践意义。以成华区为例，该书详细阐述了智能社区与网络空间融合治理的创新实践，展示了如何通过人文智慧社区建设，集成打造"人文社区·智能社会"的新应用场景。这一举措不仅在理论层面实现了新的突破，也为超大城市治理体系和治理能力现代化提供了新的思路和方法。

展望未来，期望作者与成都市及相关科研机构能够继续深化研究和实践，不断探索和完善智能社会治理"虚实共治、协同治理"的机制和路径。通过持续的创新和努力，为国家治理体系和治理能力现代化贡献成都智慧，为构建更加和谐、智能的社会作出积极贡献。这不仅是对成都市发展的有力推动，也将为其他城市的智能社会治理提供有益的借鉴和参考。

（作者系中国科学院大学二级教授）

序言四

坚持“人文+智慧+社区”融合
探索智能网络空间治理新路径

李小曼

在数字经济与智能技术飞速发展的今天，智慧城市建设已成为推动国家治理体系和治理能力现代化的重要一环。然而，智慧城市的建设不应仅仅停留于技术的堆砌与物理空间的智能化，而更应深入社会肌理，关注人的全面发展。在这一背景下，“人文+智慧+社区”的融合理念应运而生，为智慧城市的深度发展及网络空间治理提供了新的思路与路径。本书以成都市成华区国家智能社会治理实验综合基地的人工智能实验项目为例，深入探讨“智能社区与网络空间舆论融合治理”的实践与创新路径，值得进一步关注。

一、以人为本：智慧社区建设的新坐标

智慧社区的本质在于通过信息技术的应用，提升社区治理和服务效率，优化公共资源配置，最终服务于人的全面发展。因此，智慧社区建设必须坚持“以人为本”的核心理念，将人的需求、情感与价值观置于首位。这要求智慧社区在规划、建设、运营的每一个环节，都要充分考虑人的因素，确保技术成果能够真正惠及广大人民群众。

在“人文+智慧+社区”的融合框架下，“以社区居民群众为中心”成为智慧社区建设的重要原则。这意味着智慧社区不仅仅是物理空间的智

能化改造，更是社区治理理念、服务模式、文化生态的全面升级。通过构建便捷、高效、人性化的社区服务体系，满足居民多元化、个性化的需求，提升居民的幸福感与归属感。

二、人文智慧融合：探索智能社区治理新模式

成都市成华区国家智能社会治理实验综合基地的“智能社区与网络空间舆论融合治理”项目，正是“人文 + 智慧 + 社区”融合理念的生动实践。该项目以社区居民为中心，依托大数据、云计算、人工智能等先进技术，构建了一个集舆情监测、分析、预警、处置于一体的智能网络舆论治理体系。

成都市有关单位在实施过程中，首先注重人文关怀的融入。通过深入了解社区居民的关切与诉求，建立了社区意见征集与反馈机制。同时，通过举办线上线下相结合的文化活动、公益活动等方式，增强社区居民之间的交流与互动，营造积极向上的社区氛围。

同时，还注重通过人工智能等新一代技术，对智慧社区业务和信息化系统的内部生态进行优化与再造，通过引入智能化的工作流程管理系统，及时发现并预警潜在的社会风险点，这为智能社区与网络空间融合治理奠定了坚实基础，也为政府决策提供了科学依据。

三、“虚实共治”融合：智能网络空间治理新路径

随着互联网的普及与 AIGC、NLP 等人工智能技术应用的发展，智能网络空间已成为人们日常生活不可或缺的一部分。然而，智能网络空间的匿名性、开放性等特点也带来了诸多治理难题。如何在保障言论自由的同时维护网络秩序、净化网络环境，并深入研究智能网络舆论的形成机制、演变规律、治理模式等，已成为新时代网络空间治理的重要课题。

本书对“智能社区与网络空间舆论融合治理”这一人工智能社会实验项目进行了有益的探索。首先，探索从单一治理迈向生态体系构建。成华区通过构建多元共治生态，强化治理主体间的协同互动，形成强大合力应对复杂挑战。其次，探索跨越“虚实共治”边界。以网络文化建设为核

心，引导正确价值观，注重文明实践、社区文化等群众喜闻乐见的社区服务，提升网民素养，净化网络环境。最后，探索从软硬件建设到平台自主运营的转型。依托"新时代文明实践+"社区服务、"学习+"社区教育培训等新模式，不断创新基层宣传、民生服务及全龄友好服务，推动智慧社区人文共同体建设，努力构建自我驱动、可持续发展的智能融合平台，为智能社区治理与网络空间融合治理提供系统、场景和机制支撑。

展望未来，"人文+智慧+社区"的融合理念将在智慧城市建设与网络空间治理中发挥更加重要的作用。我们期待更多的地区能够借鉴成都市成华区的成功经验与模式，结合本地实际情况进行创新实践，共同推动智慧城市建设与网络空间治理迈向新的高度。

（作者单位：武汉大学网络传播与社会治理研究中心）

序言五

人工智能新质生产力驱动先行先试探索“社区数据资产化”新路径

但　强

在数字经济的浪潮中，数据已经成为新型生产要素，被誉为“信息时代的石油”。它不仅是国家基础性、战略性资源的重要组成部分，更是衡量城市与地区软实力和竞争力的核心指标。数据资源在数字经济、数字政府和数字乡村的建设中发挥着关键作用，是推动经济社会实现动力、效率和质量多重变革的重要引擎。

当前，我国数据要素市场的发展尚处于起步阶段，市场规模还需进一步培育。然而，其成长速度之快，已经让我们看到了从自发发展向有序规制转变的积极趋势。特别是“东数西算”工程的推进，将进一步促进数据要素的跨域流动，优化资源配置，实现产业集聚和区域协调有序发展。成都，作为“东数西算”工程的枢纽节点城市，在算力、网络、运营模式及应用场景示范等方面具备得天独厚的优势，为数据要素的流通与资产化奠定了坚实的基础。

正是在这样的背景下，成都市有关单位积极响应国家政策，深入开展数据要素流通的调查研究。其中，探索人工智能新质生产力驱动社区治理创新，探索“社区数据资产化”作为一项重要而艰巨的任务，被提上了议事日程。我从《“新时代文明实践＋”视角下国家智能社会治理综合实验的成都探索与研究》一书中看到了成华区这方面的研究实践，以及西财天府社区治理学院组织课题组对社区公共服务大数据要素进行深入剖析和探讨的情况。我们认识到，社区作为社会治理的基础单元，其数据资源的价值巨大，但同时也面临着数据收集、整合、分析和应用的诸多挑战。因此，如何实现社区数据资产化，将数据资源转化为可衡量、可交易、可增值的资产，成为我们亟须解决的问题。

本书围绕“新时代文明实践+”视角下国家智能社会治理综合实验的目标任务，从理论到实践，对社区数据资产化的路径进行了初步梳理和探讨。课题组分析了当前社区数据资源的现状，探讨了数据资产化的基本要求和实践路径，并提出了“社区公共服务大数据+应用场景+算法”生态体系和“一港三云”社区治理底层支撑系统、CIG等人工智能技术应用的一系列的创新举措，为其他地区提供了可借鉴的经验和启示。

在未来的发展中，我们相信，随着数据要素市场的不断完善和成熟，社区数据资产化将成为推动社区治理现代化、提升城市软实力和竞争力的重要手段。我们期待看到更多地区能够像成华区一样，先行先试，探索出适合自身发展的社区数据资产化新路径，为数字经济的繁荣发展贡献更多的智慧和力量。

第一，人工智能在社区治理领域的应用越来越广泛。

人工智能正日益成为社区治理领域的重要工具，尤其在2022年，以大模型元年为标志，人工智能迎来了全新的发展浪潮。随着OpenAI推出ChatGPT等引领性产品，AIGC生成式人工智能大模型开始在全球范围内引起广泛关注。随后，国内外涌现出众多大模型，它们如同雨后春笋般迅速成长，展现出强大的自然语言生成能力，为社区治理提供了全新的可能性。这些大模型不仅提升了信息处理的效率，更在深层次上推动了社区治理模式的创新。

人工智能的核心在于数据、算法和算力。然而，目前社区治理领域的大模型应用相对较少，主要原因是缺乏足够的行业数据和完善的算法参数体系。大模型以其参数规模庞大、训练数据量巨大和算力需求高的特点著称。在社区治理领域，业务指标体系和参数体系的建设尚处于初级阶段，这限制了AIGC、NLP、CIG等先进算法的应用。同时，尽管社区领域的数据量庞大，但如何有效收集和应用这些数据仍是一个挑战。

成华区在推动社区治理现代化方面展现了前瞻性的思考，并结合推进国家智能社会治理实验综合基地建设付诸实践。通过构建“一港三云”社区治理底层支撑系统，以及“社区公共服务大数据＋应用场景＋算法”生态体系，成华区正在积极探索如何将人工智能、大数据、虚拟现实、区块链等技术深度融入社区治理实践中。同时，随着“东数西算”和智慧蓉城等工程的深入推进，社区治理在算力和网络方面的瓶颈正加快得到解决，这为社区治理大模型的应用提供了坚实的基础和广阔的前景。

第二，国家有关数据资产管理的政策。

在国家层面，关于数据资产管理的政策日益受到重视，旨在推动各类数据资源的有效利用和价值实现。随着数字经济的蓬勃发展，社区数据作为重要的生产要素，其资产化进程已成为政策关注的重点。

首先，国家出台了一系列政策文件，明确提出了公共数据资产的目标和路径。这些政策强调了各种数据资源的重要性，并鼓励各地区积极探索公共数据资产的具体模式。通过完善数据产权制度、加强数据资源整合和共享、推动数据要素市场建设等措施，为公共数据资产提供了有力保障。

其次，在政策实施过程中，国家注重发挥地方政府的积极性和创造性。鼓励地方政府结合本地实际，制定具体的实施方案和政策措施。同时，加强政策宣传和培训，提高社会各界对公共数据资产的认识和参与度。

最后，不少地方已加强了对公共数据资产的监管和评估工作。通过建立完善社区大数据安全保护机制、加强数据交易市场的监管等措施，确保公共数据资产的健康有序发展。同时，定期对政策实施效果进行评估和总结，及时调整和优化政策措施，推动公共数据资产不断取得新成效。

综上所述，有关方面对公共数据资产的政策旨在推动社区数据资源的有效利用和价值实现，为数字经济的发展注入新动力。

第三，实现社区数据资产的基本要求。

实现公共数据资产是一项系统而复杂的工程，它要求我们从数据生产到应用的全流程中，遵循九大核心步骤，确保数据的准确性、合规性、安全性及高效利用。

首先，社区大数据生产与采集是基石。以社区公共服务数据采集应用为基础，以确保社区数据源的多样性和准确性特点。这包括从社区治理、公共服务、居民生活等多个维度收集数据，形成全面、细致的社区数据画像和“社区需求画像”。同时，我们还应注重数据的时效性，确保数据能够真实反映社区的实际状况，书中提及的“一街百站千景万家”社会宣传与民生服务体系就是这方面的创新。在数据资源整合方面，以社区公共服务大数据为核心，整合社区微网实格、志愿服务等各类数据资源，形成完整的数据链条，书中提到的“一港三云”社区治理底层支撑系统在这方面进行了积极探索。

其次，社区大数据的合规审查，特别是法律与伦理方面的审查及分类分级是基本保障。因此，对社区各类数据进行严格的合规审查，确保数据使用的合规性和安全性，这包括检查数据的来源、采集方式、使用目的等是否合法合规，避免数据泄露、滥用等风险。本书强调以需求和“应用场景”为导向，对社区大数据进行分类分级，根据数据的敏感性、重要性等因素，制定不同的管理和挖掘利用策略。这有助于我们更好地保护社区大数据的安全，提高数据的利用效率。

最后，社区数据资产管理与价值转化是关键。该书提出探索建立社区大数据资产合规登记制度和流程，明确数据的权属和责任，为数据的流通和交易提供法律保障。同时，利用区块链等技术，对社区大数据产品流通与数据流通进行存证，确保数据的合规流通和可追溯性。此外，强化社区大数据安全管理也是必不可少的环节，需要加强安全防护和风险控制，确保数据的安全性和完整性。本书关于“社区公共服务大数据 + 应用场景 + 算法”生态体系构建作为基础支撑，通过社区大数据资源入表、数据资本化应用以及数据资产运营等手段，促进数据资产的有效管理与价值转化，推动智能社区治理与网络空间融合治理现代化的进程。

第四，成都的实践和本书的理论研究提供的新思路。

成都市有关方面在社区公共服务大数据的采集与应用的实践取得了显著突破。成华区积极探索数字政府数据系统与业务系统分离建设的新模式，其中“一港三云”社区治理底层支撑系统的构建尤为关键。该系统注重将数据资源注册登记平台体系作为推动社区公共服务大数据治理的突破口，为社区大数据资产要素的流通发展奠定了坚实基础。这一实践不仅是对传统社区治理模式的一次革新，也为其他地区的社区大数据治理提供了宝贵的经验。

在构建“社区公共服务大数据+应用场景+算法”生态体系方面，成华区充分利用了CIG、区块链等信息化技术，以需求和场景为导向，对社区业务、数据体系结构、权属、流转、应用等方面进行了初步探索。同时，成华区还创新了社区大数据的更新和活力机制，使得社区各类数据源能够保持持续更新和活力。成华区与成都市广播电视台提出的新时代文明实践“一街百站千景万家”社会宣传与民生服务体系便是这一探索的生动体现，为“人文社区·智能社会”建设过程中的社区数据市场化开辟了新路子。

在推动县域社区公共服务大数据要素流通方面，成都市有关方面也展现出前瞻性和创新性。通过在龙潭街道等地设立社区大数据采集应用制度实验区，积极探索以社区公共服务大数据为核心的县级社区大数据资源注册登记平台体系建设机制，着力打通社区大数据共享流通的堵点，撬动了全域社区大数据要素流通生态。这不仅有助于推动数字政府和数字乡村的建设，还能带动数字经济的高质量发展。这一实践不仅为成都市自身的发展注入了新的动力，也为全国范围内的智能社区大数据治理提供了有益的借鉴和启示。

综上所述，成都的实践和本书的理论研究在社区公共服务大数据的采集、应用方面取得了一定的创新突破。通过积极探索和创新实践，我们认为，成都市为社区大数据治理和数字经济发展提供了新的思路和实现路径，对于推动智能社会治理与服务现代化和数字化转型具有重要意义。

（作者系成都市智慧城市标准化技术委员会副主任）

前　言

习近平总书记在党的二十大报告中，高举中国特色社会主义伟大旗帜，擘画了以中国式现代化全面推进中华民族伟大复兴的宏伟蓝图，对全面建设社会主义现代化国家、推动社会治理现代化具有深远意义。同时，大会作出了加快建设网络强国、数字中国的重大战略部署，开启了我国信息化发展的新篇章。

党的十八大以来，以习近平同志为核心的党中央深刻洞察和准确把握国家安全形势变化新特点，统筹发展和安全，对我国网络安全工作作出一系列新部署新要求。2018 年 8 月，习近平总书记在全国宣传思想工作会议上强调，“加强和改进思想政治工作，推进新时代文明实践中心建设，不断提升人民思想觉悟、道德水准、文明素养和全社会文明程度。”这为我们以习近平新时代中国特色社会主义思想为指引，全面推进国家治理体系与治理能力现代化、新时代文明实践、网络强国、人工智能发展等一系列创新工作进一步指明了方向、提供了根本遵循。

当前，人类社会正加速迈向数字文明时代，伴随数字化、网络化、智能化深入发展，国家安全的内涵和外延更加丰富，时空领域更加宽广，内外因素更加复杂。智能网络空间安全与政治安全、经济安全、文化安全、社会安全、军事安全等领域相互交融、相互影响，已成为我国面临的最复杂、最现实、最严峻的非传统安全问题之一，在国家安全体系中的基础性、战略性、全局性地位更加凸显。

在全球网络空间中，多元主体共同发挥作用，携手构建网络空间命运共同体，既符合中国人民的利益，也符合全世界人民的共同利益。在人工智能、大数据、5G、区块链等新技术革新的浪潮中，行进在信息时代快车道的中国，如何进行智能社会治理创新，筑牢网络安全屏障，为网络强国、数字中国建设提供坚实安全保障，已成为关乎全局的重大课题。

目前，全国各地和有关单位正紧锣密鼓开展智能社会治理理论与实践创新研究探索。近年来，国家先后制定一系列的政策法规和规划计划。2021 年，中央网信办、国家发展改革委、教育部、民政部、生态环境部、国家卫生健康委、国家市场监管总局、国家体育总局 8 部门发布的《关于组织申报国家智能社会治理实验基地通知》指出，到 2025 年，布局建成若干国家智能社会治理实验综合基地和一批特色基地，搭建一批智能社会治理典型应用场景，总结形成智能社会治理的经验规律和理论，出台一批智能社会治理的标准、规范和政策措施，完善适应智能社会治理的体制机制，打造一批智能社会治理的示范和样板，助力国家治理体系和治理能力现代化建设。

总体来说，开展国家智能社会治理实验基地建设的主要任务有：一是搭建智能社会治理应用场景。利用领先的人工智能技术，围绕社会治理重点领域，超前一步搭建智能社会治理应用场景，展示智能社会的特征和情境，探索智能社会治理的难点和热点问题。二是总结智能社会治理经验理论。基于搭建的应用场景，采用社会实验等多种研究方法，分析总结智能社会治理的经验，探索发现人工智能技术给社会治理带来的伦理、道德、安全、法律等问题，扩展对智能社会本质规律的认知，探索提出智能社会治理的新理论。三是制定智能社会治理政策标准。针对智能社会治理中暴露出的问题，研究提出有关智能社会治理的应用标准或规范，制定出台行业或地区的政策举措，研究制定行业和地区的法律法规。四是建立适应智能社会的治理机制。结合智能社会治理实践经验，提出适用于智能社会条件下的社会治理流程再造方法，探索形成智慧社会治理的体制机制，建立适应智能社会的治理机制。

智能社会是一个高度复杂且多元化的系统，其包含智慧城市、智能网络、智能精神、智慧文化、智能经济等多个构成空间，这些空间相互交织、相互影响。现实环境与虚拟环境中的思想认识、民族文化、社会价值观等网络社会生态彼此交织、相互影响，催生出某种“网络智能文化”“网络智能意识形态”，并可能滋生错误价值观、不实舆论和负面舆情。因此，智能社会治理是一项艰巨而复杂的任务，需要我们持续深入研究和理解其内在机制与规律，以科学、系统、全面的方式推进治理创新，确保智能社会的健康、和谐与可持续发展。

由于智能社会具有独特的生成机制、复杂生态结构以及社会影响的不可控性等特点，如何科学合理开展智能网络空间的精神文明实践，引导智能社会的人文价值观塑造和线上线下融合治理与服务，这便成为一个世界性的难题。我国也不例外。当前，尽管学界在智能社会、网络空间治理安全方面已有较多研究和实践，但尚未形成完整成熟的模式可供借鉴。特别是以习近平新时代中国特色社会主义思想为指导，从马克思主义中国化视角深入研究智能社会的文化空间、精神空间、意识形态空间的形成机制、治理模式、文明实践以及应用场景打造等方面，尚显不足。因此，我们应加大研究和实践力度，不断创新治理模式，努力推动智能社会治理体系和能力现代化，以更好地服务人民群众，实现社会的全面进步。

为努力填补这一研究和实践的空白，众多科研机构，如中国社会科学院社会学研究所、中国科学院大学、民政部政策理论研究基地（重庆大学）、四川创新社会发展与管理研究院、成都理工大学、西财天府社区治理学院、武汉大学网络传播与社会治理研究中心等，围绕“智能新时代——高质量发展和高品质生活”“智能空间新时代文明实践”“人文社区·智能社会：全龄友好、幸福感知”等新时代文明实践主题，开展了多学科、多领域的深入研究。这些研究不仅有助于我们更好地理解智能社会的本质和特性，也能为有关单位在实践中探索智能社会治理的有效模式提供理论支撑和智力支持，为全球智能社会治理提供中国经验。同时，这些研究为本书的写作提供了一定思路启发。

四川省成都市作为国家智能社会治理实验综合基地之一，坚定不移以习近平新时代中国特色社会主义思想为指导，深入贯彻落实习近平总书记关于网络强国和新时代文明实践的重要论述，以全面建设践行新发展理念的公园城市示范区为统领，紧扣“城市治理现代化的示范区”发展定位，加快智慧蓉城建设，推进成都市国家智能社会治理实验综合基地建设，坚持结果导向、问题导向和目标导向，聚焦“人工智能+”公共管理、公共服务、公共安全和数字经济领域开展人工智能社会实验，加强研判和防范人工智能应用带来的潜在风险和挑战，维护市民及市场主体利益和城市安全，推动超大城市治理理念和治理模式、管理手段创新，着力健全现代治理体系、增强公园城市治理效能，为推进超大城市治理体系和治理能力现代化提供经验支撑、为国家治理体系和治理能力现代化建设贡献成都智慧与力量。

智能社会治理的核心挑战在于虚拟空间的治理，特别是智能精神空间、文化空间的净化与塑造，智能网络空间的有效管理，以及当前值得关注的社会心态问题及其治理。这是时代之需，也是社会进步的必然。为构建健康、和谐、高效的智能社会，成都市依托国家智能社会治理实验综合基地建设，由成都市成华区、成都市广播电视台等单位和科研机构共同推进“智能网络空间治理”项目。该项目旨在开展网络空间舆论治理的智能社会实验，强化网络社会心态治理，引导其传播正能量，研究文明实践、社会治理、网络治理模式变革，总结市区级智能网络舆论治理及智能社会治理新模式，验证智能技术的作用效力，为智能网络空间舆论监管和政策制定提供有力支撑，努力推动构建健康、和谐、高效的智能社会。

成华区积极践行新时代“枫桥经验”与“浦江经验”，借助“智慧蓉城”和“微网实格”平台，以智慧成华建设为核心，全力推进国家智能社会治理实验综合基地建设。成华区整合“云社区+智媒体”人文智慧社区、“智能治理·惠客龙潭”及校园安全与心理健康协同关爱服务等资源，实施“智能社区与网络空间融合治理”的创新实验项目，探索“人文社区·智能社会”虚拟与现实社区、物质与精神、智能社区与网络空间融合“虚实共治、协同治理”新路径，致力于提升治理的科学化、精细化和智能化水平。此举旨在探索智能社会中网络空间文化塑造、综合治理与服务的创新路径，以期在智能社会治理与服务创新的理论和实践研究方面取得突破，填补相关领域的研究空白。

在具体实验实践中，成华区以“新时代文明实践+”为统领，践行社会主义核心价值观，围绕物质与精神、现实与虚拟社区的“虚实共治”展开研究，充分把握智能社会“社区文化精神空间”智慧共同体构造的基本内涵，积极创新推动智能文化空间打造、智能精神空间净化、智能网络空间舆论治理。以“五个层次需求”“五个推进阶段”“五个特色场景”“五个支撑体系”为主要内容展开实验，旨在构建智能社会治理新模式。通过“坚持四个面向、打造四个空间”的路径，依托智慧蓉城城市运行平台，对社区系统平台进行“大梳理、大融合、大提质”深度整合与优化。以“新时代文明实践+”引领集成打造平安、服务、健康、关爱、幸福等特色应用场景，力求探索宣传“人文社区·智能社会”的标准规范、智能产品等创新成果，推动智能社会高质量发展。这些实践为本书编写奠定了逻辑基础。

当前，我国数据要素市场虽起步不久，但发展迅速，正向有序规制转变。其中，“东数西算”工程将极大推动数据要素的跨域流动，优化资源配置，促进产业集聚和区域协调发展。成都作为“东数西算”枢纽节点城市，在算力、网络、运营模式及应用场景等方面拥有显著优势，为以社区公共服务大数据为核心基础的社区大数据要素的流通与资产化创造了有利条件。随着工程的推进，成都将进一步发挥自身优势，推动数据要素市场的快速发展，为我国数字经济注入新的活力。在构建“社区公共服务大数据+应用场景+算法”生态体系方面，成华区充分利用了CIG、区块链等信息化技术，以需求和场景为导向，对社区业务、数据体系结构、权属、流转、应用等方面进行了初步探索。

目前，在智能社区治理领域，业务指标体系和参数体系的建设尚处于初级阶段，这限制了AIGC、NLP、CIG等先进算法的应用，影响了“人文社区·智能社会”建设的进程。成都市有关单位围绕“新时代文明实践+”智能社区与网络空间融合“虚实共治、协同治理”及“社区文化精神空间”智慧共同体构造，推动智能网络文化创新，丰富网络文化表现形式，打造具有地方特色的“新街坊·家空间”“邻里守望·家文化”等智能网络空间文化品牌，弘扬真善美，引领网络文化健康发展。

同时，探索以人工智能新质生产力驱动，以“社区公共服务大数据+

应用场景+算法”生态体系构建作为基础支撑，通过社区大数据资源入表、数据资本化应用以及数据资产运营等手段，促进数据资产的有效管理与价值转化，促进县域社区公共服务大数据要素流通，探索“社区数据资产化”新路径，推动智能社区治理与网络空间融合治理现代化的进程。

成华区围绕“AI+平安、服务、健康、关爱、幸福”等智能社会治理与文明实践融合，集成打造特色应用场景，力争形成标准规范、智能产品等实验成果，为制定相关政策与制度提供参考，有一定的创新之处。主要体现在“坚持四个面向、打造四个空间”方面。

一是坚持“面向社区居民身边的精神文化”。以“新时代文明实践+”为引领，践行社会主义核心价值观，弘扬时代主旋律，塑造新时代主旋律的网络文化。通过打造平安、服务、健康、关爱、友好、幸福等多元场景，构建健康晴朗的智能社会“社区文化精神空间”，为智能社会治理提供明确的理论指导方向，推动智能社区治理创新与发展。

二是坚持“面向社区居民身边的活动”。依托公共服务、志愿服务、社区文化、基层宣传等常态活动，遵循“群众活动天天有，主题活动星期四”原则，整合各类群众活动，构建“一街百站千景万家”社会宣传与民生服务体系，打造智能社会“线下活动空间”，为社区治理注入新动力，丰富居民文化生活，展现新时代智能社区治理的新风貌。

三是坚持“面向居民身边的智能平台”。在现有智慧社区、微网实格等平台基础上，利用人工智能社会计算技术，实施“CIG”社区治理AI算法等新技术，构建“一芯百算千视万物”人文智能社区治理体系，打造人文智慧社区，构建“虚实映射”界面，构建智能社会“网络系统空间”，提升智能社区治理效率与居民生活体验。

四是坚持“面向居民身边的服务”。依托政府购买服务、社区生活及志愿服务等资源，依据“志愿服务日常化、公共服务定期化”原则，构建“社区公共服务大数据+应用场景+算法”生态体系，打造智能社会“线下服务空间”，优化政府推动方式，提升社区服务效能，确保居民需求得到精准响应，实现智能社区服务的智慧化、人性化和高效化。

本书运用比较分析、多学科交叉分析和归纳总结的研究方法，经过一年的深入研究与调研，广泛查阅国内外文献，系统分析近60个相关案例。同时，以成都的实践和研究为基础，借鉴上海、山东、重庆等地在智能网络空间治理、新时代文明实践“一街百站千景万家”社会宣传与民生服务、“一老一小”服务、心理健康关爱、智能社区与网络空间融合治理等方面取得的经验。在此基础上，从马克思主义中国化研究的视角出发，以习近平新时代中国特色社会主义思想为指引，审慎提出“新时代文明实践+”引领，系统研究和阐述新时代智能社会治理与服务创新等理论指导观点、价值意义、现实境遇及路径选择，并以此成稿，以期为新时代智能社会治理和社会心理量化研究与实践提供有益参考。

在具体的行文中，本书分五个部分展开论述。

第一章为文章指导理论研究的综述部分。这一部分围绕“新时代文明实践引领智能社会治理实验试点的理论指导”进行研究，介绍了本书的选题背景及研究意义、国内外学者对本书相关研究的现状综述、研究思路与研究方法、创新之处与不足之处，探寻新智能社会治理与服务创新理论之基，为后文“新时代文明实践+”引领“人文社区·智能社会”虚实共治研究提供理论指导观点作支撑，奠定了全书的逻辑基础。

第二章以新型智慧社区转型升级为重点进行分析，是智能社会治理与服务创新的“物质空间基础”部分。这一部分围绕“新时代文明实践引领新型智慧社区建设与推进智能社会治理创新”进行研究，对现有智慧社区存在的问题，转型升级的路径及配套机制等进行了阐释和界定。同时聚焦智能社会及智能社区与网络空间融合治理创新等要素进行浅析，为后面的“人文社区·智能社会”治理与服务“人文导向”创新和智能化基础环境打造提质方面作铺陈。

第三章为以智能网络与虚拟社会为重点进行分析，是智能社会治理与服务创新的“虚拟空间基础”部分。这一部分围绕“新时代文明实践引领智能网络空间　推进智能社会治理创新”进行研究，对虚拟社会（社区）存在的问题等进行阐释和界定，为后面“人文社区·智能社会”治理与服务“新时代文明实践+”引领，创新和智能社区与网络空间“虚实共治、协同治理”方面的铺陈。阐述了人工智能时代，智能网络空间治理面临的主要挑战，主要包括现实与智能网络空间发展相对失衡、网络空间安全面临威胁、网络空间人文价值观共识尚未达成、网络空间规制不够健全、网络空间秩序亟须构建，以及开展虚拟社会建设和网络空间文明实践的价值意义。

第四章为以人工智能技术在社会治理、人文智慧社区、文明实践、公共服务等方面的应用为重点进行分析研究，是智能社会治理与服务创新的“虚实交互基础”部分。这一部分围绕“新时代文明实践引领社会计算等技术　推进智能社会治理创新”进行研究，对 AIGC、NLP、CIG 等人工智能社会计算技术应用的利弊等进行阐释和分析，为后面进一步探索“人文社区·智能社会”治理与服务，“让社会主义核心价值观入脑入心和塑造网络文明”，创新和“虚实共治、协同治理”方面作铺陈。主要强调智能社会治理的难点在虚拟空间，包括净化智能精神空间、塑造智能文化空间、治理智能网络空间。立足“新时代文明实践+”共建智能网络文化精神家园新视野，探索智能网络空间社区文化精神共同体建设，推动公众网络社会素养教育，增强公众社会参与意识，以网络传播引导积极社会心态的建构与社会共识的达成。这既是时代要求，也是社会发展的必然趋势，以共同构建健康、和谐、高效的智能社会。

第五章以社区公共服务大数据、新时代文明实践中心建设等为重点进行分析研究，是智能社会治理与服务创新的“精神文化基础”和“人文社区·智能社会”应用场景打造部分。这一部分围绕“新时代文明实践引领智能社会治理综合实验　打造‘人文社区·智能社会’特色场景”进行研究，通过构建“社区公共服务大数据+应用场景+算法”数据生态体系，推动人工智能新质生产力驱动，探索“社区数据资产化”新路径，创新人工智能算法应用等进行阐释和分析。该部分是本书的关键部分，针对当前智能网络空间存在的问题，从“文明、原则、共识、共建、共治、共享”等方面，提出智能社会治理和服务创新的部分可能性路径选择。坚持“新时代文明实践+”引领，践行社会主义核心价值观，达成文明共识、责任共识、发展共识，汇聚人文智慧社区、推动构建“社区公共服务大数据+应用场景+算法”数据生态体系等资源优势，共同打造健康有序智能社会共同体。在此基础上，概括“新时代文明实践 +”视角下国家智能社会治理和服务综合实验的成都探索与研究取得的成效，总结“人文社区 · 智能社会”建设的理论研究与实践下一步努力的方向。

智能社会建设理论与实践的探索永无止境。

“新时代文明实践 +”引领下的智能社会治理与服务研究尚处于初级阶段，还需下大力气持续深化。本书在研究与总结上仍有不足，需进一步完善谋篇布局，强化理论、现实与价值逻辑。未来，我们将深化研究，提升理论与实践能力，力求在智能社会治理与服务领域取得更多创新成果。

让我们携手共探智能社会未来!

2023 年 12 月

目录
CONTENTS

第一章
新时代文明实践引领智能社会治理实验试点的理论指导

2018 年 10 月，习近平总书记在中共中央政治局第九次集体学习时指出，“要加强人工智能同社会治理的结合，开发适用于政府服务和决策的人工智能系统”，“运用人工智能提高公共服务和社会治理水平”。党的十八大以来，以习近平同志为核心的党中央深刻洞察和准确把握国家安全形势变化新特点，统筹发展和安全，对我国网络安全、社会治理创新、思想政治、新时代文明实践、人工智能新质生产力发展等工作作出一系列新部署新要求，为我们开展“新时代文明实践 +”视角下国家智能社会治理综合实验探索与研究指明了方向、提供了基本遵循。

在人工智能迅猛发展的时代，国际社会正形成紧密的“数字网络社会共同体”。从互联网虚拟社会到智能网络空间，再到线上线下交融的智能社会，现实与虚拟交织，共同构建着独特的网络社会生态。智能社会是一个高度信息化、网络化的社会形态，它利用先进的信息技术和智能化手段，实现社会各项功能的智能化管理和服务。智能社会是一个高度复杂且多元化的系统，其包含智慧城市、智能网络、智能精神、智慧文化、智能经济等多个构成空间，这些空间相互交织、相互影响，共同推动着全域社会的智能化发展，实现高效运转和可持续进步。

在智能社会，人机物之间的交互将达到前所未有的密集、持续和深入程度，勾勒出一幅崭新的社会关系图景。这一转变亟需治理理念的革新，推动社会关系、结构及运行模式的理论创新。社会科学将在这一进程中扮演重要角色，为智能社会的治理提供理论支撑和策略指导。智能社会治理的难点在虚拟空间，净化智能精神空间、智能文化空间、治理智能网络空间，既是时代要求，也是社会发展的必然趋势，以构建健康、和谐、高效的智能社会。

当前学界对智能社会及网络空间治理研究成果颇为丰富。鉴于智能社会具有独特生成机制、复杂生态结构以及不可控社会影响等特点，本章采用多种研究方法，包括比较分析、多学科交叉分析、归纳总结、案例分析，力求在智能社会治理的理论和实践路径方面实现新突破。本书基于选题背景与研究意义，借鉴国内外成果，聚焦成都市智能社会治理实验基地的"智能网络空间治理"实验目标任务，深入探究社会主义核心价值观在智能治理中的作用，审慎提出以习近平新时代中国特色社会主义思想为指导，以"新时代文明实践+"为引领，重点探索物质与精神、现实与虚拟、智能社会与网络空间"虚实共治、协同治理"新路径，力争填补超大城市治理和智能社会治理与服务创新领域的空白。以期为国家智能社会治理实验提供理论支撑和实践参考，为推动智能社会治理体系与治理能力现代化目标贡献力量。

智能社会治理涵盖两方面：一是治理智能社会，二是以智能方式治理。为方便开展智能社会治理综合实验探索研究与文稿撰写，本书以智能网络空间作为重点研究对象，涵盖智能精神空间、智能文化空间、虚拟社会、智能社区等相关内容研究，旨在为成都市成华区、成都市广播电视台等单位和机构提供人工智能社会实验的有益思路和路径，推动智能社会治理创新与发展。同时，依托智慧城市（智慧蓉城）、微网实格、文明实践等智能化设施设备融合建设为基础，以构建"社区公共服务大数据+应用场景+算法"生态体系，新型智慧社区、"人文社区·智能社会"建设案例研究为重点，开展"新时代文明实践+"视角下国家智能社会治理综合实验的探索与研究。

第一节 智能社会与网络空间融合治理创新等相关基础研究

当前学界对智能社会及网络空间治理的研究已取得丰富成果，但在理论与实践路径方面仍缺乏成熟模式。本书围绕成都市智能社会治理实验基地的“智能网络空间治理”人工智能社会实验的目标任务，深入剖析了社区善治、大数据等理论及相关概念，探讨了新型智能社区、智能网络空间文明及“虚拟社会”的内涵与特点。同时，以习近平新时代中国特色社会主义思想为指导，以“新时代文明实践+”为引领推动智能社会治理与发展创新，特别强调了社会主义核心价值观在智能社会治理中的核心作用。另外，以成都市成华区为重点，紧扣探索物质与精神、现实与虚拟、智能社会与网络空间的协同治理创新，重点对新型智慧社区、文明实践与民生服务、“人文社区·智能社会”等创新举措和案例进行研究，旨在为成都市成华区的“智能社区与网络空间融合治理”配套项目建设提供顶层设计指导理论，同时也作为本书的研究框架与指导思想。

一、研究思路和要点

（一）指导思想

以习近平新时代中国特色社会主义思想为指引，坚持党的绝对领导，将党的意识形态和智能网络安全贯穿人工智能社会实验和研究工作的始终，以“新时代文明实践+”贯穿“虚实共治、协同治理”各项研究和实践工作的全过程，为打造人工智能背景下对推进打造人人有责、人人尽责、人人享有的智能网络空间共同体，净化智能精神空间、塑造智能文化空间、治理智能网络空间，构建健康、和谐、高效的智能社会提供理论和实践指导，为国家治理现代化贡献力量。

在此基础上，深入研究智慧城市、微网实格、文明城市、网络空间治理、“一老一小”服务、心理健康关爱等实践工作，并对成都市成华区推进新型智慧社区、“人文社区·智能社会”等创新工作进行总结。这些研究旨在为成都市广播电视台、成华区等单位推进国家治理社会治理实验综合基地建设提供有益的参考，同时也丰富本书的内容与实证，努力为智能社会治理领域的研究和实践提供经验和启示。

（二）相关基础理念及理论

1. 大数据

大数据的基本特点决定了大数据时代下信息化控制系统的应用在智能社会领域的基础性和指导性作用，是构建"人文社区·智能社会"和开展网络空间文明实践的基础支撑，也是智能社会与网络空间"虚实共治"协同机制创新的基础。

该理念对智能社会治理具有关键技术指导作用，也对打造新型智慧社区、探索"人文社区·智能社会"建设，塑造智能网络文明空间具有路径指导作用。在具体的应用中，首先应关注标准规范，确保业务架构与政府全域信息化标准相符，便于数据处理。同时强调即时真实性，通过社区公共服务信息化平台，实现数据自动沉淀、在线更新，对 AICG、NLP、CIG 等人工智能生成式数据予以甄别，并确保法律效用。还应注重数据的社区化，为构建"社区公共服务大数据＋应用场景＋算法"生态体系，实现社会智能化管理与服务提供指导。

2. 社区善治

社区善治理念是一个多维度、综合性的治理理念，它涉及城市管理、政府管理、社会治理、社区文化、社区服务等众多方面和智能网络空间的文化价值观塑造，网络文明新风引领。该理念的核心目标在于通过有效、精细化的治理，使"城市更具温度，社区更添热度，智能网络空间更有亮度"，为构建人人参与、人人尽责、人人享有的智能网络空间共同体和满足居民日益增长的美好生活需要提供指导。在当前智能社会与网络空间蓬勃发展的背景下，社区善治理念对于净化智能精神空间、塑造智能文化空间、治理智能网络空间，构建健康、和谐、高效的智能社会具有现实指导意义。

社区善治理念包含六大基本属性，这六大属性相互关联、相互促进，共同构成了社区善治的理论框架和实践指南。

第一，法治性是社区善治的基础。宪法和法律是社区公共管理的最高准则，为社区的一切发展行动提供了行动指南和行为规范。在社区治理和服务过程中，必须始终坚持依法治理，确保各项政策和措施都在法律框架内进行。

第二，合理性强调社区治理和服务的合法性与合规性。社区自治和服务活动必须符合法律法规的要求，不得违反国家的法律法规和政策规定。同时，政府和管理机构在制定和执行相关政策时，也应充分考虑社区的实际情况和需求，确保政策的合理性和可操作性。

第三，公共性体现的是社区治理的公正性和公平性。在提供公共服务和进行行政审批、行政管理等活动时，应坚持公开、公正、公平的原则，确保每个居民都能享受到均等的公共服务。

第四，治理性主要强调的是社区自我管理和自我服务的能力提升。这包括提高社区及智能社会自我管理、自我服务、自我教育、自我发展和自我调节等方面的水平。通过增强社区的自治能力，可以有效提升社区的整体凝聚力和向心力。

第五，责任性要求社区治理的各方主体都要承担起相应的责任。这包括政府、社区组织、居民个体等在内的所有社会参与者，都应遵守法律法规和伦理道德等规范，对社区的发展和治理负责。

第六，互动性强调政府管理、社区治理、社区服务等各种行为需要构成闭环流程，对“虚实共治、协同治理”具有积极的指导作用。

3. 社会计算

社会计算理念是计算科学与社会科学交叉融合而形成的一个新兴研究领域。主要面向社会活动、社会过程、社会结构、社会组织和社会功能，通过计算理论和方法来解析和优化社会行为与计算系统的交互。该理念在本书提到的智能社会治理综合实验项目中发挥了积极的推动作用，指导研发出了立足社区、面对社会治理的，包括健康、友好、幸福等文明实践领域的 CIG 小模型 20 余个。探索物质与精神空间、虚拟与现实社区、智能社会与网络空间“虚实共治、协同治理”的运作机制，致力于揭示智能社会运行的规律与发展趋势，为解决好社会虚实共治现实问题提供参考。

社会计算理念在实践应用中，数据、算法、算力三个核心要素至关重要。在数据方面，构建社会计算的业务、指标及数据体系是关键，形成“社区公共服务大数据 + 应用场景 + 算法”的生态闭环。在算法方面，当前平安建设领域的应用相对成熟，但基于文明实践和精神健康的 AI 模型尚显不足，CIG 技术在“新时代文明实践 +”及“虚实共治、协同治理”领域中的应用正处于积极探索阶段。至于算力，为减少对网络和资源的依赖，算力基础设施和云空间建设亟待完善。成都市作为“东数西算”工程的枢纽节点城市，在算力、网络、运营模式及应用场景示范等方面具备得天独厚的优势，为数据要素的流通与资产化奠定了坚实的基础。综上所述，社会计算理论的应用需要综合考虑数据整合、算法创新和算力优化，以实现智能社会治理的高效与精准。

4. 新公共管理

新公共管理理论兴起于 20 世纪 70 年代末至 80 年初的西方国家，是对传统公共行政模式的一种反思和批判。它强调政府角色转变、管理效能提升和服务质量优化，对“新时代文明实践 +”引领下的智能社会治理具有指导意义。该理论有助于探索物质与精神、现实与虚拟的协同治理，推动健康有序的智能社会构建，实现“虚实共治、协同治理”的目标，为现代社会的可持续发展提供有力支持。

结合本课题的研究需求，新公共管理理论的三个显著特点值得关注。这些理论特点，为智能社会的公共管理提供了全新的视角和思路，有助于推动社会的全面进步与和谐发展。

首先，强调对物质空间与精神空间的公共管理，即在追求物质发展的同时，注重精神文化的提升。新公共管理理论鼓励政府在规划城市建设、社区发展时，充分考虑居民的精神需求，打造既宜居又富有文化内涵的生活空间。

其次，新公共管理理论指导下的公共管理延伸至现实社区与虚拟社区。随着信息技术的迅猛发展，虚拟社区在人们的日常生活中扮演着越来越重要的角色。新公共管理理论要求政府不仅要管理好现实社区的各项事务，还要关注虚拟社区中的信息传播、网络治理等问题，确保两个空间的和谐与稳定。

此外，新公共管理理论还关注智能社会与网络空间的公共管理。这包括对文化空间、精神空间、意识形态空间等的治理。政府需要利用智能技术提升治理能力，同时也要确保网络空间的健康有序，防范不良信息的传播，维护国家安全和社会稳定。

5. 智能社会控制

智能社会控制理念的基本内涵在于通过智能技术和手段，实现对社会行为的有效指导和规范。强调在信息化、智能化的时代背景下，社会控制应更加精准、高效，以适应日益复杂的社会环境。该理念不仅关注对违规行为的惩罚和纠正，更注重通过预防性措施，引导社会成员自觉遵守社会规范，共同维护社会秩序。

该理念的核心是必须严格遵守法律法规和伦理道德规范，并培育和弘扬核心价值观。这不仅是保证技术应用合法性的基础，也能有效整合社会意识，凝聚治理主体的价值共识，激发治理的内在活力，统一思想认识。遵循人工智能的逻辑构造，根据实际应用场景的需求，设计合适的算法和模型，以实现对系统的智能感知、决策和执行，从而提高控制的精度和效率。

在“新时代文明实践＋”引领下，智能社会控制理念在物质与精神空间、现实与虚拟社区中发挥着重要作用。通过智能技术，促进物质文明与精神文明的协调发展，确保现实社区的有序运转和虚拟社区的清朗空间，实现对社区活动的实时监控和精准管理，提升社区治理效能。

对于新型智慧社区提质增效及“人文社区·智能社会”建设，智能社会控制理念同样具有现实指导意义。在推动智慧社区技术的创新应用方面，推动提升社区服务的智能化水平，同时注重人文关怀，营造和谐宜居的社区环境。

在构建智能社会与网络空间“虚实共治、协同治理”机制中，智能社会控制理念强调线上线下相结合的治理方式，实现虚拟空间与现实社会的有机衔接。通过加强信息监管、网络安全防护等措施，确保网络空间的健康有序发展，为智能社会的建设提供有力保障。

（三）基于相关基础理念理论形成的结论

1. “新时代文明实践＋智能社会治理”综合实验理论与实践指导观点

本书通过对大数据、社区善治、社会计算、新公共管理及智能社会控制等理念理论进行深入研究，形成了“新时代文明实践+智能社会治理”的综合实验理论与实践指导观点。该观点以习近平新时代中国特色社会主义思想为指导，坚持党的全面领导，以人民为中心，推进物质与精神、现实与虚拟、线上+线下的智能治理路径，促进构建智能社会与网络空间“虚实共治、协同治理”新格局，促进社会和谐稳定与发展繁荣。

“新时代文明实践+智能社会治理”综合实验理论与实践指导观点的基本内涵如下。

在智慧城市和新型智慧社区治理创新方面，强调运用智能技术提升治理效能，实现城市管理的智能化、精细化和人本化，打造宜居宜业的智慧生活环境。在智能社区与网络空间融合治理方面，注重线上线下相结合，推动社区服务与管理的数字化转型，构建“虚实共治、协同治理”的新格局。在智能文化空间打造方面，利用智能技术传承和弘扬中华优秀传统文化，丰富社区文化生活，提升居民文化素养。

在智能精神空间（意识形态）塑造方面，强调以社会主义核心价值观为引领，通过智能手段传播正能量，营造积极向上的社区氛围。在“人文社区·智能社会”建设方面，坚持人文关怀与智能技术相融合，推动社区的智能化升级，实现社区的可持续发展和居民生活质量的提升。

2. “新时代文明实践+智能社会治理”综合实验理论与实践指导观点的现实意义

首先，该观点提出以“五个层次需求”为基础，深入探究平安、服务、治理、组织、人文等多元需求层面的实践应用。这有助于精准把握社会治理的脉搏，从源头提升治理效能，确保智能社会治理综合实验工作更加贴近群众、服务群众，以满足不同层次的需求，推动社会治理向更高水平迈进。

其次，按照“五个推进阶段”的部署，通过系统新生、数字孪生、虚拟原生、虚实共生、人文共生等阶段的循序渐进，有利于实现智能社会治理“虚实共治、协同治理”逐步深化和拓展。每个阶段的推进都为下一阶段的发展奠定了坚实基础，推动智能社会治理不断迈上新台阶，不仅提升治理的智能化水平，更使得治理过程更加科学、精准和高效。

再次，该观点致力于打造“五个特色场景”，即健康、友好、关爱、幸福、服务等新时代文明的特色场景。这些民生服务类的场景的构建不仅丰富了社会治理的内涵，也为居民提供了更加优质、便捷的生活服务。通过AIGC、NLP、CIG等智能技术的运用，这些场景得以有效实现，为居民带来实实在在的获得感、幸福感和安全感。

最后，“五个支撑体系”的建设是智能社会治理得以稳健发展的重要保障。微组织、微服务、微感知、微治理、微机制等体系的构建，为智能社会治理综合实验提供了强有力的支撑。这些支撑体系相互关联、相互促进，共同构成了“社区公共服务大数据+应用场景+算法”生态体系的来源基础，确保“人文社区·智能社会”建设的有序推进和高质量持续发展。

3. “新时代文明实践+智能社会治理”综合实验理论与实践指导观点的实践路径

从成都市的实践来看，坚持“四个面向身边、打造四个新空间”的原则，就会有效促进智慧蓉城、微网实格、文明城市、城市管理、特色街区打造、老旧院落有机更新、“一老一小”服务等工作融合发展，扭转智慧社区建设就是“安设备、搞软件”的错误观念，得到社会各界的认同和欢迎，提升社区居民生活质量与幸福感，也为智能社会建设提供鲜活的数据资源。

首先，坚持“面向社区居民身边的精神文化”，深入践行社会主义核心价值观。通过打造呈现“新时代文明实践+”健康、关爱、友好、幸福等特色主题的“智能网络新空间”，为居民提供互动交流、分享经验的平台。在这个空间里，居民可以便捷地获取各类健康知识、关爱信息以及友好互助的资源，进一步弘扬新时代文明精神，提升社区的凝聚力和向心力。

其次，坚持“面向社区居民身边的活动”，通过对各类社区活动的整合与优化，构建“一街百站千景万家”社会宣传与民生服务活动体系。与成都市广播电视台等合作，注重活动的策划与实施，确保“群众活动天天有、主题活动相约星期四”，为居民提供丰富多彩的文化娱乐活动。这些活动不仅丰富了居民的业余生活，也增强了社区的文化氛围和活力。

再次，坚持“面向居民身边的信息化”，依托现有智慧社区、微网实格等社区系统平台，着力打造以“社区公共服务大数据 + 应用场景 + 算法”为支撑的“虚实交付新空间”。运用大数据、人工智能等先进技术，促进对社区公共服务的智能化管理和优化。居民可以在“学习强国”主题街区·社区频道（社区宣传屏等）、社区宣传栏和手机、电脑等终端设备上，随时随地获取所需的公共服务信息，享受便捷高效的社区服务。

最后，坚持“面向居民身边的服务”，对政府管理、社会治理、社区服务等各类业务进行“解构重构”，形成平安、服务、管理、健康、关爱、舆情治理等十大“AI + 业务集合（域）新空间”。运用社会计算、社区治理 AI 算法等技术，对各类业务进行智能化处理和分析，提高服务效率和质量。注重服务的个性化和精准化，根据居民的需求和偏好，提供定制化的服务方案，让居民真正感受到智能社会治理带来的便利和实惠。

4. “新时代文明实践 + 智能社会治理”综合实验理论与实践指导观点的应用情况

在“智能社会治理综合实验区”规划建设方面：成华区与驻区高校紧密合作，以龙潭街道为“智能社会治理综合实验区”，实施“小区—社区—街区”一体化治理创新。通过完善“社区公共服务大数据 + 应用场景 + 算法”生态体系，探索社区公共空间隐患和社会舆情源头治理难题破解的新路径，不断提升社会治理的智能化和精细化水平。

在社区心理健康关爱服务方面：成华区以青龙片区为“社区心理健康关爱服务实验区”，积极探索安全校园与心理健康家校社协同关爱服务新模式。通过引入 AI 技术，打造“AI + 居民健康、社区友好、社区幸福”新场景，为居民提供个性化、精准化的心理健康服务，增强了社区的凝聚力和居民的幸福感。

在新时代文明实践主题小区（院落）打造中：成华区昭青社区依托四川省科技型智慧小区建设，突出“AI + 社区‘一老一小’关爱服务”特色。通过运用智能技术，为老年人和儿童提供更加便捷、安全的生活服务，同时弘扬新时代文明风尚，营造了和谐宜居的社区环境。

二、相关术语与基本概念

（一）虚拟社会

网络社会是指以现代计算机网络及信息化技术为基础的新兴形态，通过虚拟方式在计算机网络体系中开展活动，形成独特的线上社会关系体系。其构建侧重于线上关系的联结，群体和信息间的关联性、黏附性相对较弱，被誉为“第二生活世界”。

网络社会建设和发展不仅丰富了传统社会结构，更虚实结合地改变了人类社会的存在形式，深刻影响着人们的思维方式、生存方式和活动方式。这一重大变革为社会哲学研究提供了全新的视角和课题，值得我们深入探索与思考。

（二）智能网络空间

智能网络空间是以现代计算机数字化、智能化技术为基础形成的新型生活工作场所。它通过嵌入计算、移动设备及多模态传感装置，实现了自然便捷的人机交互。这个空间支持即时社交、语音交流、网络舆论等多种智能服务，线上智能关系紧密，群体和数据信息间的关联性、黏附性极强。因此，智能网络空间也被称为电子空间、虚拟空间或赛博空间。其兴起不仅丰富了人们的生活方式，也为网络信息安全研究带来了重大挑战和课题。

（三）智能社会

智能社会是指建立在计算机网络、大数据、5G 通信、人工智能等现代科技基础之上的新型社会形态。它融合了人工智能算法、边缘计算和多模态智能设备，实现了“人－机－物”的有机统一，构建了一个虚实交融的社会共同体。在这个共同体中，线上线下社会关系紧密交融，各主体和数据信息之间逻辑相连，既具备虚拟社会和网络空间的特征，又体现出独特的思想、意识形态和价值观，展现了智能社会作为一种新型社会形态的独特魅力。

（四）国家智能社会治理实验基地

国家智能社会治理实验基地项目由国家八部门联合启动，标志着我国首次全面深入实施人工智能社会实验。该项目旨在通过搭建智能社会治理典型应用场景、打造示范和样板，助力国家治理体系和治理能力现代化。实验基地的建设有助于总结经验、完善体制机制，形成技术标准与法律规范，为国家治理现代化提供重要参考案例和理论依据。此举对于提升我国智能社会治理水平、推动社会进步具有重要意义。

（五）成都市国家智能社会治理实验综合基地人工智能社会实验项目

成都市国家智能社会治理实验综合基地作为全国重要的实践基地，以习近平新时代中国特色社会主义思想为引领，深入贯彻网络强国和新时代文明实践理念。该基地致力于公园城市示范区的全面建设，旨在实现城市治理现代化。聚焦于“人工智能＋”在公共管理、服务、安全及数字经济等领域的应用，开展深入的社会实验。特别值得一提的是，智能网络空间舆论治理人工智能社会实验和“智能社区与网络路径舆论融合治理”是该基地的一项重要任务，它有助于进一步推动超大城市治理体系和治理能力现代化，为国家治理体系和治理能力现代化建设贡献成都的智慧和力量。

（六）成都新时代文明实践中心

成都新时代文明实践中心的建设，积极响应党中央的号召，致力于加强基层思想政治工作，夯实党的执政基础。中心遵循“五个一”工作体系，聚焦目标，强化堡垒，搭建阵地，培养志愿服务队伍，开展多样化活动。通过整合阵地资源，完善体制机制，精准服务群众，全面打通服务群众的“最后一公里”。这一举措不仅提升了群众的思想觉悟和道德水平，也增强了基层党组织的凝聚力和战斗力，为构建和谐社会、推动城市文明进步贡献了重要力量。

（七）成都新时代文明实践“一街百站千景万家”社会宣传与民生服务生态体系

成都市在以区（市）县新时代文明实践中心为核心，构建“中心—所—站”三级体系的新时代文明实践过程中，成华区、成都市广播电视台携手依托“两中心一平台”创新工作，启动“一街百站千景万家”社会宣传与民生服务生态体系建设。这一举措旨在让学习成为新风尚，促进新思想、新理念深入市民生活，让群众在实践中感受到新时代文明的力量和温度，同时为开展“人文社区·智能社会”建设提供线下的活动和民生服务数据来源支撑。

“一街百站千景万家”是成都新时代文明实践与国家智能社会治理和服务创新融合的社会宣传与民生服务体系。其中，“一街”指打造“学习强国”主题街区综合服务与智慧蓉城街道运行平台，提升街区文明氛围；“百站”则是以社区为中心，建立党群、邻里、文明实践、社区继续教育等多功能公共空间，丰富群众生活；“千景”通过评选最美社区等活动，倡导新时代文明风尚，打造宜居环境；“万家”则借助系统平台，将各类服务直送居民家中，提升群众获得感。这一体系不仅丰富了文明实践形式，让文明成为城市最美的风景，也有效推动了智能社会治理和服务创新，让新思想、新理念融入市民生活及智能和网络空间。

成华区在龙潭街道等地设立社区大数据采集应用制度实验区，为“人文社区·智能社会”建设过程中的社区数据市场化开辟新路子，创新社区大数据的更新和活力机制，推动社区各类数据源能够保持持续更新和活力。下一步，充分利用CIG、区块链等信息化技术，以需求和场景为导向，对社区业务、数据体系结构、权属、流转、应用等方面进行深入探索，深入研究以社区公共服务大数据为核心的县级社区大数据资源注册登记平台体系建设机制，这不仅有助于推动数字政府和数字乡村的建设，还能带动数字经济的高质量发展。

（八）成华区“云社区＋智媒体”人文智慧社区

“人文”一词，最早见于中国古籍《周易·贲卦》，其中说道：“文明以止，人文也。”《后汉书·公孙瓒传论》称“舍诸天运，征乎人文”。“云社区＋智媒体”人文智慧社区，是新时代社区治理与人工智能相结合的产物。它不仅承载着深厚的文化内涵，更体现了“人民城市为人民”的时代要求。在人工智能的视域下，社区治理融入了人文情感计算，包括舆情分析、社区治理、商业智能、健康导航等多个方面，旨在更好地感知、识别、模拟、影响人类情感状态。通过结构化、标准化的方式，将现有社区层面的各类信息化平台整合为"云社区",同时构建智能社会与智媒体的"虚拟社区"系统平台,二者结合形成了"云社区+智媒体"人文智慧社区。这一创新举措为居民提供了更为便捷、智能的服务体验,同时也丰富了社区治理的内涵,提升了社区的人文情怀和智能化水平。

(九)智能社会(社区)与网络空间融合治理

智能社会与网络空间融合治理是当代社会发展的显著特征,其深度融合了线上虚拟社会与线下实体社区,形成了一种新型社会形态。在互联网、大数据、5G、人工智能等技术的推动下,我们正步入一个"数字网络社会共同体",其中虚拟与现实的界限越发模糊。这种深度融合带来了前所未有的便捷与机遇,使人们的生活更加智能化、高效化。但同时,也伴随着数据安全、隐私保护、信息真实性等一系列挑战。因此,构建智能社会(社区)与网络空间融合治理的成熟理论与实践体系显得尤为迫切。首先,加强法律法规建设,为智能社会与网络空间融合治理提供坚实的法律保障。其次,推动技术创新,研发出更加安全、可靠的技术手段,以应对数据安全等挑战。最后,提升公众数字素养也至关重要,通过教育和培训使公众更好地适应智能社会的生活方式。按照中央网信办等部委的规划和工作部署,通过开展人工智能社会实验等方式,我们可以深入研究和探索智能社会(社区)与网络空间融合治理的最佳实践。本书提出"社区公共服务大数据+应用场景+算法"生态体系构建作为基础支撑,通过社区大数据资源入表、数据资本化应用以及数据资产运营等手段,促进数据资产的有效管理与价值转化,推动智能社区治理与网络空间融合治理现代化的进程。这将为"人文社区·智能社会"的健康发展提供有力支持,推动社会进步和文明发展。

(十)智能社会治理的人工智能社会实验伦理审查

开展智能社会治理人工智能社会实验时,伦理审查至关重要。社区大数据的合规审查,特别是法律与伦理方面的审查及分类分级是基本保障。因此,对社区各类数据进行严格的合规审查,确保数据使用的合规性和安全性,这包括检查数据的来源、采集方式、使用目的等是否合法合规,避免数据泄露、滥用等风险。为确保实验的公正性、安全性和社会福祉,必须遵循尊重生命权利、公平公正、合理控制风险以及公开透明的科技伦理原则。此外，强化社区大数据安全管理也是必不可少的环节，需要加强安全防护和风险控制，确保数据的安全性和完整性。

同时，实验必须严格遵守人工智能在管理、研发、供应和使用等各环节的规范，防范科技与社会伦理风险。实验过程中，需对政府管理、社会治理、社会服务等多个领域进行综合研究，特别关注意识形态、伦理道德、隐私保护及网络实践安全等方面的问题。这不仅有助于我们深入理解人工智能在社会治理中的作用与影响，还能为制定规范的人工智能社会治理规章制度和标准提供重要决策参考。本书的研究与案例选取均严格遵循相关法律法规和伦理道德规范，确保研究的合法性和道德性。通过这些措施，我们旨在推动智能社会治理的健康发展，为社会进步贡献智慧和力量。

（十一）智慧小区（院落）

智慧小区（院落）是新时代城市社区发展的重要方向，其充分融合了互联网、物联网、大数据、云计算等新一代信息技术，实现了智能建筑、智能家居、视频监控、健康医疗、物业管理等领域的全面覆盖。这种新型的小区管理模式不仅为居民提供了安全、舒适、便利的生活环境，更通过智能信息处理提升了社区管理的效率和水平。本书提到的“智慧小区（院落）”，是指自 2017 年以来，按照围绕智慧蓉城建设打造的一批具有智慧型小区（院落）。这些小区不仅拥有先进的智能设施设备，还有良好的网络体系。在此基础上开展人工智能社会实验，通过构建“社区公共服务大数据 + 应用场景 + 算法”的生态体系，综合应用社会计算、社区治理 AI 算法应用等前沿技术，致力于探索现实社区与虚拟社区的发展和治理规律，为开展国家智能社会治理实验综合基地提供综合支撑。

（十二）未来公园社区

未来公园社区秉持“以居民为中心，以需求为导向”的理念，运用现代技术实现由“造房子”到“造社区”“造生活”的转变，构建功能均衡、产业鲜明、和谐相融的新型城市单元和市民生活共同体。浙江省等地在此领域创新成效显著。成都市汲取国内外经验，强调以人为本、绿色发展、智慧赋能，从高质量发展、品质生活和高效治理三大维度出发，围绕九大场景定制具体指标。这些具体指标不仅涵盖了生态融合、创新创业等关键领域，还充分融合了新型智慧社区治理创新、文明城市等指标体系，以满足“人文社区·智能社会”算法技术应用的需求。

（十三）元宇宙人文社区

元宇宙人文社区是一个融合了前沿技术与人文精神的创新概念。借助人工智能、神经元传感等技术，它通过移动互联网、物联网和视联网等多元连接方式，对虚拟三维空间中的社区建筑、基础设施等进行集成规划，从而拓展数字空间并实现与现实社区的深度交互。这样，不仅体现在智慧社区的规划建设、组织动员和智能服务等方面，更在于推动文明实践、平安建设和社区自我发展。然而，元宇宙空间的治理面临着诸多不确定性和变量，因此需要坚持党建引领创新基层社会治理，实践新时代文明，弘扬社会主义核心价值观，构建“虚实共治、协同治理”新格局，打造文明健康有序的“人文社区·智能社会”，共筑美好未来生命共同体。

（十四）智慧城市

智慧城市作为现代城市发展的新理念，通过集成物联网、云计算、大数据等智能技术，推动实现城市关键基础设施与服务的智能化和高效化。本书提到的智慧城市主要指“智慧蓉城”，它不仅形成市级—区（市）县—街道（乡镇）的“大王字形”顶层管理架构，而且推动以街道城运平台为基础的街道（乡镇）—社区（街区）—小区（院落）的“小王字形”微循环体系建设，推动实现城市管理的精细化与高效化。它注重高品质新型智慧社区的建设，成为智能网络空间文明实践的重要支撑平台。以此为基础，开展智能社会（社区）与网络空间融合治理，推动智慧蓉城城运平台提质增效，同时推进新型智慧社区生态体系建设，使智慧城市为市民提供了更为便捷、舒适的生活和工作环境。

（十五）社区治理算法应用技术（CIG）

社区治理算法应用技术（CIG）是一种融合人工智能与社区治理的创新技术。社区数据资产管理与价值转化是关键。本书提出探索建立社区大数据资产合规登记制度和流程，明确数据的权属和责任，为数据的流通和交易提供法律保障。同时，利用区块链等技术，对社区大数据产品流通与数据流通进行存证，确保数据的合规流通和可追溯性。利用先进的算法模型，对社区内各类数据进行深度挖掘和分析，实现社区治理的智能化和精细化。CIG 不仅可以提升社区治理的效率和准确性，还使得治理过程更加科学、公正和透明。其内涵包括：通过 AI 技术优化社区资源配置，提升公共服务水平；利用算法模型预测和防范社区安全风险，确保社区安全稳定；“新时代社会文明实践 + CIG”通过智能化手段推动社区居民参与治理，是推动社区治理现代化的重要力量，推动实现智能社会“虚实共治、协同治理”共建共治共享的社会治理格局。

第二节　当前智能社会与网络治理融合创新应用研究的概况

随着智慧城市和智慧社区建设的不断推进，人工智能技术的广泛应用，构建“人文社区·智能社会”已成为时代发展的必然趋势。智能社会作为一个复杂而多元的系统，涵盖了智慧城市、智能网络、智能精神、智慧文化、智能经济等多个相互交织、相互影响的构成空间，共同推动着全域社会的智能化发展和高效运转。

智能社会治理工作面临着诸多挑战，如数据隐私保护、算法公正性等问题。同时，社会治理智能化发展需求也日益迫切，需要借助先进技术和法律手段共同应对。智能网络空间作为其中的重要组成部分，其治理创新对于实现全域社会的智能化、全息化至关重要。

通过对智能社会治理现状与挑战的深入分析，以及对社会治理智能化发展需求的探讨，我们认识到技术与法律在智能社会治理中的互动关系至关重要。从成都市的实践来看，创新“新时代文明实践 + 智能社会治理”综合实验理论与实践指导观点，将有助于实现全域社会、全息社会的构建，推动智能社区与网络空间融合治理的创新工作不断取得新成果。

一、智能社会治理工作现状及面临的挑战

（一）智能化背景下的社会治理转型与创新

在智能化浪潮席卷下，社会治理面临着前所未有的挑战与机遇。为确保经济社会健康发展，社会治理的转型与创新成为必由之路。这一转型不仅是技术层面的更新，更是治理理念、模式与手段的全面革新。

面对智能化带来的新形势和新要求，社会治理必须适应并融入智能与文明健康的场域，采用创新的治理模式和手段。学者李小曼、谭全万、王谦、谢君、吴锋、肖道伟等深入研究网络社会治理的新问题，指出社会治理需要紧密结合智能技术，构建高效、精准、智能的治理体系。西财天府社区治理学院苟兴才、肖连风等学者进一步提出智能社会治理应以人为本，将数据资源和数据资产作为核心要素，推动政府信息化转型，提升社会治理能力。

社交新媒体时代为大众认知带来了全新的形态和演化模式。社会治理必须紧跟时代步伐，深入了解新媒体时代的特点和规律，建立科学的分析治理策略。这包括加强网络舆论的引导和管理，提升网民素质，营造清朗的网络空间，以及利用大数据、人工智能等技术手段，精准识别和应对社会治理中的风险与挑战。

智能社会智能与服务创新实践在面临挑战的同时也蕴含着巨大的机遇。通过智能化手段，可以更高效地整合和利用资源，优化服务流程，提升服务质量和效率。然而，这也要求我们坚守正确的指导思想，严格遵守法律法规和伦理道德规范，确保智能化服务创新始终在法治轨道上运行。

智能社会治理还需要注重跨领域、跨部门的协同合作。政府、企业、社会组织以及公民个人都应积极参与社会治理，形成多元共治的良好局面。通过加强信息共享和资源整合，可以更好地应对复杂多变的社会问题，实现社会治理的智能化和现代化。

（二）智能社会治理创新对传统治理模式的挑战与适应

随着智能社会的发展，社会组织和运行方式正经历着前所未有的变革，传统社会治理模式逐渐显露出其局限性，难以适应新时代的需要。

传统社会治理模式在应对智能社会带来的新情况和新问题时显得捉襟见肘。智能社会以数据的广泛采集和智能化分析为核心特征，要求社会治理更加精准、高效。然而，传统模式往往过于依赖经验和直觉，缺乏科学的数据支撑和智能化分析，难以满足新时代的需求。

智能社会治理创新不仅仅是技术层面的问题，它更是一场深刻的管理机制、政策法规的革新之旅。传统的社会治理结构和管理手段在智能化进程面前显得力不从心，我们需要重新审视和调整社会治理体系，建立更加高效、灵活的管理机制，制定适应智能社会发展的政策法规。

智能社会治理与正确的价值观塑造之间存在不同步的问题。在虚拟网络空间中，信息传播迅速且复杂多变，很容易滋生各种不良思潮和价值观念。因此，在推进智能社会治理创新的同时，必须高度重视价值观的引导和塑造，确保智能社会的发展始终在正确的轨道上前进。

与时俱进探索新的思路和路径。以成都市智慧城市治理研究会和成都理工大学法律规范与伦理研究中心为例，这些机构正积极探讨智能社会治理的逻辑与智能网络空间意识形态形成及演变规律。他们提出“新时代文明实践＋”的理念，旨在将文明实践与智能社会治理相结合，推动社会治理创新与社会文明进步相互促进。

（三）成都市智能社会治理创新的初步研究与探索

成都市智慧城市治理研究会、成都理工大学法律规范与伦理研究中心作为智能社会治理融合实践的先行者，正积极探讨智能社会治理的逻辑与智能网络空间意识形态的形成及演变规律，为国家智能社会治理综合基地建设提供指导理论和实践创新参考。

这些研究机构深入剖析了智能社会治理的内在逻辑。研究者认为，智能社会治理不仅是对传统治理模式的数字化改造，更是对治理理念和方式的根本性变革。通过引入人工智能、大数据等先进技术，可以实现社会治理的精准化、高效化和智能化，提高治理水平和效能。

他们同时还关注智能网络空间意识形态的形成及演变规律。在虚拟世界中，信息的传播速度和范围远超现实世界，各种思潮和价值观相互交织、碰撞。因此，如何在智能社会治理中引导正确的价值观，防止不良信息的传播，成为研究的重点。

成都市成华区在智能社会治理创新方面进行了积极探索。以“新时代文明实践+”为统揽，通过文明实践活动，推动智能社会治理与服务创新的深度融合。这一理念不仅强调了智能技术在社会治理中的重要作用，还注重了人的主体性和价值观的引领。

以智慧蓉城、微网实格、文明实践等工作为契机，成华区围绕“人文社区、智能社会”的目标，开展了“虚实共治、协同治理”的探索。他们通过将智慧民政、智慧健康、智慧教育等系统平台与智能社区和网络空间融合治理结合，实现了系统平台的共建共享和数据资源的共管共治。这种跨领域的合作不仅提高了治理效率，也促进了社会各领域的协调发展。

成都市还注重在智能社会治理创新中强化法律法规和伦理道德的规范作用。他们认识到，技术的发展需要与法律法规和伦理道德相适应，才能确保智能社会治理的健康发展。因此，加强了对智能技术的监管和规范，确保其在社会治理中发挥积极作用。

二、社会治理智能化发展需求

（一）技术规则在智能社会治理中的支撑作用

随着智能社会的蓬勃发展，技术规则在社会治理体系中的地位越发凸显，成为不可或缺的关键要素。技术规则不仅为智能社会治理提供坚实的基础，还通过其独特的特性，促进社会治理的现代化与网络化。

技术规则与道德伦理规则的有机融合，为社会治理的正常运行提供重要保障。在智能社会治理中，技术规则的制定和执行需要严格遵循道德伦理规范，确保个人隐私不被滥用、泄露，保障公民的合法权益。这种有机融合有助于建立一种道德和技术共同约束的社会治理体系，提升社会治理的道德水准和法律合规性。

技术规则与业务场景的深度融合，推动智能社会管理的效率提升和准确性增强。通过深入了解各类业务场景的需求和特点，技术规则能够针对性地设计算法模型、制度模型和机制模型，实现业务模型与技术规则的有机统一。这种深度融合使得智能社会治理能够更精准地应对各种复杂问题，提高治理的针对性和实效性。

技术规则与“新时代文明实践＋”理念紧密结合，促进智能社区与网络空间的融合治理创新。通过将技术规则贯穿于智能社区建设、网络空间治理等实践中，有助于实现“虚实共治、协同治理”的目标，推动社会治理体制和机制的创新。同时，技术规则还能够有效规范网络空间的舆论环境，确保智能网络空间的健康发展。

技术规则对于“人文社区·智能社会”建设具有深远意义。通过运用先进的技术手段、技术规则能够提升城市治理的智能化水平，促进城市的可持续发展。同时，技术规则还能够推动人文关怀与智能科技的融合，营造出更加宜居、便捷、安全的社区环境，提升居民的生活质量和幸福感。

（二）推动社会治理虚实结合的相关研究

在社会治理智能化日益成为现代社会发展重要趋势的背景下，众多学者和实践者着眼“虚实共治”，从不同角度对其进行了深入研究和探索。这些研究不仅为我们提供了宝贵的理论支持，也为社会治理智能化的实践提供了有力的指导。

武汉大学网络传播与社会治理研究中心教授李小曼聚焦智能网络空间意识形态及价值观的形成规律演变进行研究后指出，网络空间成为意识形态和价值观传播的重要阵地，必须培育健康向上的网络文化，为社会治理智能化营造良好的网络环境。

民政部政策理论研究基地（重庆大学）主任张邦辉等学者则强调，社会治理需要从单一主体与线性模式向群体共治和网络治理模式转变。他们认为，在智能化时代，社会治理应更加注重多元主体的协同共治，通过搭建网络平台、运用大数据和人工智能等技术手段，实现信息的共享和资源的整合，提高治理的效率和精准度。

成都市智慧城市标准委员会的学者但强则依托智慧蓉城社区生态体系，提出构建“社区公共服务大数据＋应用场景＋算法”生态体系的设想。他们认为，通过收集和分析社区公共服务大数据，可以深入了解居民的需求和偏好，进而设计更加符合居民实际需求的应用场景和算法，提升社区治理的智能化水平，增强居民的认同感和获得感。

社区作为社会治理的基础单元，其数据资源的价值巨大，但同时也面临着数据收集、整合、分析和应用的诸多挑战。四川创新社会发展与管理研究院执行院长肖连风则主张整合社区治理 AI 算法应用，探索"社区画像"应用机制和伦理与法律规范。他认为，通过运用 AI 算法对社区数据进行深度挖掘和分析，可以形成精准的"社区画像"，从而实现对社区治理的精准化和精细化。这种应用必须在法律法规的框架下进行，并深入探索社会、科技伦理要求。

西财天府社区治理学院院长苟兴才则强调文化在社区治理中的重要性。他认为，文化作为社区治理的灵魂，应与人工智能技术深度融合，为社区治理注入新的活力。通过运用智能化技术传承和弘扬社区文化，共建智能网络文化精神家园，可以增强居民的归属感和认同感，促进社区的和谐稳定。

成都市智慧城市研究会学者肖道伟提出积极探索"人工智能＋"新质生产力驱动模型及智能产品研究的建议。他认为，"人工智能＋"新质生产力驱动，可以实现全方位、全领域、全要素指标体系建设，可以开发出更加符合实际需求的智能产品。

三、技术与法律在智能社会治理中的互动关系

技术治理与法律治理关系的研究。在智能社会的建设中，技术治理与法律治理之间存在着密不可分且相辅相成的关系。这两者相互促进、相互制约，共同推动智能社会的高质量发展。

技术治理的发展需要法律治理的支持和保障。随着技术的不断进步和应用领域的不断拓展，技术治理在智能社会中的作用日益凸显。然而，技术的发展也带来了一系列新的挑战和问题，如隐私保护、数据安全、算法公正性等。这些问题的解决需要依靠法律治理的力量，通过制定和完善相关法律法规，规范技术应用的合理性和合法性，确保技术治理的健康发展。

法律治理也需要技术治理的支撑和推动。随着智能社会的深入发展，传统的法律治理方式已难以适应新的社会需求。技术治理的出现为法律治

理提供了新的手段和方法，如大数据分析、人工智能算法等，可以提高法律治理的效率和精准度，更好地维护社会秩序和公共利益。

技术治理与法律治理之间存在相互制约的关系。技术的发展往往领先于法律的制定，这要求法律治理必须及时跟进，制定新的法律法规来适应智能社会的需求。同时，法律的制定和执行也可以对技术的发展进行引导和规范，防止技术滥用和侵犯公民权益。这种相互制约的关系有助于确保技术治理与法律治理在智能社会中保持平衡和协调发展。

技术治理与法律治理在实践中需要进行有效协调。随着智能社会的不断演进，技术治理与法律治理面临的挑战和问题也日益复杂。为了实现智能社会的可持续发展，需要建立起技术治理与法律治理的协同机制，确保两者在实践中能够相互配合、相互支持。

智能社会治理的难点在虚拟空间，净化智能精神空间、塑造智能文化空间、治理智能网络空间。在构建“社区画像”等智能化应用场景时，需要同时考虑技术治理和法律治理的要求，确保数据的合法收集和使用，避免侵犯公民隐私；在应对社会舆情和网络治理时，需要充分发挥技术治理的优势，实现事前预防、事中应对和事后评估的智能化管理，同时也需要依托法律治理来确保舆情和网络空间的规范运行。

第三节　新时代社会治理创新及转型

新时代社会治理创新及转型，以共建共享共治为核心理念，致力于实现“虚实共治、协同治理”的新格局。借助现代科技手段，推动线上线下有机结合，将传统社会治理向智能网络空间治理延伸，从而显著提升市域治理现代化的效能。

在这一进程中，各地均强调政府、社会组织、居民等多元主体的共同参与和协作，形成治理合力。共建共享共治的目标在于实现社会资源的优化配置，确保公共服务的均衡覆盖，构建“在治理中服务、在服务中治理”新格局，不断提升居民的获得感和幸福感。

特别是在许多城市中，“虚实共治、协同治理”已成为智慧城市建设和社会治理创新的重要内容。通过整合线上线下资源，探索构建更加高效、便捷、智能的社会治理体系，为新时代社会治理的创新发展提供创新指导。

一、新时代社会治理创新理念的形成与实践

基层社会治理在保障经济社会稳定和谐发展的宏大格局中占据着举足轻重的地位，它不仅承载着政府管理的末端执行，还是社会工作与社会服务的重要载体，更是社会宣传、社区治理以及智能网络空间治理的前沿阵地。

（一）基层社会治理在政府管理中发挥着基石作用

多元共治、综合治理、源头治理、制度治理、技术治理和能力建设等理念在基层得到深入实践与具体体现，为政府政策的落地生根提供了有力支撑。通过基层社会治理，政府政策得以深入民心，转化为实实在在的民生福祉，有效提升了群众的获得感、幸福感、安全感。同时，基层社会治理也是政府了解民情、汇聚民智的重要窗口，为政府决策提供第一手资料和实时反馈，帮助政府更好地倾听民意、回应关切，推动社会治理体系和治理能力现代化。

（二）基层社会治理在社会工作中发挥着不可替代的作用

随着各级社会工作部的成立，基层治理与社会工作的内涵和内容发生了深刻变化。中央社会工作部明确了其“三定”方案和职能职责，进一步明确了党建引领基层治理创新的总体要求，为加强和创新基层社会治理提供了有力指导。基层治理和社会工作的不断加强，为深入开展国家智能社会治理实验综合基地建设提供了良好的实验环境和制度保障。

通过着眼“人工智能 +”基层治理、社会工作创新，越来越推动“人文社区 · 智能社会”建设，推动基层社会治理体系不断完善和发展。同时，通过发挥社会工作者的专业优势，加强人工智能技术与群众工作的深度融合，不断提升治理效能和“社区公共服务大数据 + 应用场景 + 算法”生态体系建设水平。

（三）基层社会治理在社会宣传中占据举足轻重的地位

以成都市打造“学习强国”主题街区为例，成华区与成都市广播电视

台携手打造构建“一街百站千景万家”的民生服务体系，将党的创新理论和政策精准传递至群众中，更在实践中探索智能社会与新时代文明融合的新路径。这种社会宣传方式不仅增强了群众的获得感和幸福感，更以其实效性与创新性提升了基层社会治理的知名度和影响力。通过基层社会治理的积极参与和创新实践，社会宣传工作得以深入人心，有效促进了社会的和谐稳定与发展进步。

（四）基层社会治理在社区治理中发挥着基础作用

社区作为社会的基本单元，其治理状况直接影响着社会的和谐稳定与居民的生活品质。在基层社会治理的推动下，社区组织建设得到加强，服务体系日益完善，居民自治得到有效推动，共同促进社区治理的精细化、专业化和智能化，为居民创造更加便捷、高效、安全的生活环境。通过基层社会治理的不断深化，智能社区与网络空间融合治理创新的基础作用将得到进一步夯实，为社会的和谐稳定与居民的幸福安康贡献更大力量。

（五）基层社会治理在智能网络空间治理中发挥支撑作用

随着互联网的深入普及和智能技术的快速发展，智能网络空间治理成为社会治理不可或缺的一部分。基层社会治理通过加强网络安全监管，有效应对网络风险，保护网民的合法权益。同时，建立网络舆情监测和分析机制，及时了解社会动态，引导网络舆论健康发展。推广智能安防技术，提升网络空间的安全防护能力，确保信息的安全传输和存储，为智能社会及“人文社区·智能社会”的建设和健康发展提供了社会环境基础。

（六）基层社会治理在智能社区与网络空间融合治理中发挥着协同创新作用

以成华区的实践为例，基层社会治理以“新时代文明实践 +”为引领，积极践行社会主义核心价值观，通过围绕健康、友好、文明等主题开展实践活动，不仅丰富了社区文化内涵，也提升了居民文明素养。同时，基层社会治理还致力于构建社区治理 AI 算法模型体系及“社区公共服务大数据 + 应用场景 + 算法”生态体系，探索智能社会与网络空间主流价值观的形成规律，推动“虚实共治、协同治理”理念的落实。基层社会治理的积极实践和不断创新，为智能社区与网络空间融合治理提供了有力支持，促进了社区和谐稳定和居民的幸福感提升。

二、创新社会治理的路径选择及实现方式

（一）共建共治共享社会治理格局的内涵与价值

在当下人工智能迅猛发展的时代背景下，共建共治共享的社会治理格局显得尤为重要，其内涵深刻、价值突出，是推进治理体系和治理能力现代化的关键举措，也是新时代文明实践的重要组成部分。

"共建"是这一社会治理格局的基石，不同主体之间的紧密合作与相互协作，旨在形成多元参与、业务融合和数据共享的社会治理新局面。在智能社会治理的实践中，共建要求政府、企业、社会组织以及广大民众共同参与社会治理事务，形成多元主体的协同治理格局。通过构建数据指标体系，实现不同领域、不同部门之间的数据互通共享，为治理决策提供有力支撑。

"共治"是共建的延伸和升华，要求各主体在平等、开放、互动的基础上，共同参与社会治理的过程，形成联动联勤、相互支持的治理机制。在智能社会治理的语境下，共治意味着线上线下相结合、虚实共治的模式，实现现实社会与虚拟空间的协同治理。通过构建"虚实共治、协同治理"机制，可以有效提升社会治理的效率和精准度，增强社会治理的针对性和实效性。

"共享"作为共建共治的目标，旨在实现社会治理成果的普惠性。在智能社会治理中，共享强调将治理成果转化为公共服务大数据资源，为居民提供便捷、高效、精准的服务。通过构建智慧共同体，激发居民参与热情，提升治理凝聚力和向心力，实现人人参与、人人尽责、人人享有的社会治理新局面，让每一名社会成员都能享受到治理成果的红利。

"共建共治共享"理念为形成"虚实共治"新格局提供了坚实基础。在文明实践引领下，推动虚拟与现实、物质与精神、智能与网络空间的协同治理，需要依托良好的社会治理基础和人文环境。这种社会治理格局为智能社会与网络空间的融合治理创新提供了新的思路与路径，能有效提升

网络空间治理水平，促进智能社会健康发展。

（二）社会治理智能化的发展及实施路径

社会治理智能化的发展及实施路径在信息技术的推动下日益凸显其重要性。新时代文明实践与智能社会治理的结合，为提升治理能力提供了有力支撑。通过综合运用大数据、云计算等现代信息技术，实现治理过程的智能化、精准化。本节将深入探讨这一理念的实施路径，结合相关论文，分析智能化在社会治理中的应用与前景，为构建高效、和谐的社会治理体系提供借鉴与启示。

“新时代文明实践 +”引领智能社会治理综合发展，创新实施路径，探索物质与精神、现实与虚拟、智能社会与网络空间的“虚实共治、协同治理”新模式。此举有望填补超大城市治理和智能社会治理与服务创新领域的空白，提升治理效能，构建和谐社会。

在净化智能精神空间方面，注重培育积极健康的网络文化，通过文明实践活动引导群众树立正确的价值观，增强网络道德意识。同时，加强网络监管，打击网络谣言和不良信息，营造清朗的网络空间。

在塑造智能文化空间方面，利用智能技术传承和弘扬中华优秀传统文化，打造具有地方特色的文化品牌。通过线上线下相结合的方式，开展丰富多彩的文化活动，提升居民的文化素养和审美情趣。

在治理智能网络空间方面，坚持依法治网，完善网络法律法规，规范网络行为。加强网络安全防护，保障个人信息和数据安全。同时，推动网络空间的多方参与和共治，形成网络治理合力。

（三）公共服务大数据体系机制构建及社会计算的探索与思考

社会治理智能化离不开公共服务大数据体系机制的构建与社会计算的应用。围绕“社区公共服务大数据 + 应用场景 + 算法”的生态体系进行构建，可以实现对公共服务数据的全面整合、深度分析和高效应用，从而挖掘数据的潜在价值，为治理决策提供科学支撑。

在构建过程中，注重共建共享与“虚实共治、协同治理”的结合至关重要。通过促进不同部门、不同领域之间的数据共享和互通，我们能够打破“信息孤岛”，提高治理的协同性和整体性。同时，加强专群结合，充分发挥专业人士和广大群众的智慧和力量，共同推动社会治理的创新发展。

此外，数据安全及资产权属问题也是不容忽视的方面。在构建公共服务大数据体系机制时，需要建立完善的数据安全保障机制，确保数据的安全性和可靠性。同时，明确数据的资产权属，保护数据提供方的合法权益，以推动数据的合法、合规使用。

综上所述，构建“新时代文明实践+”公共服务大数据体系机制并实现社会计算的应用是推动社会治理智能化的关键步骤。需要注重数据的整合与共享、专群结合以及数据安全与资产权属等问题，为构建高效、智能的社会治理体系奠定坚实基础。社会治理智能化的实现离不开公共服务大数据体系机制的构建和社会计算的应用。

（四）成都市在数据应用和高质量发展方面的探索与思考

社会治理智能化的数据应用是实现高质量发展的必由之路，尤其在成都市的实践中，这一路径显得尤为重要。成都市以区（市）县为单位，街道（乡镇）、社区（小区）为基础单元，深入探索大数据技术的综合运用。通过数据挖掘、分析和应用，成都市力求精准把握智能社会治理的实际情况和需求，为制定科学治理策略提供坚实支撑。

在数据应用层面，成都市着重加强数据整合与共享，打破“信息孤岛”，实现数据的互联互通。同时，注重挖掘数据背后的深层价值和规律，通过算法和模型分析，发现社会治理中的痛点和难点。此外，成都市还积极推动数据应用创新，将数据资源转化为社会治理的实际效能，不断提升治理的精准性和有效性。

在高质量发展路径方面，成都市坚持以人民为中心的发展思想，致力于提升社会治理效能和水平。通过加强智能化治理技术的研发和应用，推动社会治理模式的创新和变革。同时，注重社会治理的可持续性和普惠性，确保治理成果能够惠及广大人民群众，实现社会治理的共建共治共享。

综上所述，社会治理智能化的数据应用是推动高质量发展的关键举措。成都市的探索与实践为我们提供了宝贵的经验和启示，未来还需深化

"社区公共服务大数据 + 应用场景 + 算法"生态体系建设应用，推动社会智能治理向更高水平迈进。

三、新时代社会治理面临的挑战与对策

在智能化浪潮席卷全球的今天，社会治理面临着前所未有的挑战与机遇。然而，社会治理智能化发展的进程中，也暴露出一系列现实困境，亟待我们深入剖析并寻求有效的对策。

（一）社会治理智能化发展的现实困境

社会治理智能化作为新时代的重要发展趋势，虽在提升治理效率、优化服务模式等方面展现出巨大潜力，但同时也面临着诸多现实困境。

第一，数据安全与隐私保护问题凸显。社会治理智能化发展的首要困境在于数据安全与隐私保护。随着大数据、云计算等技术的广泛应用，社会治理过程中涉及的大量个人信息和数据的安全保护问题日益凸显。如何确保数据在采集、传输、存储和使用过程中的安全，防止数据泄露和滥用，成为当前亟待解决的问题。

第二，存在技术应用不平衡的难题。由于地区间经济社会发展水平、技术水平等差异，社会治理智能化水平参差不齐。一些地区可能缺乏必要的智能化基础设施和人才支持，导致社会治理智能化进程滞后。同时，由于缺乏统一的规划和指导，不同地区、不同部门在社会治理智能化方面可能存在重复投入、资源浪费等问题。

第三，技术依赖性问题普遍。社会治理智能化发展中还存在技术依赖性问题。一些地方过于依赖智能化设备和系统，而忽视了社会治理的复杂性和多元性。这种技术依赖可能导致智能设施设备成为摆设，无法真正发挥其在社会治理中的作用。此外，技术滥用或被技术捆绑的问题也时有发生，这进一步削弱了智能化在社会治理中的实际效果。

第四，业务研究与场景设计不足。社会智能化发展还面临着业务研究、场景设计不清晰的问题。社会治理涉及众多领域和方面，需要跨部门、跨学科、跨领域、跨平台、跨系统进行融合研究与协同合作。然而，目前跨界融合研究团队和人才稀缺，缺乏对社会治理智能化业务的深入研

究和系统化设计。这导致在推进社会治理智能化过程中，难以形成清晰明确的业务指标体系和配套机制，影响了智能化技术的应用效果。

第五，指导理论和主题主线的缺失。社会治理智能化作为新兴领域，需要明确的理论指导和价值观引领。然而，目前尚未形成完整的指导理论和主题主线，导致在推进过程中缺乏明确的方向和目标。这不利于形成统一的社会治理智能化发展思路和行动计划。

第六，法律法规和规章制度的不足。由于智能化技术发展迅速，现有的法律法规往往难以适应新的情况和问题。缺乏专门针对社会治理智能化的法律法规和规章制度，导致在推进过程中存在法律空白和监管缺失的问题。这增加了社会治理智能化的风险和不确定性。

第七，顶层设计和实施路径的缺乏。由于缺乏整体规划和顶层设计，不同地区、不同部门在推进社会治理智能化时可能存在各自为政、缺乏协同的问题。同时，由于缺乏明确的实施路径和标准规范，导致在实际操作中难以形成统一的标准和操作方法，影响了社会治理智能化的推进速度和效果。

（二）社会治理智能化发展的对策建议

针对社会治理智能化发展面临的现实困境，结合成都市在国家智能社会治理实验综合基地建设的初步实践与研究，本书课题组提出以下对策建议，以推动其健康、有序、高效地发展。

推动指导理论创新与实践探索。开展社会智能化的指导理论创新研究，探索推进社会治理智能化的主题和主线。结合实践经验和实际需求，形成标准规范、建设指南等指导性文件，为社会治理智能化提供理论支撑和实践指导。成都市成华区在推进智能网络空间舆论治理的实践中，提出以“新时代文明实践＋”为引领的创新研究成果值得关注。

加强顶层设计与实施路径规划。结合成都市的初步实践和研究情况，推进社会智能化建设，可以市级单位为管理单位，统筹推进社会治理智能化发展。明确区市县在推进社会治理智能化中的定位和作用，发挥街道（乡镇）等基层单位的实用功能。制定顶层设计研究和实施路径规划，包括场景打造指导意见等，确保各项工作有序开展。

健全数据安全与隐私保护体系。制定并完善数据安全与隐私保护的规章制度，强化对个人信息的采集、传输、存储和使用的监管。建立严格的数据访问权限控制机制，防止数据泄露和滥用。同时，加强公众对数据安全和隐私保护的意识教育，提升全社会对数据安全的重视程度。

深化技术标准研究与应用指导。加强社会治理智能化技术标准的研究制定，特别是在人工智能技术应用、技术架构等方面形成统一标准。对CIG等技术应用进行规划指导，避免重复投入和资源浪费。同时，建立技术评估与审核机制，确保技术应用的安全性和有效性。

规范业务操作与考核要求。各地各单位结合自身实际情况，出台社会治理智能化建设的业务规范和考核要求，明确各项工作的操作流程和标准。通过实施积分制、黑名单制度等激励机制和约束机制，防止技术滥用或被技术捆绑。同时，建立定期评估和反馈机制，及时发现问题并进行整改。

加强跨界融合研究与人才培养。结合蓉城英才智慧治理领军人才、社区治理AI实验室、成都市哲学社会科学研究基地“人工智能+”社区特色基地的建设等，促进跨部门、跨学科、跨领域、跨平台的合作与交流，构建跨界融合研究团队和人才培养体系。鼓励科研机构、高校和企业共同参与社会治理智能化的研究工作，培养具备跨界思维和创新能力的人才队伍。

结合新质生产力发展推动产业融合。充分利用“人工智能+”等新质生产力的优势，推动社会治理智能化与社区现代化产业的深度融合。通过引入先进的人工智能技术，提升社区治理的智能化水平，同时促进相关产业的发展和创新。

第四节　智能网络空间及其治理服务

智能网络空间作为现代信息技术的产物，涵盖了数据、信息、知识和智能等多个维度，是一个高度复杂且交互性强的虚拟空间。不仅承载着信息传输和资源共享的功能，还是人们交流思想、表达情感、创新创造的重要平台。在智能网络空间中，智能精神空间和智能文化空间作为其重要组成部分，共同塑造着网络空间的氛围和风貌。

然而，智能网络空间治理面临着诸多挑战。其中，暗网环境下的网络空间安全威胁尤为突出。暗网作为网络空间中的隐蔽角落，为不法分子提供了匿名交易、传播恶意软件和泄露敏感信息的渠道。这些活动不仅威胁到个人隐私和财产安全，还可能导致社会秩序的混乱和国家安全的受损。

新时代的智能网络空间治理需要应对这些挑战，并提出有效的对策建议。首先，加强法律法规建设，完善网络空间治理的法律体系，为网络空间的健康发展提供有力保障。其次，推动技术创新，提升网络安全防护能力，有效应对暗网等网络空间安全威胁。同时，加强伦理规范建设，引导网络空间参与者自觉遵守道德规范，共同维护网络空间的良好秩序。

在“新时代文明实践+”的指导思想下，我们应注重提升公众的智能媒介素养，培养公众对网络信息的辨识能力和批判性思维。此外，还应加强网络空间的综合治理，构建政府、企业、社会组织和个人等多方参与的治理格局，形成共建共治共享的网络空间治理新局面。

总之，智能网络空间治理是一项长期而复杂的任务，需要各方共同努力。通过加强法律法规建设、推动技术创新、提升公众媒介素养和加强综合治理等措施，我们有望构建一个安全、健康、有序的智能网络空间。

一、暗网环境下的网络空间安全威胁

（一）暗网问题及在智能社会治理中的挑战

暗网作为互联网之下的一片隐蔽空间，承载着诸多不为人知的秘密与风险。它的存在不仅挑战了传统的网络安全观念，也对智能社会治理提出了前所未有的挑战。在信息技术的飞速发展下，暗网逐渐成为一个复杂且多变的网络世界，其中涉及的问题远非单纯的技术层面所能解决。因此，对暗网的有效管理需要从多个角度进行综合考虑。

暗网中的非法活动与安全隐患。在暗网中，不法分子可以匿名进行交易、传播非法信息、进行网络攻击等行为。这些行为不仅破坏了网络空间的秩序，也对个人和社会造成了严重的安全隐患。例如，暗网中的毒品交易、贩卖个人信息等违法行为给社会秩序和公共安全带来了极大威胁。此外，暗网还是恐怖主义和极端主义思想的传播渠道，加剧了社会的不稳定因素。

暗网的技术特性与治理难度。暗网采用了先进的加密技术和匿名化手段，使得用户身份和交易信息难以追踪和定位。这种技术特性增加了暗网治理的难度。传统的监管手段在暗网面前显得力不从心，难以有效应对。此外，暗网中的信息流动速度快、传播范围广，也给治理工作带来了挑战。

暗网中的意识形态风险与道德沦丧。暗网中充斥着各种极端思想、虚假信息和道德沦丧的内容。这些内容对青少年的价值观和社会公众的道德观念产生了极大的负面影响。暗网成为传播谣言、散布仇恨和极端思想的温床，加剧了社会的分裂和不稳定。

暗网治理中的法律与伦理困境。暗网治理面临着法律与伦理的双重困境。一方面，现有的法律体系在应对暗网问题时存在滞后和不足。由于暗网的技术特性和跨境性质，传统的法律制度往往难以适应和有效打击暗网中的非法活动。另一方面，暗网治理也涉及个人隐私、信息安全等伦理问题。如何在保护个人隐私和信息安全的同时，有效打击暗网中的非法活动，成为一个亟待解决的难题。

智能社会治理体系构建与能力的提升滞后。顶层设计不完善和资源整合力度不够，尤其体现在协调机制上。各部门间缺乏高效的协同机制，导致信息不畅通、资源难共享，难以形成合力应对暗网挑战。此外，技术能力也亟待提升，对暗网的监测与打击手段尚显不足。

（二）对暗网治理安全的初步思考

暗网治理安全作为智能网络空间治理的重要组成部分，也是“人文社区·智能社会”建设的重要内容，不仅关系到网络空间的秩序与稳定，更关乎国家的安全与发展。针对暗网治理安全，本书课题组提出以下初步思考。

从社会治理的角度出发，需要深刻认识到暗网带来的威胁与挑战。暗网的存在为非法活动提供了隐匿的场所，包括贩卖毒品、传播恐怖信息、侵犯个人隐私等。这些活动不仅破坏了社会秩序，也威胁到个人的安全与权益。因此，建立健全的法律法规体系是治理暗网的基础。需要制定专门的法律法规，明确暗网的性质、界定违法行为，并规定相应的处罚措施。同时，加大执法力度，确保法律法规得到有效执行。

加强网络空间意识形态安全和道德理论规范的建设也是暗网治理的重要一环。暗网中充斥着各种极端思想、虚假信息和道德沦丧的内容，这些内容对青少年和社会公众产生了极大的负面影响。因此，需要加大对暗网的监管力度，建立完善的暗网治理体系。这包括建立专门的监管机构，制定监管规则和流程，对暗网中的内容进行审查和管理。同时，加强网络道德教育和引导，提高公众对网络信息的辨识能力和道德水平。

利用技术手段提升暗网治理的安全性和有效性也是必不可少的。随着技术的发展，可以利用社会计算等算法技术手段对暗网进行实时监测和预警。通过大数据分析和挖掘，可以发现暗网中的异常活动和潜在风险，并及时采取相应的应对措施。此外，加强网络安全技术研发，提高网络防护能力，也是防止暗网威胁的重要手段。

建立“虚实共治、协同治理”的机制对于应对暗网威胁具有重要意义。暗网治理需要政府、企业、社会组织等多方共同参与和协作。政府需要发挥主导作用，制定政策和规划，协调各方资源；企业需要承担社会责任，加强自我管理和约束；社会组织可以发挥监督和宣传作用，推动形成全社会共同参与的治理格局。通过各方协同合作，形成合力，共同应对暗网威胁。

倡导健康文明的智能社会治理与服务价值观是暗网治理的重要方向。需要树立正确的网络价值观，强调网络空间的秩序、公平和正义。同时，推广普及网络安全知识，提高公众的网络安全意识和技能。此外，成华区创新“新时代文明实践+”和践行社会主义核心价值观的成功经验值得参考借鉴，将文明实践与网络治理相结合，推动形成健康、文明、安全的网络文化。

二、新时代的智能网络空间治理挑战与对策

（一）智能网络空间基本情况初步研究

随着信息技术的飞速发展，智能网络空间治理问题日益凸显，成为当今社会关注的焦点。智能网络空间以其高度互联、智能决策和广泛应用的

特性，为社会治理、智慧城市建设和舆论引导等方面带来了新的机遇与挑战。

智能网络空间的现状呈现出复杂多变的特征。一方面，网络空间的互联互通使得信息传播更加迅速、广泛，为人们提供了丰富的信息资源和便捷的交流平台；另一方面，智能网络空间也面临着安全威胁、信息泛滥和隐私泄露等问题，这些都对智能网络空间的治理提出了更高的要求。

智能网络空间存在的主要问题及挑战包括：一是网络犯罪和不良信息的泛滥，需要加大对网络空间的监管和打击力度；二是网络空间的安全防护能力有待提高，需要加强技术研发和创新，提升网络空间的安全性；三是智能网络空间与传统社会治理模式的融合不够，需要进一步完善治理体系，实现智能治理与传统治理的有机结合。

智能网络空间与社会治理之间存在着密切的联系。一方面，智能网络空间的发展推动了社会治理模式的创新，为社会治理提供了更加便捷、高效的手段；另一方面，社会治理的需求和挑战也促进了智能网络空间治理体系的完善。因此，加强智能网络空间治理对于提升社会治理能力和水平具有重要意义。

智能网络空间与智慧城市的建设密不可分。智能网络空间为智慧城市建设提供了技术支持和信息服务，推动了城市管理的智能化、精细化。而智慧城市建设也为智能网络空间治理提供了更加广阔的应用场景和更高的要求，两者相互促进、共同发展。

智能网络空间舆论与网络舆情之间的关系。网络舆论是社会舆论的重要组成部分，对社会稳定和公共秩序具有重要影响。智能网络空间治理需要加强对网络舆情的监测和分析，及时掌握舆情动态，引导网络舆论健康发展。

智能治理体系的基本构成包括治理主体、治理技术和治理机制等多个方面。在治理主体方面，需要明确政府、企业和社会组织等各方的职责和角色，形成协同共治的格局；在治理技术方面，需要借助大数据、人工智能等先进技术手段，提升治理的智能化水平；在治理机制方面，需要建立健全的法律法规和政策体系，为智能网络空间治理提供有力保障。

智能网络空间治理体系构建面临的诸多问题和挑战。一方面，需要解决技术应用与伦理道德之间的平衡问题，确保治理手段既有效又符合社会伦理；另一方面，需要加强国际合作与交流，共同应对跨国网络空间治理的难题。此外，还需要注重培养具备专业知识和技能的网络治理人才，为智能网络空间治理提供坚实的人才支撑。

（二）智能网络治理创新的基础研究

随着信息技术的飞速发展，智能网络治理创新逐渐成为城市发展的重要驱动力。以成都市为例，其在智慧蓉城建设、网络价值观塑造、技术创新应用、数据资源体系完善、创新理论发展以及法律法规和伦理规范建设等方面取得了显著成效，为智能网络治理创新提供了宝贵经验。

智慧蓉城基础设施建设的整体推进为智能网络治理创新奠定了坚实基础。特别是新型智慧社区的建设，不仅优化了系统网络环境，还提升了智能设施设备的普及率和应用水平。这为智能网络治理提供了强大的技术支撑和物质保障。

注重智能网络空间价值观塑造与健康文明网络建设。成华区提出的"新时代文明实践+"社区治理与服务现代化体系，通过强化网络道德教育、引导网络舆论等方式，有效塑造了公众正确的网络价值观和行为习惯，推动了网络空间的健康发展。

积极推动网络信息技术和AI算法应用创新。成华区与成都市广播电视台、西财天府社区治理学院等单位深度合作建立联合实验室，将人工智能社会计算技术等应用于社区治理领域，形成了多个具有特色的社区治理小模型。这些创新应用不仅提高了治理效率，还为城市治理带来了新的思路和方向。

不断完善数据资源体系和应急机制。成华区通过建立"社区公共服务大数据+应用场景+算法"生态体系基本模式，加强对各类数据的整合、分析和应用，不断提高治理决策的科学性和准确性。同时，应急机制的完善也有效应对了突发事件和网络安全风险，保障了城市的稳定运行。

智能实验创新指导理论不断完善。成华区在推进国家智能社会治理实验综合基地建设的过程中，提出"虚实共治、协同治理"的指导理论和实践创新。促进虚拟世界与现实世界的有机结合以及多元主体的协同合作，为智能网络治理创新提供了重要的理论支撑和指导方向。

不断健全法律法规和伦理规范。随着智能网络治理的深入发展，成都市各有关单位依照相关法律法规出台了一系列规章制度，明确网络空间的权责边界和行为规范。注重伦理规范的引导和教育作用，推动智能网络治理的健康发展。

（三）智能网络治理创新的思考建议

随着信息技术的蓬勃发展，智能网络治理面临着前所未有的挑战与机遇。以成都市为例，其作为智慧城市的先行者，在智能网络治理创新方面积累了丰富的经验。然而，为了进一步提升治理效能，还需在多个方面进行深入思考与实践。

加强智慧城市顶层规划和统筹建设至关重要。要求制定规划时，既要考虑技术发展的前沿性，又要结合城市发展的实际需求，确保规划的科学性和前瞻性。同时，统筹建设智慧城市的基础设施、数据资源、应用场景等，形成有机整体，提升治理效能。

加强智能网络空间的基础设施配套。通过对现有各类系统平台和资源的梳理、融合与利旧创新，可以实现资源的优化配置和高效利用。这不仅可以降低建设成本，还能提升治理的智能化水平，为市民提供更加便捷、高效的服务。

不断创新智能社会（社区）与网络空间融合治理的实践和理论研究。加强相关理论研究，为治理创新提供理论支撑和智力支持，应不断深化和总结“新时代文明实践＋”的理念，将社会主义核心价值观融入治理实践中，推动网络空间与现实社会的深度融合。

加强“虚实共治、协同治理”体系和机制的研究应用。通过建立“社区公共服务大数据＋应用场景＋算法”生态体系，推进社区治理 AI 算法应用等，我们可以实现对网络空间的精准感知、快速响应和协同处置。这将有助于提升治理的精准性和有效性，更好地应对各种复杂挑战。

必须严格遵守法律法规，开展科技、社会等伦理规范研究落实。成都市在推进智能网络治理创新的过程中，应始终坚守法律底线和伦理原则，确保治理活动的合法性和正当性。同时，加强行业管理和指导，推动形成健康、有序的智能网络治理生态。

三、社会舆情智能化治理的实践和应用研究

（一）社会舆情智能化治理实践情况分析

随着信息技术的迅猛发展，社会舆情智能化治理已成为可能，并在实践中展现出广阔的应用前景。本部分将重点从"虚实共治"的角度出发，分析智能社区与虚拟社区、物质空间与精神空间、智能社会与网络空间之间的融合创新，以及社会舆情智能化治理与 AIGC 应用的潜在可能。

智能社区与虚拟社区的"虚实共治"创新为舆情治理提供了新的思路。在"人文社区·智能社会"理念指引下，智能网络价值观的形塑以及舆论的生成机制与演变规律被深入探讨。借助智能化技术手段，我们能够实时监测和分析社区内舆情动态，及时发现并应对潜在风险。同时，通过构建虚拟社区平台，促进线上线下互动融合，增强社区凝聚力和向心力。

物质空间与精神空间的"虚实共治"创新进一步丰富了舆情治理的手段。在社区公共服务、文化活动和社会宣传等工作中，我们利用智能化分析工具对网络空间中的舆情形态信息进行深入挖掘。这不仅能够揭示潜在的网络舆论动向，还能帮助我们掌握舆情传播规律，为制定有效的治理策略提供科学依据。

智能社会与网络空间的"虚实共治"创新为社会舆情治理带来了全新的发展机遇。通过与智能社会协同发展，我们可以将 AI 技术广泛应用于舆情监测、预警和应对等各个环节。以成华区为例，成华区以"新时代文明实践+"为引领，积极探索构建"人文社区·智能社会"社区治理 AI 算法，为提升社会舆情治理水平提供了有力支持。

社会舆情智能化治理与 AIGC 应用的结合将进一步提升治理效能。AIGC 技术能够自动生成高质量的舆情分析报告和应对策略建议，为决策者提供及时、准确的信息支持。通过 AIGC、NLP、CIG 等社会计算技术还可以实现舆情信息的自动化处理和智能化分析，提高治理工作的效率和准确性。

（二）社会舆情智能化治理的初步思考

在当今信息时代，社会舆情与网络舆情相互影响，治理任务日趋繁重。结合成都、上海等地的创新工作，对社区意识形态形成及社会舆情智能化治理进行初步思考。

深入开展社会舆情与网络舆情的关系研究至关重要。这两者虽然存在一定差异，但在当今社会背景下却密不可分。我们需要通过深度剖析它们的生成机制、传播路径和影响因素，揭示它们之间的内在联系和互动规律，为制定有效的治理策略提供理论支撑。

从源头上治理社会舆情、引导网络舆情是关键所在。很多社会舆情、网络舆情都起源于日常生活中的“小事”，如果处理不当，很容易引发连锁反应，造成不良影响。因此，我们需要从源头上加强监管，及时发现问题、解决问题，防止舆情发酵。同时，还要通过积极引导，提升公众的信息素养和媒介素养，培养理性、客观的网络舆论氛围。

建立“虚实共治”机制是提升治理效能的重要手段。成华区以新时代文明实践为统筹，构建“虚实共治、协同治理”机制，实现线上线下、现实与虚拟的有机结合。通过整合各方资源、协调各方力量，形成治理合力，有效应对社会舆情与网络舆情的交织问题。

加强社会计算技术应用是提升治理精准性的有效途径。社会计算技术能够实现对海量数据的收集、分析和挖掘，帮助我们更准确地把握舆情动态和趋势。通过运用这些技术，我们可以对不良不实的网络信息、舆情进行筛查和治理，及时消除负面影响。

加强法律法规建设是保障治理工作有序进行的基础。我们应该完善相关法律法规，明确各方在舆情治理中的权责义务，为治理工作提供法律保障。同时，还要加大对违法违规行为的打击力度，形成有效的震慑作用。

加强行业自律和黑名单管理也是提升治理效果的重要措施。我们应该推动相关行业建立自律机制，规范行业行为，提升行业形象。同时，建立黑名单制度，对违反规定的组织或个人进行记录和惩罚，以儆效尤。

第五节　新时代文明实践引领智能社会治理应用初步研究结论

新时代文明实践作为党中央的战略部署，对智能社会治理的创新发展具有深远影响。在成华区的国家智能社会治理实验综合基地建设实践中，我们看到“新时代文明实践+”的引领作用显著，它有效推动了社会治理的深度变革。

智能社会治理的难点和关键点在于虚拟空间的有效治理。净化智能精神空间、塑造智能文化空间、治理智能网络空间，这些不仅是时代提出的挑战，更是社会进步发展的必由之路。通过这些举措，我们致力于构建一个健康、和谐、高效的智能社会，让技术更好地服务于人民，提升社会治理的效能和水平。

在成都市推进智能社会治理综合实验过程中，成华区通过“AI+社区治理”的多维度探索，构建包括党建、平安、健康、友好、文明、幸福等在内的文明特色场景，形成了“一街百站千景万家”（逛一街、入百站、观千景、进万家）的文明实践新模式，打造具有地方特色的“新街坊·家空间”“邻里守望·家文化”等智能网络空间文化品牌，弘扬真善美，引领网络文化健康发展，努力提升全民参与社会治理共同体建设的品质，让每一名居民都成为社会治理的积极参与者和贡献者。

一、基本情况研究

（一）新时代文明实践的重要性

在新时代背景下，文明实践成为推动社会治理创新的重要力量。成都市积极打造“学习强国”主题街区，以这一创新实践作为文明实践的重要载体，通过“一街百站千景万家”的社会宣传与民生服务体系，将文明实践深入居民群众的日常生活。这一举措不仅丰富了居民的精神文化生活，更在全社会范围内营造了浓厚的文明氛围，为构建和谐社会奠定了坚实基础。

新时代文明实践的重要性在于其能够激发社会正能量，引导居民树立正确的价值观，提高社会整体文明程度。通过参与文明实践活动，居民能够更好地了解并认同社会主义核心价值观，增强社会责任感和公民意识。同时，文明实践还能够促进社区居民之间的交流与互动，增进邻里关系，形成共同的社会治理合力。

成都市在推进新时代文明实践过程中，注重结合本地实际和居民需求，不断创新实践形式和内容，使文明实践更具吸引力和实效性。通过打造特色鲜明的文明实践品牌，成都市成功地吸引了广大居民群众的积极参与，推动了社会文明程度的不断提升。

（二）智能社会治理的趋势

随着信息技术的快速发展和广泛应用，智能社会治理正逐渐成为社会治理的新趋势。虚拟社区作为网络空间的重要组成部分，正日益成为社会治理的重要阵地。随着虚拟社区向智能社会的不断演进，社会治理的智能化水平也在不断提高。

智能社会治理的趋势表现在多个方面。首先，数据治理成为智能社会治理的核心，通过对海量数据的收集、分析和应用，能够实现对社会问题的精准识别和有效应对。其次，算法治理在智能社会治理中发挥着重要作用，通过运用先进算法对社会问题进行预测和决策，能够提高治理的效率和精准性。此外，智能社会与网络空间的“虚实共治、协同治理”创新也成为智能社会治理的重要方向，通过线上线下的有机结合，实现对社会问题的全面治理。

成都市在智能社会治理方面展现出积极探索态势，取得了一定的成效。成华区依托“智慧蓉城·智慧成华”项目，融合智慧社区、微网实格、“蓉政通”及文明实践等工作，形成“智能社区与网络空间融合治理”线下配套项目，通过成都市电子政务专家组评审。民政部政策理论基地学者张邦辉高度评价成华区在智能社会与网络空间的“虚实共治、协同治理”创新实践，认为其为智能社会治理提供了新的思路和方法，具有引领示范作用。

（三）新时代文明实践与智能社会治理的结合

新时代文明实践与智能社会治理之间存在着紧密的联系和相互促进的

关系。以"新时代文明实践+"为引领，可以将文明实践的理念和方法融入智能社会治理的各个环节，推动社会治理的智能化、精细化发展。

通过以"新时代文明实践+"贯穿虚实，统揽智慧蓉城、文明城市、微网实格、"一老一小"服务、心理健康关爱等各项工作，成都市成功地将文明实践与智能社会治理有机结合起来。这种结合不仅提升了社会治理的智能化水平，也增强了文明实践的社会影响力。

在实践中，成都市注重发挥文明实践在提升居民文明素质、构建和谐社区等方面的积极作用，通过组织开展各类文明实践活动，引导居民积极参与社会治理，共同维护社区和谐稳定。同时，成都市还充分利用智能技术手段，提升文明实践的传播效果和覆盖范围，使更多居民能够受益于文明实践带来的积极影响。

二、新时代文明实践的核心理念

（一）以人民为中心的理念

新时代文明实践的核心理念是以人民为中心，这一理念深刻体现了文明实践活动的根本属性和价值追求。以人民为中心意味着新时代文明实践活动的出发点和落脚点都是为了人民的利益和发展。无论是线下的具体活动还是线上的互动参与，都应该以满足人民群众的精神文化需求为导向，促进人的全面发展。

在新时代文明实践中，以人民为中心的理念与智能网络空间价值观形成要素具有一致性。智能网络空间作为新时代文明实践的重要载体，其价值观的形成同样需要坚持以人民为中心。通过网络空间的文明实践活动，可以更加便捷地传播社会主义核心价值观，引导网民树立正确的网络道德观念和行为规范。

以人民为中心还体现在对人民群众的尊重与关爱上。新时代文明实践要注重关注特殊困难群体的需求和权益，为他们提供更多的参与机会和发展空间。通过建立健全的参与机制和保障措施，确保每个人都能享受到文明实践带来的成果和福祉。

从成都市的实践来看，以人民为中心是新时代文明实践活动的核心理念和价值取向，在智能社会治理中将发挥巨大的引领作用，为打造清朗健康的智能网络空间注入原动力。

（二）多元化参与的理念

新时代文明实践强调多元化参与，这既体现在线下物理空间的多元共治与复合共治中，也反映在线上智能社会的多元参与趋势中。线下物理空间的多元化参与，是指不同群体、不同组织通过多样化的方式参与文明实践活动，共同推动社区治理和社会进步。这种参与形式不仅丰富了文明实践的内涵和外延，也增强了社区的凝聚力和向心力。

线上智能社会的多元参与，则是借助网络平台的便捷性和互动性，吸引更多人参与文明实践的线上活动。通过线上线下的有机结合，实现了文明实践活动的全覆盖和全天候。这种参与方式不仅拓宽了文明实践的参与渠道和形式，也提高了文明实践的传播效果和影响力。

在多元化参与的过程中，要注重发挥各类参与主体的积极作用。政府应提供政策支持和资源保障，引导和规范文明实践活动的开展；社区应发挥基层组织的优势，组织居民积极参与文明实践活动；企业和社会组织也应积极履行社会责任，为文明实践活动提供支持和帮助。

成都市的实践显示，通过"一街百站千景万家"社会宣传与民生服务系统建设，推动线上线下的协同运转，与成都市广播电视台《幸福成都》《健康成都》等栏目互动，吸引更多居民群众参与，为构建"社区公共服务大数据+应用场景+算法"生态体系构建营造良好氛围。

（三）科技创新融合推动的理念

在新时代文明实践中，科技创新融合发挥着至关重要的推动作用。它不仅为文明实践提供了新的手段和工具，还推动了物质空间与精神空间的"虚实共治、协同治理"。

随着人工智能、大数据、云计算等技术的快速发展，AIGC 等新趋势新情况不断涌现，为文明实践注入了新的活力。通过运用这些先进技术，可以更加精准地识别和分析社会问题，提出更加有效的治理方案。成华区与成都市广播电视台合作打造"云社区+智媒体"人文智慧社区系统，构建居民申报的传播渠道和互动平台，使得文明实践活动的覆盖面更广、影响力更大。

然而，科技创新并非万能之技。在推动新时代文明实践的过程中，还应注重发挥人文关怀和道德约束的作用，新时代文明实践引领科技创新能够真正服务于智能社会治理与服务创新。成都市的实践表明，在人工智能时代，新时代文明实践正逐步实现从“传统”到“智能”的转型升级，推动社会文明程度的不断提升。

成华区与驻区高校合作共建“智能社区与大健康服务实验室”“社区治理 AI 算法应用实验室”等协同创新平台，围绕“新时代文明实践 +”进行健康、友好、幸福等特色应用算法模型研发，推动文明实践与智能社会治理融合发展。

三、智能社会治理的特点与优势

（一）复杂性：变数、参数多，情况复杂

智能社会治理的首要特点就是其复杂性。随着信息技术的飞速发展和广泛应用，社会治理面临的变数、参数日益增多，情况也日趋复杂。特别是在 AIGC、CIG 等人工智能技术的深度介入下，社会治理的复杂性进一步凸显。

AIGC 技术的引入使得社会治理面临的数据量呈几何级数增长，这些数据不仅来源于传统的统计和调查，更包括大量的实时动态数据。这些数据不仅量大，而且类型多样，包括文本、图像、视频等多种形式。对这些数据进行有效的收集、整理、分析和应用，对治理者的数据处理能力和技术应用水平提出了更高的要求。

AIGC 等人工智能技术的应用也带来了新的挑战。这些技术虽然可以提高治理效率，但也可能引发新的问题，如数据安全、隐私保护、算法偏见等。如何在充分利用这些技术优势的同时，有效应对其带来的挑战，是智能社会治理必须面对的重要课题。

智能社会治理的复杂性还体现在其涉及的领域广泛、参与主体多元等方面。社会治理不仅涉及政治、经济、文化等多个领域，成华区通过构建“一街百站千景万家”社会宣传与民生服务体系，推动政府、企业、社会

组织、公民等多个主体共驻共建、共建共享。

（二）智能化决策：智能社会计算技术提升治理水平

随着人工智能技术的飞速发展，AIGC、NLP、CIG 等智能社会计算技术应用发挥着越来越重要的作用。本书将围绕“社区公共服务大数据 + 应用场景 + 算法”生态体系建设，探讨各类智能社会计算技术如何助力智能社会治理实验。

当前盛行的 AIGC 技术通过自动生成和分析内容，根据历史数据和实时反馈不断优化算法和模型，AIGC 技术能够帮助我们快速获取关键信息，提高决策效率，大大提升智能化决策的水平。NLP 技术则有利于更好地理解和处理自然语言信息，进行情感分析、主题识别等操作。CIG 技术可以帮助我们建立“虚实共治”的函数模式，有利于分析公众对政策、事件等社会问题的态度和看法，为决策提供民意支持和社会舆论的参考。

成华区建立实验室使用 CIG 技术构建“一芯百算千视万物”社区公共空间隐患 AI 管理系统，在社区隐患、微治理体系建设中起到了积极的推动应用。这些技术的应用使得智能社会治理的决策过程更加科学、客观和高效，提高了治理的精准性和有效性。

（三）精准化服务：社会问题的实时监测和预警

通过线上线下协同方式，加强对智能社会领域中的社会问题进行精准识别和精准应对，提升市域治理的精准化和精细化水平。

在线上方面，智能社会治理利用“社区治理 AI +”大数据、云计算等技术手段，实现对社会问题的实时监测和预警。通过对来自社会运行领域里海量数据的分析和挖掘，我们能够及时发现潜在的社会风险和问题，并采取相应的措施进行干预和处置。

在线下方面，智能社会治理则通过智能化设备和系统，实现对社会问题的精准应对。例如，成华区龙潭辖区通过构建“一芯百算千视万物”社区公共空间隐患 AI 管理系统，推动智能安防系统、智慧城管系统等智能化设备的利旧创新和融合应用，探索小区—社区—街道一体化治理和任务机制，努力破除城市“二元制”（指小区协商自治与城市综合管理的“二元制”），为辖区精准化治理和精细化服务提供有力支持。

成华区在实施智能社区与网络空间融合治理的实践中，综合利用这些特点与优势探索“虚实共治、协同治理”和事前预治、事中善治、事后智治网络舆情协同治理机制，提高智能社会治理的效率和效果。

四、新时代文明实践引领智能社会治理的应用场景

（一）社区服务：构建“志愿服务+”社区综合体系

志愿服务是新时代文明实践的重要组成部分，以此为基础构建“志愿服务+”公共服务、“商业服务+N”的社区综合服务体系，有利于推动社区层面的大数据体系建设。通过AIGC、NLP、CIG等社区治理智能化领域的手段，实现了服务的精准化、高效化。例如，成华区昭青社区开展“志愿服务天天有·政务服务相约星期四”的特色活动，通过线上平台预约、线下志愿服务的方式，为居民提供便捷、贴心的服务。同时，结合四川省科技型智慧社区试点，利用大数据和人工智能技术，对志愿服务资源进行科学配置，提升“一老一小”服务和心理健康关爱服务的能力和水平。

在文化服务方面，智能社会治理的应用也会带来显著的变化。通过“一街百站千景万家”线上平台，社区可以定期发布文化活动信息，吸引居民参与，让居民在家门口就能享受到丰富的文化大餐。

商业服务也是智能社会治理在社区服务领域的重要应用之一。通过“云社区+智媒体”人文智慧社区系统构建“商居联盟”服务平台，发挥“一池三联”机制，为居民提供便捷的购物、餐饮、娱乐等服务。与大数据机构合作，逐渐为居民特殊需求进行“社区画像”，精准地了解居民的消费需求和习惯，从而提供更符合居民需求的产品和服务。

成华区注重社区数据基础制度研究，促进“社区公共服务大数据+应用场景+算法”社区公共服务数据体系建设，更加精准地掌握居民的需求和服务状况，为“人文社区·智能社会”和网络空间治理与服务提供更有针对性的指导。

（二）党建引领基层治理创新

在新时代文明实践的引领下，党建引领基层治理创新成为智能社会治理的重要应用场景之一。以“新时代文明实践+”为核心理念，基层治理

工作得以进一步深化和拓展。

成华区通过微网实格、“大联动·微治理体系”系统资源的融合应用建设，党建引领基层治理的效率和效果得到了显著提升。通过社区治理 AI 算法等用智能化的手段，社区能够更好地整合各类资源，形成工作合力，推动基层治理工作的深入开展。成华区龙潭辖区通过智能社区的建设为基层治理提供新的思路和手段，通过智能化的设施和系统，社区能够实现对各类问题的及时发现和有效处置，提升了基层治理的精细化水平。

（三）文明实践新场景：利旧创新与算法技术应用

以成华区为例，新时代文明实践引领下的智能社会治理，在文明实践新场景方面呈现出独特的魅力。通过对小区现有设施设备的“利旧创新”，以及算法技术的深度应用，成华区成功打造了一系列健康、友好、文明、幸福的特色应用场景。

在这些新场景中，智能化设施与系统不仅提升了居民的生活品质，也增强了社区的文明氛围。例如，通过智能化的垃圾分类系统，居民可以更方便地进行垃圾分类，从而培养文明的生活习惯。同时，智能化的安防系统也为居民提供了更加安全的生活环境。

此外，算法技术的应用也为文明实践新场景注入了新的活力。通过大数据分析，社区可以更加精准地了解居民的需求和习惯，从而为他们提供更加个性化的服务。这种精准化的服务模式不仅提高了服务效率，也增强了居民的满意度和归属感。

总而言之，新时代文明实践引领智能社会治理在社区服务、党建引领基层治理创新以及文明实践新场景等方面都展现出了广阔的应用前景和巨大的发展潜力。随着技术的不断进步和应用的不断深化，相信未来智能社会治理将为我们的社会带来更多的便利和福祉。

五、初步研究结论

（一）以“新时代文明实践＋”为引领具有现实意义

以“新时代文明实践＋”为引领，不仅是对传统社会治理模式的创新，更是对新时代社会文明进步的有力推动。将文明实践与智能社会治理紧密结合，发挥文明实践的示范引领作用，可以有效推动社会治理向更加智能化、精细化方向发展。这既符合社会发展的客观规律，也满足了人民群众对美好生活的向往，具有深远的现实意义。

（二）智能社会治理在理论和实践方面的创新

智能社会治理在理论和实践方面均实现了显著创新。在理论层面，“新时代文明实践＋”理念的提出，为智能社会治理提供了全新的视角和思路；在实践层面，“虚实共治、协同治理”模式的探索，为智能社会治理提供了有效的路径和方法。这些创新不仅推进了智能社会治理的理论体系，也为实际工作提供了有力的指导。

（三）加强业务和数据指标体系研究应用

成华区与成都理工大学的合作，加强业务指标体系、数据体系的研究应用，打造人工智能视角下的“党建、平安、健康、友好、文明、幸福”业务应用场景，是智能社会治理的重要目标。这些场景的建设，不仅体现了社会治理的人文关怀和智能化特色，也满足了人民群众多样化的需求。

（四）打造社区文化精神空间共同体

在新时代文明实践的引领下，聚合社区文化与家文化，首创社区文化精神空间共同体概念，让居民在享受便捷服务的同时，感受深厚的文化底蕴，推进智能网络空间治理创新。运用现代科技优化治理结构，打造富有特色的社区文化与精神空间，净化智能网络空间，营造清朗的网络环境，为居民提供安全、健康的网络空间。这些举措不仅有利于丰富居民的精神生活，更能打造智能社会的精神家园和家空间，让现实社区和虚拟社区成为温暖、和谐的港湾，进一步提升智能社会治理的精细化水平和人民群众的幸福感。

（五）开展“虚实共治”的探索创新

成华区围绕“人文社区·智能社会”建设，开展“虚实共治”的探索创新，具有前瞻性和创新性。通过构建社区公共空间隐患 AI“一芯百算千视万物”治理体系和社会宣传与文明实践“一街百站千景万家”民生服务体系，实现了线上线下、虚拟与现实的有效融合和协同治理，进一步提高智能社会治理的效率，也增强了市域治理的针对性和实效性。

（六）加强人工智能伦理规范研究与应用

在智能社会治理的过程中，加强人工智能伦理规范的研究与应用至关重要。随着人工智能技术的广泛应用，其可能带来的伦理问题也日益凸显。因此，需要建立健全人工智能伦理规范体系，确保人工智能技术在社会治理中的健康、可持续发展。同时，还需要加强相关人员的伦理教育和培训，提高他们的伦理意识和素养。

（七）智能社会计算应用的基本要求和任务

智能社会计算融合社会科学与计算科学，其基本要求与任务如下：首先，以新时代文明实践为指导，深入理解社会问题，建立科学模型和理论框架；其次，研究社会应用建模与计算方法，为问题解决提供技术支持；最后，加强学科交叉研究，为互联网背景下的社会科学提供新的研究方法，推动解决社会问题的方法的创新和突破。

（八）党建领航构建智能社会共同体

“共同体”是一个广泛用于政治学、社会学、哲学、人类学的概念，线上线下交织也是智能社会共同体高质量发展的重要特征。智能社会共同体的构建，离不开虚拟社会与智能社会的深度融合。数字孪生技术作为连接虚拟与现实的关键桥梁，为智能社会治理提供了有力支撑。通过构建数字孪生城市，能够实现对城市运行态势的全面感知和综合研判，提高“虚实共治”的能力，推动智能社会共同体向更高质量、更可持续的方向发展。

（九）加强跨界融合应用常态化研究

智能社会治理的复杂性和综合性，涉及法律、社会学、心理学、伦理学及计算机技术应用等多个领域，要求我们不断深化跨界融合应用的常态化研究。特别是针对业务指标体系、数据体系、配套制度体系及运行机制的系统化与结构化研究。成华区社会科学界联合会积极组织跨学科、跨领域、跨部门的深度融合探索，为社会计算和“虚实共治”等创新工作提供清晰的指引和实践支撑，以期探索出更加科学、合理、高效的治理路径，为社会发展注入源源不断的活力与智慧。

第二章
新时代文明实践引领新型智慧社区建设与推进智能社会治理创新

智慧社区不仅是信息化生活空间，更是人文生活共同体，注重居民情感需求与文化建设，是“人文社区・智能社会”治理创新的基石。新型智慧社区以人为本，强化人际关系与情感联系，通过社区活动与社交交流，培育居民的归属感与社区意识，营造和谐共融的居住环境。

近年来，全国各地积极探索新时代文明实践与智慧社区建设的有机结合，将人文关怀融入智慧社区规划建设，致力于提升社区公共服务、志愿服务及“一老一小”关爱等民生服务领域的质量。这不仅激发了居民的参与热情，还增强了构建人文社区共同治理的意识。

新型智慧社区是智能社会治理与服务创新的“物理空间”部分。本书课题组针对成都市成华区现有智慧社区存在的问题进行深入分析，探索转型升级的路径及配套机制。这一部分围绕“新时代文明实践视域下的新型智慧社区治理创新”，对现有智慧社区存在的问题，转型升级的路径及配套机制等进行阐释和界定。

同时本书课题组以成华区智能社区与网络空间融合治理实验项目为基础，以“新时代文明实践+”为引领，深入剖析智能社会及网络空间治理创新的理论和实践路径。此举为智能社会治理、服务创新、大数据在社区公共服务中的应用以及网络空间文明实践等工作提供了新视角和实现方式，也为后续“人文社区・智能社会”治理与服务的人文导向创新和智能化环境提升奠定了基础。

第一节　新时代文明实践中心在社区治理中的重要作用

新时代文明实践中心在社区治理中作用重大，作为“最后一公里”，其建立与完善对于解决新时代社会主要矛盾至关重要。通过发挥该中心的作用，我们能够更好地践行社会主义核心价值观，进而推动智能社会治理中“精神家空间”的建设，为居民提供和谐宜居的生活环境，助力社会文明进步。

新时代文明实践中心在社区治理中扮演着核心角色。它通过丰富多样的活动，强化了居民间的互动与联系，加深了邻里情谊，营造了和谐社区氛围。中心以志愿服务为桥梁，激发了居民参与热情，推动“社区公共服务大数据＋应用场景＋算法”生态体系的建设。同时，注重思想教育和文化熏陶，推动打造社区文化精神共同体，不断提升社区文明程度和居民素养。建立健全新时代文明实践中心的参与机制，对于提升社区治理效能、增强居民获得感和幸福感至关重要，是推进社区治理现代化的关键举措。

一、社区协同治理与服务存在的主要问题

（一）社会主体参与度不高

社区治理的多元化参与是提升治理水平的关键，但当前社会主体参与度不高成为制约因素。政府对社会主体的培育与支持机制尚待完善，一些单位对参与社区治理缺乏积极性。同时，居民对社会主体的认知和信任度有限，难以形成有效的参与氛围。

此外，对于市场与社会各类主体在社区治理中应扮演的角色和承担的任务，尚需进一步明确和细化。缺乏清晰的任务清单，使得多元主体参与社区治理时难以形成合力。

因此，当前社区治理亟待解决的问题包括：如何综合利用文明实践、智慧治理与服务等方式，鼓励多元主体积极参与；如何有效管理各类社会主体，确保其充分发挥应有作用。只有解决这些问题，才能推动社区治理向更高水平迈进，实现社区的和谐稳定与发展。

（二）社区协同治理能力不强

社区与政府单位之间的“政社互动”能力不强是制约社区协同治理的关键因素。目前，社区与政府单位在协同治理过程中缺乏有效的沟通和协作机制。政府单位往往对社区的需求和实际情况了解不足，导致政策制定与实施过程中难以充分考虑社区的利益和诉求。同时，社区也缺乏足够的资源和能力主动对接政府单位，争取更多的支持和帮助。这种信息不对称和沟通不畅的情况，严重阻碍了社区与政府单位之间的协同合作。

政府单位内部协同能力不强也是导致社区协同治理能力不强的原因之一。政府部门之间职能交叉、多头管理的问题仍然存在，导致在涉及社区治理的事务上难以形成合力。同时，政府内部也存在着一定的条块分割现象，不同部门之间缺乏有效的协同机制，难以形成对社区治理的统一指导和支持。这种内部协同能力不足的情况，使得政府在推动社区协同治理时难以发挥应有的作用。

共驻共建、共建共享协同能力不强也制约了社区协同治理的推进。驻区单位、社区与物业公司等各方在协同治理过程中缺乏有效的合作机制和共同目标。它们往往各自为政，缺乏统一的规划和行动，导致社区治理的资源与力量难以得到有效整合和利用。同时，由于各方之间的利益诉求和职责划分不明确，也容易导致在协同治理过程中出现矛盾和冲突。

社区统筹组织能力不强也是当前社区协同治理面临的一大挑战。社区“两委”作为社区治理的核心力量，在统筹协调各方资源和力量方面发挥着关键作用。然而，目前许多社区“两委”在统筹组织能力方面存在不足，难以有效协调相关单位参与社区治理。同时，由于社区“两委”自身的能力和资源有限，也难以承担起更多的治理责任和任务。在这种情况下，社区治理往往呈现出碎片化、分散化的状态，难以形成有效的合力。

（三）街道整合服务资源能力不强

公共服务资源分散、系统平台多、数据资源难以汇聚是当前街道整合服务资源面临的主要问题之一。由于历史原因和体制机制的制约，公共服务资源往往分散在各个部门和单位手中，缺乏统一的管理和调配机制。这不仅导致资源的利用效率低下，也使得街道在整合这些资源时面临着诸多困难和挑战。同时，众多的系统平台和数据资源也增加了整合的难度。由于缺乏统一的标准和规范，这些数据资源往往难以有效汇聚和共享，使得街道在治理过程中难以获取全面、准确的信息支持。

社区治理和服务力量分散也是街道整合服务资源能力不足的重要体现。微网实格人员、社会组织人员、社区干部等各方力量在社区治理中发挥着重要作用，但由于缺乏有效的整合机制，他们往往各自为政，难以形成合力。这种分散的状态不仅降低了治理效率，也影响了服务质量的提升。街道作为基层治理的协调者和组织者，需要加强对这些力量的统筹和协调，形成统一的工作合力。

社区造血能力不够，特别是智慧社区和各种信息化平台难以长效发展，也是街道整合服务资源面临的重要问题。智慧社区和信息化平台的建设是提高治理效能和服务水平的重要手段，但由于缺乏持续的资金投入和技术支持，这些平台往往难以长期稳定运行。此外，社区在吸引和留住人才方面也面临着挑战，缺乏专业的人才支撑也制约了社区造血能力的提升。街道需要加大对智慧社区和信息化平台建设的投入力度，同时积极引进和培养专业人才，为社区的长远发展提供有力保障。

此外，推动社区现代化产业发展能力不足也是街道整合服务资源需要面对的挑战。随着社会的快速发展和居民需求的不断升级，社区对于现代化产业的需求也越来越迫切。然而，由于街道在产业发展方面的规划不足、政策支持不够等原因，往往难以吸引和培育优质的产业资源。这不仅制约了社区经济的发展，也影响了街道整体服务水平的提升。因此，街道需要加强对社区现代化产业发展的规划和引导，制定针对性的政策措施，吸引和培育优质产业资源，推动社区经济的持续发展。

二、新时代文明实践中心参与社区治理可行性分析

（一）发挥新时代文明实践制度优势推进智能社区治理

新时代文明实践制度的核心内涵在于坚持以人民为中心的发展思想，注重提升公民道德素质和社会文明程度。这一制度强调通过文明实践活动，推动社会主义核心价值观的普及和践行，引导人们树立正确的价值观

念和道德标准。在社区治理中，新时代文明实践制度的核心价值体现在为社区提供了一个共同遵循的价值准则和行为规范，推动形成共建共治共享的社区治理格局。

新时代文明实践制度在提升居民素养方面发挥了重要作用。通过举办各类文明实践活动，如道德讲堂、文化讲座等，新时代文明实践制度有效提升了居民的文明素养和道德水平。这不仅有助于构建和谐社区，还有利于推动智能社会和网络空间的建设。在智能社会和网络空间中，居民的文明素养和道德水平对于维护网络秩序、促进网络健康发展具有重要意义。

新时代文明实践制度以志愿服务为特色，展现了强大的社会宣传动员优势。志愿服务是新时代文明实践制度的重要组成部分，通过组织志愿者参与社区治理、环境保护、文化传承等领域的活动，有效动员了社会力量参与社区治理。这种以志愿服务为特色的社会宣传动员方式，不仅提高了居民参与社区治理的积极性和主动性，还增强了社区治理的凝聚力和向心力。

以成都市为例，成都市近年来积极探索新时代文明实践制度的创新实践，取得了显著成效。成华区以“一街百站千景万家”为创新思路，通过整合街道、社区、企事业单位等多方资源，建设了 1 个新时代文明实践中心、83 个实践站和众多的实践点及学习小站，形成了以“学习强国”主题街区文明实践基地为中心的文明实践网络综合体，为智能社区与网络空间融合治理的志愿服务数据体系建设奠定了坚实的基础。

（二）发挥新时代文明实践中心的窗口阵地平台作用提升社区服务

按照中央文明办的规划要求，区（市）县新时代文明实践中心作为整个体系的核心，起到了统筹协调、资源整合的作用。中心不仅配备了专业的服务团队和设施，还积极开展各类文明实践活动，如道德讲堂、文化讲座、志愿服务等，为居民提供了丰富的精神文化食粮。同时，中心还注重与街道（乡镇）文明实践站和社区文明实践点的联动，形成了一个资源共享、优势互补的服务网络。

街道（乡镇）文明实践站作为连接中心和社区的关键节点，发挥着承上启下的作用。实践站结合街道（乡镇）的实际情况和居民需求，开展了一系列具有针对性的文明实践活动。这些活动不仅满足了居民的日常生活需求，还进一步提升了他们的文明素养和道德水平。此外，实践站还积极整合社区资源，引导居民参与社区治理和文明创建，推动了社区治理的创新发展。

社区文明实践点作为整个体系的基础，直接将服务延伸到居民的日常生活中。这些实践点以社区为单位，结合社区文化和居民特点，开展了一系列贴近居民生活的文明实践活动。通过组织居民参与志愿服务、文化活动等，实践点不仅丰富了居民的精神文化生活，还增强了社区的凝聚力和向心力。同时，实践点还积极回应居民关切，提供政策咨询、法律援助等便民利民服务，为居民创造了更加便捷、高效的生活环境。

除了构建三级服务体系，成都市还积极探索文明实践网络的建设。以"文明兴蓉"为例，这一网络平台整合了各类文明实践资源和服务，为居民提供了一个线上线下的互动平台。居民可以通过网络平台了解最新的文明实践活动信息、参与志愿服务、提出意见建议等，实现了与文明实践中心的即时互动和有效沟通。

成华区创新实践的"一街百站千景万家"和线上线下融合"文明＋服务"网络综合体模式，将文明实践与社区服务紧密结合，通过打造具有特色的文明实践站和景观项目，为居民提供更加丰富多彩的文明体验和生活场景。这一模式注重发挥网络平台的优势，打造线上线下相结合的"人文社区・智能社会"，为居民提供更加便捷、高效的服务体验。

（三）依托新时代文明实践志愿服务提升社区公共服务品质

新时代文明实践志愿服务与社区公共服务的有机融合，是提升服务品质的关键所在。传统的社区公共服务往往注重于基本的民生需求，而新时代文明实践志愿服务则更加注重居民的精神文化需求和社会参与感。通过将两者有机融合，依托"社区需求—项目清单对接—社区志愿服务—效果评价"的闭环运作流程，可以形成社区服务的倍增效应。

根据社区治理和服务的实际需求，整合和组织不同类型、不同专业的志愿者人才，确保志愿服务能够精准对接社区需求，提供更为专业化、精细化的服务。比如，理论政策宣讲、文化服务文艺宣传、助学支教、医疗救援、科技服务科普宣传、法律服务、卫生环保、扶贫帮困，以及先进模范人物、群众性活动带头人、社区精英、百姓名嘴、科技能人、新乡贤等。

社区公共服务数据管理平台的建设，为志愿服务提供了有力的支撑。通过采集、整理与分析社区内外部的各类数据，平台能够全面了解志愿服务的能力和水平，以及社区需求的真实情况。在此基础上，平台可以进一步加大资源整合力度，丰富服务项目，扩大服务半径，确保志愿服务能够更加精准、高效地满足社区需求。同时，数据管理平台还可以对志愿服务的效果进行实时监测和评估，为进一步优化服务提供决策依据。

社会计算和“AI＋社区治理”等先进技术的应用，也为提升社区公共服务品质注入了新的动力。通过这些技术，我们可以对社区公共服务、志愿服务以及“公益＋市场”服务进行优化配置，实现资源的最大化利用。这些技术帮助我们深入挖掘和分析社区需求，为开展更加个性化、精准化的服务提供可能。此外，推动“社区公共服务大数据＋应用场景＋算法”生态体系建设，不仅可以提升服务的智能化水平，还可以为“人文社区·智能社会”建设营造良好氛围。

从成都市的实践来看，“一街百站千景万家”新时代文明实践志愿服务在提升社区公共服务品质方面还有很大的潜力和高质量发展空间，特别是在深化志愿服务与社区公共服务的融合发展，加大资源整合力度和技术创新力度，推动志愿服务在智能社会及网络空间社会主义核心价值观建设中，还能发挥更大的作用。

三、社区新时代文明实践站助力社区治理创新的实现路径

（一）文明新风引领社区风气

在社会的演进过程中，文明新风不仅是一种风尚，更是社会价值的鲜明导向，特别是在智能社会治理中，它扮演着至关重要的角色。社区，作为社会的细胞，其风气的好坏直接关系到整个社会是否和谐稳定与文明进步。因此，以文明新风引领社区风气，不仅是对美好生活的向往，更是对社区治理水平的提升。

社区新时代文明实践站作为连接社区与居民的桥梁纽带，其作用不可忽视。它不仅是政策的传达者，更是价值的引领者。实践站着眼于形成共同的理想信念、价值理念、道德观念，紧扣理论政策重点、社会生活热点、百姓关注焦点，以群众视角、大众话语、身边事例进行宣讲，使抽象的政策理论变得生动鲜活，让居民在潜移默化中接受新思想、新理念，培育文明新风。

在传播文明新风的过程中，情感的力量是不可或缺的。注重以情感人、以事警人、以理服人、以德化人、以文育人，不仅能够让居民在情感上产生共鸣，更能够在思想上达成共识。通过传扬道德风尚、传播主流价值、传承文化文明，社区新时代文明实践站让居民在享受文化盛宴的同时，也感受到了社会主义核心价值观的强大力量。

此外，依托各种节日纪念日和社区舞台，社区新时代文明实践站还开展了丰富多彩的文化活动。这些活动不仅承载了民族魂、传承了文化、宣传了国家政策，更让居民在参与中感受到了身边事的温暖与力量。同时，通过对品德缺点的点评和对行为偏差的纠正，实践站让居民在自我反思中不断进步，推动社会主义核心价值观在日常生活中的践行。

（二）文化守正创新塑造智能社会文化风尚

随着科技的飞速发展，智能社会已经成为我们生活的重要组成部分。在这个背景下，文化守正创新不仅关乎传统文化的传承与发扬，更与智能社会文化风尚的塑造紧密相连。通过贯彻以文化人的要求，成都市旨在打造具有地方特色、时代特征的社区文化品牌，丰富居民的精神生活，同时引领智能网络空间的文化建设。

智能社会与网络空间的“虚实共治”形成了线上线下良性互动的交互平台。在现实生活中，社区举办各种文化活动，如歌舞表演、全民阅读、文艺演出等，寓教于乐、寓教于趣、寓教于知、寓教于美、寓教于行，为居民提供丰富多彩的文化体验。这些活动不仅促进了邻里之间的和谐与情感归属，也会影响智能社会意识形态、价值导向和文化风尚。

不能忽视网络空间在文化传播中的重要作用。在智能社会中，网络已经成为人们获取信息、交流思想的主要渠道。因此，把文化融入网络空间，引领智能网络空间文化建设，是文化守正创新的重要内容。通过线上线下联动、传播活动并进、学习休闲相融、娱乐教化同台的方式，我们可以点滴渗透主流价值，推动网络空间文化的健康发展。

在新时代文明实践中，文化的凝聚、引导、教化、激励功能发挥着关键作用。注重将文化融入居民的日常生活，通过推荐主流读物、举办高雅音乐会和文艺演出等活动，引导居民树立正确的网络文化观念和价值观。通过新媒体平台推介文化产品，发动居民参与文化互动，用新生的微文化占领民众的碎片化时间，引导群众辨是非、讲善恶、评美丑，跟紧时代主旋律。

此外，发挥新媒体在文化传播中的优势。微信、微博、抖音等新媒体平台具有传播速度快、覆盖面广的特点，为文化传播提供了新的途径。通过在这些平台上发布短文、图片和视频等文化产品，可以迅速吸引大量关注和参与。同时，通过发动点赞、转发和评论等互动方式，可以进一步扩大文化产品的影响力和传播范围。

（三）公民道德建设提升"人文社区·智能社会"品质

在构建"人文社区·智能社会"的过程中，公民道德建设是不可或缺的一环。本书课题组深入贯彻《新时代公民道德建设实施纲要》，将德治与法治紧密结合，融入社区建设的方方面面。通过弘扬中华传统美德，努力营造邻里和睦、和谐平安、秩序井然的生活环境，促进居民自律互律，提升社区的自我管理、自我监督能力。

人文社区是智能网络空间精神空间建设的重要基石。在成华区的"智能社区与网络空间融合治理"实验中，发出公民道德建设倡议，致力于打造共居一地、共同管理、共保平安、共建文明的"虚实社区"新貌。通过人文社区的建设，努力引领智能网络空间精神家园的健康发展，为居民创造更加美好的智能网络生活体验。

在智能社会的建设中，正确的价值观是不可或缺的基石。本书课题组借助媒体宣传与社区生活实践，大力弘扬社会主义核心价值观，引导居民群众树立科学的世界观、人生观和价值观。倡导共建一个健康、积极向上的智能网络空间，通过加强对网络空间的监管，打造清朗的网络文化氛围。让智能社会不仅成为社会主义精神文明的热土，更成为传播正能量、弘扬真善美的重要平台，为社会的和谐发展贡献积极力量。

四、新时代文明实践中心参与智能社区与网络空间治理的初步思考

（一）新时代文明实践引领培育智能社区治理与服务的健康环境

在新时代背景下，文明实践对于引领智能社区治理与服务的健康环境具有不可替代的重要作用。这不仅是提升社区治理水平、优化服务质量的内在要求，也是推动智能社会文明进步、构建和谐的智能网络空间环境的关键。

新时代文明实践为智能社区治理提供了有力的思想引领。随着科技的不断进步，智能社区建设已经成为现代社区治理的重要方向。如何在智能化治理中保持人文关怀、体现公平正义，成为摆在我们面前的重要课题。新时代文明实践强调以人民为中心的发展思想，要求我们在智能社区治理中始终坚持以人为本，注重提升居民的幸福感和获得感。通过加强社会主义核心价值观的宣传教育，引导居民树立正确的世界观、人生观和价值观，为智能社区治理提供坚实的思想基础。

新时代文明实践促进了智能社区服务水平的提升。在智能社区中，服务的质量和效率直接关系到居民的日常生活体验。因此，提升智能社区服务水平是新时代文明实践的重要任务之一。通过引入智能化技术手段，可以更加精准地把握居民的需求和痛点，提供更加便捷、高效的服务。同时，新时代文明实践也要求我们注重服务的人文关怀，关注居民的精神文化需求，通过举办各类文化活动、提供心理咨询服务等方式，丰富居民的精神生活，提升社区的文化品质。

新时代文明实践有助于营造智能社区治理与服务的健康环境。通过倡导文明行为、树立文明榜样等方式，引导居民养成良好的行为习惯和道德风尚，形成积极向上的社区氛围。同时，也加强了对网络空间的治理，净化网络环境，防止不良信息的传播，为智能社区治理与服务的健康环境提供有力保障。

（二）新时代文明实践引领建立高效的“虚实共治”规章制度

在新时代背景下，文明实践不仅是精神文明建设的重要一环，更是引领社会治理创新的强大动力。其中，建立高效的“虚实共治”规章制度，是新时代文明实践在智能社区治理与服务领域的具体体现和重要保障。

新时代文明实践强调制度先行，为“虚实共治”规章制度的建立提供了理论支撑。在智能社区治理与服务中，传统的治理模式和手段已难以适应新时代的发展需求。因此，需要结合新时代文明实践的要求，对传统规章制度进行审视和完善，构建符合智能社区特点的“虚实共治”规章制度体系。这既要体现对实体空间的精细管理，又要涵盖对虚拟空间的有效监管，确保线上线下治理的无缝对接和高效协同。

新时代文明实践注重实践探索，推动“虚实共治”规章制度的不断完善和优化。在成都市的实践中，面临着诸多新情况、新问题，需要不断总结经验、创新方法，将推动规章制度建设和规则建设作为重要内容。例如，成都市广播电视台通过“一街百站千景万家”和《幸福成都》栏目征集居民意见等方式，深入了解智能社区治理与服务的需求和痛点，针对性地完善相关规章制度。同时，借助大数据、人工智能等先进技术推进“高品质智能社区需求数据库”建设，对规章制度的执行情况进行实时监测和评估，确保规章制度的科学性和有效性。

新时代文明实践倡导多元共治，提升“虚实共治”规章制度的执行力和影响力。智能社区的治理与服务是一个复杂的系统工程，需要政府、居民、企业和社会组织等多方共同参与和协作。因此，在建立高效的“虚实共治”规章制度时，还需要注重发挥各方的作用和优势，形成多元共治的良好格局。利用加强沟通协调、明确职责分工、建立合作机制等方式，汇聚各方智慧和力量，共同推动规章制度的落地生效。借助媒体宣传、教育引导等手段，提高居民对规章制度的认知度和认同感，增强规章制度的执行力和影响力。

（三）新时代文明实践引领建立“协同治理”融合运行发展机制

在新时代背景下，文明实践成为推动社会治理创新的重要动力。特别是在智能社区治理与服务领域，建立“协同治理”的融合运行发展机制，不仅是提升治理效能的必然要求，也是促进社区和谐发展的重要保障。新时代文明实践通过其独特的价值导向和实践方式，为“人文社区·智能社会”运行机制的建立提供了有力引领。

新时代文明实践强调共同参与和协同行动，为“协同治理”机制的建立奠定了思想基础。智能社区治理涉及多个主体和领域，需要政府、居民、社会组织、企业等各方共同参与和协同合作。新时代文明实践倡导人人参与、人人尽责的理念，鼓励各方在治理过程中发挥各自的优势和作用，形成治理合力。通过加强宣传教育、搭建沟通平台、建立合作机制等方式，可以引导各方积极参与智能社区治理，共同推动“协同治理”机制的建立和完善。

新时代文明实践注重创新驱动和科技赋能，为“协同治理”机制的高效运行提供了有力支撑。智能社区治理离不开科技的支撑和驱动。新时代文明实践鼓励我们积极运用大数据、云计算、人工智能等先进技术手段，提升治理的智能化、精细化水平。通过构建信息共享平台、推广智能化应用场景、培养科技人才等措施，推动线上线下治理的无缝对接和高效协同，提升治理的效能和精准度。同时，科技创新也促进了社区各类智能设施设备的融合，如通过智能感知、预测分析等技术手段，实现对社区问题的及时发现和有效处理。

新时代文明实践坚持问题导向和目标引领，确保“协同治理”机制能够解决实际问题并推动社区发展。在成华区的实践中，面临着诸多挑战和问题，如居民参与度不高、治理效能低下等。新时代文明实践要求以需求和问题为导向，通过深入研究、广泛调研等方式，找到问题的根源和解决方案。明确目标引领，以社区居民的需求和期待为出发点和落脚点，不断提升智能治理的针对性和实效性，推动“协同治理”机制不断完善和优化，为智能社区治理与服务提供更加坚实的支撑和保障。

（四）新时代文明实践引领建立“协同治理”融合运行发展机制

在新时代背景下，文明实践作为一种新的社会治理模式，正在引领着社会治理体系的创新与发展。特别是在智能社区治理与服务领域，建立“协同治理”融合运行发展机制，不仅是提升治理效能的重要途径，更是实现社区和谐、稳定、可持续发展的关键举措。

新时代文明实践强调以人民为中心的发展思想，为“协同治理”机制的建立奠定了价值基础。新时代文明实践倡导人人参与、人人尽责的治理理念，鼓励居民积极参与社区治理，形成共建共治共享的良好格局。这种价值导向为“协同治理”机制的建立提供了思想保障，使得各方能够在共同的目标下协同合作，共同推动社区治理的发展。

新时代文明实践还倡导发挥各主体的专业优势，形成优势互补的治理格局。智能社区治理涉及政府、居民、企业、社会组织等多个主体，加强各方之间的沟通与协作，形成治理合力至关重要。以“新时代文明实践+”引领搭建信息共享平台、建立定期沟通机制等方式，促进各方信息共享和资源整合，提高治理的效率和效果。例如，政府发挥政策引导和监管作用，企业可以提供技术支持和服务保障，社会组织则可以发挥桥梁纽带作用，促进各方之间的合作与交流。

新时代文明实践强调创新驱动和科技支撑在“协同治理”机制中的作用。随着信息技术的不断发展，智能化、数据化已经成为社会治理的重要趋势。新时代文明实践要求我们在治理过程中，应用科学的信息技术手段，群策群力提升治理的智能化水平。通过建设智能感知系统、推广智能化应用场景等方式，实现对社区治理的实时监测和动态管理，提高治理的精准度和时效性。科技创新还可以为“协同治理”机制带来新的治理模式和方法，推动治理体系的不断完善和优化。

（五）依托智慧城市打造新时代文明实践“智能物理空间”

在新时代背景下，智慧城市作为城市发展的新模式，为新时代文明实践提供了广阔的空间和平台。依托智慧城市打造“智能物理空间”，不仅能够提升城市治理的智能化水平，还能够推动文明实践的深入发展，实现城市文明与科技进步的相互促进。

智慧城市的建设为“智能物理空间”的打造提供了坚实网络环境基础。智慧城市运用大数据、云计算、物联网等先进技术，实现对城市基础设施、公共服务、社会治理等领域的全面智能化改造。通过建设智能化交通系统、智能化环境监测系统、智能化公共服务设施等，为居民提供更加便捷、高效、舒适的生活体验。这些智能化系统也为网络空间开展文明实践提供有力的支撑，例如通过“社区治理AI算法应用”智能化监测和管理“虚实空间”，引导智能空间“养成”文明行为。

“智能物理空间”的打造需要注重文明实践的融入和引领。智慧城市、智慧社区不仅体现新质生产力的作用，更要体现文明进步。在打造“智能物理空间”的过程中，将文明实践的理念贯穿其中，使之成为城市空间的重要组成部分。在智能化空间中注入文明元素，“设置”文明标语、举办文明宣传活动、建立志愿服务体系等方式，引导居民形成文明的生活习惯和行为方式。利用智能化手段，对文明实践进行监测和评估，及时发现问题并加以改进，推动文明实践的深入发展。

依托智慧城市打造“智能物理空间”，需要实现城市文明与科技进步的相互促进。智慧蓉城建设不仅提升了成都市城市的智能化水平，也为“人文社区·智能社会”文明实践提供了更多的可能性。通过智能化手段，推动城市文化的传承和创新，提升城市的文化软实力。同时，文明实践的深入发展也能够为高品质的智慧城市建设提供“软实力”支撑。例如，居民的文明行为和素质提升可以推动城市的和谐发展，为智慧城市的可持续发展提供坚实基础。

（六）新时代文明实践引领建立“共建共享、共管共治”协同监督评价的机制

在新时代背景下，文明实践被赋予了新的内涵和使命，它不仅关乎个人修养和社会风尚，更成为推动社会治理创新、构建和谐社会的重要力量。其中，建立“共建共享、共管共治”的协同监督评价机制，是新时代文明实践引领社会治理创新的具体体现。

共建共享是协同监督评价机制的核心原则。在新时代文明实践的推动下，社会各界和广大民众被积极动员起来，共同参与社会治理和公共事务的管理。通过搭建信息共享平台、开展志愿服务活动、推广文明新风等方式，人们共同建设美好家园，增强民众的参与感和归属感，提升社会治理的效率和效果。

在共建共享的基础上，共管共治成为协同监督评价机制的重要一环。

传统的社会治理往往依赖于政府的单方面管理，而新时代文明实践则强调政府、社会组织、企业和个人之间的多元共治，志愿服务是重要内容。通过制定共同规则、开展联合行动、建立协作机制等方式，各方在治理过程中形成合力，共同维护社会秩序和公共利益，增强智能社会治理的原动力和适应性。

协同监督评价则是确保共建共享、共管共治得以有效实施的关键环节。通过建立完善的监督评价体系，对各方在治理过程中的表现进行客观、公正的评价，及时发现和解决问题，推动治理工作的持续改进和优化。同时，协同监督评价还能够激发各方的积极性和创造性，形成良性竞争和合作氛围，推动社会治理创新不断深化。

第二节　新型智慧社区"人文导向"融合趋势研究

新型智慧社区作为社会治理创新的重要成果，以共建共治共享为核心，构建人人有责、人人尽责、人人享有的治理共同体。与传统信息化社区相比，新型智慧社区更强调"以人为本"的治理理念，实现了从"以物为本"到"以人为本"的重大转变。

在这个共同体中，人人参与、人人尽责、人人享有成为鲜明特色。通过线上线下良性互动机制，居民们积极参与社区治理和服务的各个环节，共同打造充满活力和温度的社区环境。同时，新型智慧社区注重提升社区的整体人文价值，通过丰富多彩的文化活动和设施，营造健康、友好、幸福的社区氛围。

"新时代文明实践+"的成华创新探索，为新型智慧社区注入了新的活力，形成人文导向的新型智慧社区（以下简称人文智慧社区）。通过特色应用场景的建设，如主题院落、小区等，新型智慧社区不仅提升了居民的生活品质，更开创了城市社区治理的新格局。人文品质与社区治理的深度融合，让新型智慧社区成为新时代文明实践的典范。

一、人文智慧社区的基本内涵

在深入探讨人文智慧社区的基本内涵之前，需要先理解"人文导向"

和“新型智慧社区”这两个核心概念。人文导向，强调的是以人为本，注重人的需求、感受和体验；而新型智慧社区，则是利用现代科技手段，推动社区管理和服务的创新。将这两者结合起来，人文智慧社区便呈现出了其独特的魅力。

人文智慧社区注重居民的主体性和参与性。与传统社区相比，新型智慧社区不再仅仅是一个居住的地方，更是一个居民可以积极参与、共同管理的平台。在这里，居民的需求和意见被高度重视，他们的参与和合作成为推动社区发展的重要力量。通过线上线下的互动平台，居民可以方便地参与社区活动的组织、社区环境的改善以及社区服务的优化，真正实现“人人参与、人人尽责、人人享有”的社区治理共同体。

人文智慧社区强调社区的文化氛围和精神风貌。一个社区的文化氛围和精神风貌是其内在魅力的体现，也是吸引居民的重要因素。新型智慧社区通过举办各类文化活动、建设文化设施、传承历史文化等方式，不断提升社区的整体人文价值。同时，社区还注重培养居民的社区意识和归属感，让他们在这里找到家的感觉，形成共同的价值观和精神追求。

人文智慧社区致力于提供便捷、高效的智能化服务。利用现代科技手段，如物联网、大数据、人工智能等，新型智慧社区为居民提供了更加智能化、个性化的服务。无论是社区服务平台的构建，还是智能设备的应用，都极大地提高了服务的效率和便捷性。同时，这些智能化服务也更加注重居民的体验和感受，让居民在享受服务的过程中感受到温暖和关怀。

二、人文智慧社区的建设和发展模式

在探讨人文智慧社区的建设和发展模式时，我们首先要认识到，该模式的核心在于将人文关怀与科技智慧相结合，以居民的需求和体验为出发点，构建一个既安全、便捷又充满人文温度的社区环境。

人文智慧社区的建设与发展，首先强调以人为本，注重人文环境的塑造。在“人文模式”之下，社区不再是简单的居住空间，而是居民生活、交流、成长的人文场所。因此，社区在规划与设计阶段便要充分考虑居民的需求和感受，营造安全、舒适、便捷的居住环境。

人文智慧社区注重传承历史文化，挖掘地域特色，通过文化设施的建设和文化活动的举办，增强居民的文化认同感和归属感。这种以人为本、强调人文环境的建设理念，使得人文智慧社区不仅满足居民的居住需求，更成为他们精神寄托和文化传承的重要载体。

人文智慧社区倡导共建共享机制，追求社区的可持续发展。在这一机制下，政府、居民、企业和社会组织等多方力量共同参与社区的建设与管理，形成良性互动的合作关系。居民不仅是社区的居住者，更是社区建设的重要参与者和受益者。他们通过参与社区活动、提出意见建议等方式，积极参与社区治理。

成华区通过建立"商居联盟"、社区现代产业联盟等方式，与企业合作推动产业发展，与社会组织合作提供专业服务，共同推动社区治理和服务现代化产业发展。这种共建共享机制不仅提高了社区治理的效率和水平，更增强了居民的归属感和责任感，为社区的可持续发展奠定了坚实基础。

人文智慧社区致力于构建智慧共同体，包括网络空间综合体。智慧共同体强调信息共享、资源互通和智能服务，通过运用现代信息技术手段，提升社区服务的质量和效率。网络空间综合体作为智慧共同体的重要组成部分，为居民提供了一个便捷、高效的信息交流平台，这类智慧共同体的构建不仅提升了居民的生活体验，更增强了社区的凝聚力和向心力，推动了人文智慧社区的全面发展。

三、人文智慧社区的发展困境

（一）人文智慧社区的"人文导向"特色不突出

当前，人文智慧社区的建设虽然强调了"人文导向"的概念，但在实际操作中，这一特色并未得到充分体现。许多社区在追求智能化、信息化的同时，忽视了人文内涵的挖掘与传承，导致社区缺乏独特的文化氛围和"精气神"。人文智慧社区不仅是一个物理空间的智能化，更是一个充满人文关怀、文化底蕴的精神家园。因此，如何在推进智慧社区建设的同时，强化人文特色的塑造和传承，是当前人文智慧社区面临的重要挑战。

(二) 统筹规划和整合能力不足

在人文智慧社区的建设过程中，统筹规划和整合能力的不足成为制约其发展的一个重要因素。智慧城市与智慧社区之间的规划未能实现有效的衔接和同步，导致两者在发展过程中存在诸多不协调之处。同时，智慧社区与智能网络空间建设之间的规划也存在脱节现象，这使得社区的智慧化建设难以充分发挥网络空间的优势和作用。因此，加强统筹规划，实现各层级、各领域之间的有机整合，是人文智慧社区发展的关键所在。

(三) 业务研究和技术融合不够

人文智慧社区的发展，不仅依赖于技术的进步，更需要业务研究的深入与技术的融合。然而，当前人文智慧社区在业务研究和技术融合方面仍存在不足。业务跨界融合研究不够深入，不同领域之间的数据指标体系协同度不高，这导致社区治理的效率和质量受到一定影响。智慧治理与智能基础设施之间的融合度也不足，智能设施未能充分发挥其在社区治理中的作用。因此，加强业务研究与技术融合，提升数据协同和治理智能化水平，是推动人文智慧社区发展的重要方向。

(四) 智慧社区人文导向和社区服务融合不够

在人文智慧社区的建设中，人文导向与社区服务的融合程度直接影响着社区的整体发展水平。然而，目前许多社区在这方面仍存在不足。公共服务、文化活动、志愿服务等缺乏统筹和主题规划，导致各项服务之间缺乏协调性和互补性。“社区公共服务大数据”体系尚未形成，这使得社区服务的智能化水平不高，难以满足居民日益增长的需求。因此，加强人文导向与社区服务的融合，构建完善的公共服务大数据体系，是提升人文智慧社区服务质量和效率的重要途径。

四、人文智慧社区建设的对策建议

(一) 突出人文导向，推进融合发展

人文导向作为智慧社区建设的核心，应始终贯穿于整个社区规划、建设与管理的全过程。首先，深入挖掘社区的文化底蕴和历史传统，将本地的人文元素融入智慧社区的建设中，形成独特的社区文化标识，增强居民的归属感和认同感，打造具有人文特色的智慧社区。

推进融合发展是实现人文智慧社区目标的关键路径。注重智慧社区与智慧城市、智能网络空间等外部环境的融合发展，打破“信息孤岛”，实现数据共享和业务协同。加强智慧社区内部各要素之间的融合，包括智慧治理、智能基础设施、公共服务等，形成有机整体，提升社区的整体智慧化水平。

加强政策引导和制度保障，明确人文智慧社区的建设目标、任务和措施，为人文导向的落实提供有力支撑。同时，建立健全的考核评价机制，对人文智慧社区的建设成果进行定期评估和总结，不断推动人文导向的深入发展。

（二）突出多元参与，构建智慧共同体

人文智慧社区的建设需要政府、企业、居民和社会组织等多方参与，共同构建智慧共同体。首先，政府应发挥主导作用，制定相关政策和标准，引导智慧社区的发展方向。同时，加大对智慧社区建设的投入力度，提供必要的资金和技术支持。

企业应积极参与智慧社区的建设和运营，提供先进的技术和解决方案。通过技术创新和产业升级，推动智慧社区向更高水平发展。此外，企业还可以与社区居民建立紧密的合作关系，了解他们的需求和反馈，不断优化产品和服务。

社会组织在智慧社区建设中扮演着桥梁和纽带的角色，通过组织文化活动、开展志愿服务等方式，增进社区居民之间的交流和互动，促进社区凝聚力的提升。此外，社会组织还可以发挥专业优势，为智慧社区的建设提供咨询和建议。

建立完善的沟通协作机制，搭建信息共享平台、开展定期沟通会议等方式，加强各方之间的信息交流和合作协调，促进多元参与和有效融合。建立有效的激励机制，鼓励各方积极参与智慧社区的建设和运营。

（三）塑造社区精神，构建智能健康空间

塑造社区精神健康空间，应强化文化凝聚力，鼓励居民参与各类健康

活动，形成积极向上的社区风尚。运用智能技术，构建便捷的健康管理平台，提升居民生活品质。通过这些举措，营造出一个充满活力、和谐健康的社区环境。

塑造社区文化共同体，关键在于促进多元文化交流与融合。鼓励居民积极参与社区文化活动，共同传承和弘扬优秀传统文化，同时引入现代文化元素，形成独具特色的社区文化氛围，让每一名居民都能感受到归属感和认同感。

共同营造美好家园，需要我们齐心协力、共建共享。居民应积极参与社区事务，形成和谐、文明、友善的社区氛围；同时，社区管理者也应倾听居民声音，不断完善公共服务设施，加强数据安全和隐私保护。只有这样，才能共同营造一个宜居、宜业、宜游的美丽家园。

第三节　新型智慧社区与智能社会的关系研究

新型智慧社区与智能社会的关系研究，是探讨信息化时代社区发展与社会结构变革的重要课题。智慧社区作为智能社会的微观体现，通过运用物联网、大数据、人工智能等技术手段，实现社区设施、资源和信息的整合共享，提升居民生活质量。而智能社会则是以智能驱动经济发展，实现社会整体智能化的高智结构化。

在新型智慧社区与智能社会的关系研究中，成华区坚持“人人参与、人人享有”理念，创新性地提出“新时代文明实践+”模式，深刻改变了智慧社区治理的主体关系，即由原先的“网格架构”向“网络体系”转变，新型智慧社区已成为智能社会与网络空间共同体的关键一环。通过强化网络空间治理与文明建设，有力推动新型智慧社区发展，为构建更加智能、文明的社会奠定坚实基础。

一、新时代文明实践引领人文智慧社区发展研究

人文智慧社区是构建智能社会的基石，其重要性不言而喻。不仅为居民提供了安全、便捷的生活环境，更是打造清朗智能网络空间和虚拟健康

精神家园的基础。在新时代的背景下，文明实践对人文智慧社区的发展起到了关键的促进作用。

新时代文明实践深化了居民对社会主义核心价值观的理解和认同。通过开展各类文明实践活动，社区居民的道德素质和文化素养得到了显著提高，社区文明程度不断提升。智慧社区平台的建设和应用，实现了社区服务的智能化、信息化和人性化，同时社区治理也更加高效和精准，为居民提供了更好的治理体验，推动人文智慧社区建设向更高水平迈进。

（一）新时代文明实践注重“以人为本”

新时代文明实践深刻体现“以人为本”的核心理念。坚持以群众需求为导向，通过开展形式多样的志愿服务活动，传播党的声音，培育文明新风，传承优秀文化。这一实践不仅满足了人民群众日益增长的精神文化需求，更在乡风文明建设中解决了热点难点问题。

新时代文明实践强调深化爱国主义、集体主义、社会主义教育，推动社会主义核心价值观全覆盖，真正做到了让文明实践活动贴近群众、服务群众。因此，新时代文明实践是真正以人为本的文明实践活动，为构建和谐社会、提升国民素质发挥了积极作用。

（二）新时代文明实践注重“人人参与”

新时代文明实践强调“人人参与”，成华区通过构建“一街百站千景万家”的社会宣传与民生服务体系，打造人文智慧社区共同体。这一体系将宣传教育与民生服务相结合，使居民在参与文明实践的过程中，既能够提升个人素养，又能够享受到便捷的生活服务。

人文智慧社区共同体作为文明实践的重要载体，促进了邻里之间的交流与互助，营造了和谐友好的社区氛围。人人参与的新时代文明实践，不仅提升了社区治理水平，也增强了居民的归属感和幸福感。

（三）新时代文明实践注重“人人享有”

新时代文明实践不仅强调“人人参与”，更注重“人人享有”。这一理念体现在文明实践的各个方面，确保每个居民都能从中受益。通过丰富多彩的活动，居民能够提升道德素质、文化素养，享受精神文化生活的满足感。

新时代文明实践还关注居民的实际需求，提供贴心的民生服务，让居民在参与中感受到实实在在的获得感。这种“人人享有”的文明实践，不仅提升了居民的幸福感，也促进了社区的和谐稳定，为构建美好社会奠定了坚实基础。

二、人工智能助力人文智慧社区发展研究

人工智能在人文智慧社区发展中扮演着重要角色，实现智能化、精细化的管理，提高了治理效率。利用大数据、机器学习等 CIG 等社区治理算法应用技术，精准识别居民需求，提供个性化服务，如智能安防、智能家居等，极大提升了居民的生活品质。此外，通过智能语音、智能交互等技术，人工智能丰富了居民的精神文化生活，推动了社区文化的繁荣发展，为人文智慧社区注入了新的活力，推动了社区的现代化进程。未来，随着人工智能技术的不断创新和进步，人文智慧社区将迎来更加广阔的发展空间和更加美好的发展前景。

（一）赋能打造“人人有责”人文智慧社区共同体

在打造“人人有责”人文智慧社区共同体，推进智慧共享的新型数字生活的过程中，人工智能发挥着关键作用。通过智能技术的应用，社区治理更加精细、高效，推进也需要居民、社区管理者、技术开发者等多方共同努力，形成合力，共同推动智能社会的建设。

智慧共享的理念在社区得到深入实践，居民能够便捷地获取各类资源和服务，实现了资源共享和互利共赢。这不仅有利于提升社区的整体生活质量，也推动了智能社会的健康有序发展。因此，人工智能的赋能作用在打造“人人有责”人文智慧社区共同体中不可或缺，为智能社会健康持续发展注入了强大动力。

（二）赋效打造“人人尽责”人文智慧社区共同体

在打造“人人尽责”人文智慧社区共同体的过程中，构建“群众自治圈”“社会共治圈”“网格圈”“平安共享圈”等多元共治模式至关重要。这些圈子不仅拓宽了居民参与社区治理的渠道，还促进了社会各界的协同合作，共同为社区的和谐稳定贡献力量。

通过广纳群言、广集民智，社区能够更加精准地把握居民需求，提供更为贴心的服务。这种多元共治模式也有助于增进社区共识，增强居民之间的凝聚力，共同营造一个安全、和谐、宜居的社区环境，为居民提供一个更加健康、积极的网络交流平台，促进智能网络空间净化，推动智能社会健康发展。

（三）赋质打造“人人享有”人文智慧社区共同体

打造“人人享有”的人文智慧社区共同体，是促进智能文化空间和精神家园建设的核心举措。通过深度应用人工智能技术，能够实现社区服务的个性化与精准化，满足居民多元化、高品质的生活需求。同时，智能文化空间的构建，将成为居民们心灵的归宿，让人们在享受科技便利的同时，也能感受到浓厚的文化氛围和人文关怀。

此外，人文智慧社区共同体强调居民的参与和共享，每名居民都能在这里找到归属感、获得感和幸福感，共同构建一个温馨、和谐的精神家园。因此，赋质打造“人人享有”的人文智慧社区共同体，不仅丰富了居民的精神文化生活，还提升了社区的文化品位和文明程度。

（四）赋能打造“智能网络”人文智慧社区共同体

在打造“智能网络”人文智慧社区共同体中，新媒体社交平台及“朋友圈”的作用越发凸显。这不仅为居民提供了便捷的沟通交流渠道，更通过小区接入“智能社会”，实现了信息的快速传播和资源的有效共享。

通过这些平台，居民可以及时了解社区动态，参与社区活动，共同构建和谐的社区环境，是提升居民生活品质的有效途径，使社区管理更加高效、精准。此外，这种新型社区共同体建设还会促进居民之间的互助与合作，增强社区的凝聚力和向心力。

（五）赋能构建“数据共享”人文智慧社区共同体

构建“数据共享”人文智慧社区共同体，是新时代社区治理的创新之举。通过“社区公共服务大数据＋应用场景＋算法”生态体系的建设，能够实现数据的开源共享，优化资源配置，提升社区治理效能。数据共享不仅有利于打破“信息孤岛”，提供更精准、更科学的决策依据，还有助于提升智能社会治理的精细化和专业化水平。

数据的开放与利用也催生新的应用场景和商业模式，为社区发展注入了新的活力。赋能构建“数据共享”人文智慧社区共同体，将促进跨部门、跨领域的协同合作，推动社区服务的智能化和个性化，这对于推动社区治理现代化、提升居民幸福感具有重要意义。

三、人文智慧社区治理和服务创新主要问题研究

人文智慧社区治理与服务创新面临着多重问题。

首先，社区治理现状复杂多变，需要深入剖析现有治理模式的优缺点。其次，人文智慧技术的应用在提升治理效率的同时，也带来了技术融合与适应性问题。服务创新模式的探索需要关注居民的实际需求，确保服务更加贴合民意。同时，居民需求与满意度的调查是改进服务的重要依据。治理效能评估机制的建立，有助于科学评价治理效果。

此外，跨部门协同的挑战也不容忽视，需要加强部门间的沟通与协作。数据安全与隐私保护问题亟待解决，确保信息的安全与合规使用。这些问题相互交织，共同构成了人文智慧社区治理和服务创新的复杂图景，需要我们深入研究和探索有效的解决路径。

（一）“文明实践＋”观念有待加强

当前，部分社区过于依赖人工智能、数字孪生等技术手段，而忽视了社会主义核心价值观的深入植入和新时代文明实践的引领作用。这种现象导致社区治理和服务虽然在外在形式上显得先进，但在内涵和质量上却显得空洞。共同体之“形”易得，但共同体之“质”难求。

因此，需要强化“文明实践＋”观念，将文明实践与智慧社区建设有机结合，既注重技术创新，又强调人文关怀，更加注重社区居民的实际需求和体验，从而真正打造具有文化内涵和人文精神的智慧社区，确保技术应用能够真正提升居民的生活质量和幸福感。

（二）智慧社区线下政社互动机制有待完善

数据共建共享机制的不完善导致“数据孤岛”现象普遍存在，政社互动机制成为制约数智化治理共同体构建的一大瓶颈。各部门间信息流通不

畅，难以实现资源的有效整合和利用。这不仅影响了社区治理的效率和精准度，也阻碍了智慧社区服务的优化和升级。

因此，迫切需要完善政社互动机制，打破数据壁垒，促进信息共享，实现资源的互联互通。只有这样，才能真正发挥智慧社区的优势，提升社区治理的智能化、精细化水平，为居民提供更加便捷、高效的服务。

（三）智慧社区技术融合应用能力有待提升

在智慧社区建设中，技术融合应用能力的不足成为制约其发展的关键因素。当前，"数智鸿沟"和"业务鸿沟"现象普遍存在，导致智慧社区技术的实际应用效果不尽如人意。"数智鸿沟"主要体现在技术先进性与居民数字化素养的不匹配，许多居民难以充分享受智慧社区带来的便利。

"业务鸿沟"则表现为各部门间业务流程的不协同，影响了智慧社区服务的整体效能。提升智慧社区技术融合应用能力势在必行，需要加强技术培训与推广，优化业务流程，推动技术与业务的深度融合，以更好地满足居民需求，推动智能社会及智能网络空间建设和发展。

四、人文智慧社区业务技术融合的对策建议研究

在新时代背景下，人文智慧社区与业务技术的深度融合成为推动社区治理创新的关键。以"新时代文明实践＋智能社会治理"为理论指导，我们应致力于净化智能精神空间、塑造智能文化空间、治理智能网络空间，以适应时代要求并推动社会进步。

为实现这一目标，我们需要加强人文智慧社区与智慧城市的统筹规划，推动技术创新与人文关怀的有机结合，集成打造"人文社区·智能社会"。这包括优化社区信息化基础设施建设，促进信息共享与流通，打破数据壁垒，实现资源的高效利用。同时，主动关注居民的实际需求，提供个性化、智能化的服务，增强居民的获得感、幸福感。

在构建健康、和谐、高效的智能社会方面，我们应注重培养居民的数字化素养，提升他们的信息技术应用能力。此外，还应加强跨部门、跨领域的协同合作，形成合力，共同推动人文智慧社区的发展。

（一）社区“智治”应以实际需求为出发点

社区“智治”应以居民的实际需求为出发点，紧密围绕平安建设、综合服务、社区健康、关爱、教育及康养等核心领域，深入研究和开发适应社区特点的“智治”业务体系及产品。确保技术服务于人，让智能化真正造福于民。

紧密贴合实际需求，通过充分利用社区公共服务大数据和感知设备，我们可以打造一系列精准、高效的“微组织、微治理、微服务”应用场景，从而推动社区治理的现代化和精细化，确保治理效果切实可见，让居民真切感受到智能化治理带来的便利与舒适。这样不仅能提升居民的生活品质，还能进一步增强社区的凝聚力和向心力。

（二）社区“智治”以高质量发展为着力点

通过深入应用数智技术，推动城市管理、社会治理、文明城市等工作领域的有机融合。这种融合不仅能够形成叠加效应、聚合效应和倍增效应，更能够释放出社区治理与发展的巨大活力。数智技术的引入，使得社区治理更加精准、高效，为居民提供更加便捷、优质的服务。

社区“智治”的推进必须注重实效，这将进一步促进人文智慧社区共同体的高质量发展，提升居民的生活品质和幸福感。因此，我们应持续加强数智技术在社区治理中的应用，推动社区“智治”不断迈上新台阶，更彰显我们对构建“人文社区·智能社会”的不懈追求。

（三）“智治”创新以体制机制优化为落脚点

传统的“网格架构”正逐渐转型为更加灵活、协同的“网络体系”，旨在加强社区治理多元主体间的紧密合作与信息共享。为此，构建公开透明且包容性强的智慧社区共同体“云平台”显得尤为重要。这一平台能有效整合各方资源，确保信息及时准确传递，为社区治理提供坚实支撑。

通过体制机制的不断优化，我们能够充分发挥“智治”的优势，推动“人文社区·智能社会”朝着更高效、更高品质的方向稳步前行。传统的“网格架构”正在向更加灵活、协同的“网络体系”转变，这一变革旨在促进社区治理多元主体间的紧密合作与信息共享，推动“人文社区·智能社会”向更加高效、高品质方向发展。

第四节 新时代文明实践引领“人文社区·智能社会”建设发展的实践与研究

党的十九届四中全会立足全局描绘了“中国之治”的国家治理蓝图，明确“坚持和完善共建共治共享的社会治理制度”的重要性，并首次提出“建设人人有责、人人尽责、人人享有的社会治理共同体”。

不难发现，“人文”作为新时代文明实践的核心内涵和凝聚群体组织的精神纽带，与社区这个相对独立的单元相结合所形成的“社区共同体”是提升社区治理水平的理想途径。在人工智能时代，坚持新时代文明实践引领打造新型智慧社区，才能真正实现打造人与人、人与自然、人与科技之间和谐美好的“人文社区·智能社会”，为居民创造更加幸福美好的生活。

成都市依托“智慧蓉城”平台，以新时代文明实践引领，构建“一街百站千景万家”社会宣传与民生服务体系，开展“全龄友好 幸福感知”等美好社区指数测评体系和社区治理AI模型算法应用研究，聚焦平安守望、综合服务、社区健康、社区关爱、社区友好、社区幸福等特色场景，探索人文与智能的融合发展，为新型智慧社区的发展提供了宝贵经验。

一、以人文与智慧为基础构建“人文社区·智能社会”的研究与实践

全国不少城市以人文与智慧为基石，积极开展“人文社区·智能社会”的研究与实践。成华区通过建立“全龄友好 幸福感知”等美好社区指数测评体系，并深入研究社区治理AI模型算法应用，力求实现社区治理的精细化与智能化。这一实践聚焦于平安守望、综合服务、社区健康、关爱、友好与幸福等多元场景，不仅体现了对居民需求的精准把握，更展现了人文与智能深度融合的社区治理新模式。

（一）建设集约的人文智慧社区平台

在建设人文智慧社区平台的过程中，应充分依托现有系统平台，因地制宜推进人文智慧社区综合信息平台的建设。实现各类社区信息系统与智慧社区综合信息平台的联网对接或迁移集成，确保信息的互通共享。

首先，依托具有三方音频交互、身份证读卡、高拍仪扫描、二维码扫码、同屏共享等功能的“虚拟综窗”设备，以视频连线辅导、电子资料传递等技术提供远程帮办服务，解决社区无审核权的行政审批服务事项，扩大社区政务服务事项的网上受理、办理范围和种类，并增强政务事项查询、办理、反馈等功能。同时，完善电子政务服务流程，实行" 前台一窗受理、后台分工协同" 的运行模式，以推动跨部门业务协同和信息实时共享。

其次，积极推进人文智慧社区综合信息平台与智慧城市运行管理服务平台、智慧物业管理服务平台以及智能家庭终端的互联互通和融合应用，旨在提供更为便捷、高效的一体化管理和服务，从而不断提升居民的生活品质和社区治理水平。

（二）构建多维的智能空间网络

依托智慧城运平台，构建人文社区“智慧大脑”，实现多维智能空间网络的搭建。通过横向联通与纵向贯通，打造“人人有责、人人尽责、人人享有”的社区治理共同体。成华区“新街坊 · 家空间”的实践经验，为本书课题组提供了宝贵借鉴。通过“一港三云”的开源共享底层支撑平台、“一图 3e”特色应用系统以及“一池三联”闭环运行机制，有效促进了人文智慧社区治理共同体的形成。

同时，本书课题组制定社区信息共享清单，完善数据采集、制表、报送机制，推动社区数据资源体系的标准化与动态管理。加强与相关部门的数据资源共享交换，根据服务群众需要向社区开放数据资源。此外，还加强社区数据安全管理和保障，特别是对物业服务企业数据管理的监管，确保居民个人信息和隐私得到依法保护。通过这些举措，旨在构建更加智能、高效、安全的社区治理体系。

（三）打造多平台联动的人文智慧社区场景

成都市在“智慧蓉城”建设中，以新时代文明实践为导向，集成人文智慧社区综合信息平台，建立数据库引擎、分析引擎、预警引擎、可视化引擎，完善健全民情反馈、风险研判、应急响应、舆情应对机制，提升人文智慧社区多平台运行、全周期管理运营水平。

加强网络文明建设，更好满足人民群众日益增长的精神文化需求，增进居民对社区生活共同体的归属感。加快构建数字技术辅助决策机制，科学配置社区服务资源、优化智慧社区综合服务设施功能布局。

充分依托自然资源和地理空间基础信息库，加强地名地址信息管理，完善社区重点场所、常住居民、流动人口、失能老年人、未成年人和精神障碍患者等重点人群基础数据，提高社区健康关爱服务的能力和水平。加强社区应急体系建设，搭建社区灾害风险预警模型，发展实时监测、智能预警、应急管理和疫情防控智能应用，全面提升社区预警和应急处置能力。

（四）构筑人本化的社区数字生活新图景

依托智慧社区综合信息平台，汇聚推动就业、健康、卫生、医疗、救助、养老、助残、托育、未成年人保护等社区公共服务大数据资源，开展"指尖办""网上办""就近办"。成都市积极创新"一街百站千景万家"社会宣传与民生服务体系，让居民在数字化时代享受更加便捷、舒适的生活。

聚合社区周边商超、物业、维修、家政、养老、餐饮、零售、美容美发、体育等生活性服务业资源，链接社区周边商户，建设便民惠民智慧生活服务圈。推动社区购物消费、居家生活、公共文化生活、休闲娱乐、交通出行等各类生活场景数字化，支持村（社区）史馆、智慧家庭、智能体育场地等建设，打造多端互联、多方互动、智慧共享的数字社区生活。完善"社区公共服务大实践 + 应用场景 + 算法"生态体系，消除"数智鸿沟"，构筑人本化的社区数字生活新图景。

（五）加强智慧社区基础设施建设"人性化"改造

实施城乡社区综合服务设施智慧化改造工程，加快部署政务通用自助服务一体机，完善社区政务、便利店、智能快递柜等自助便民服务网络布局。成华区合理布建社区公共安全视频监控点位，推进"雪亮 +"智能化应用，构建"一芯百算千视万物"社区公共空间 AI 管理系统平台，为

"人文社区·智能社会"建设注入新活力。

加强社区信息交流无障碍建设，充分考虑未成年人、老年人、残疾人等群体的基本需求和使用习惯，提供适老化和无障碍服务。优化社区智慧电网、水网、气网和热网布局，推进小区智能感知设施建设，扩大智能感知设施和技术在安全管理、群防群治、机动车（自行车）管理、生活垃圾处理等领域应用，着力打造更加便捷、安全、舒适的智慧社区环境，让居民享受到更高质量的社区生活。

二、人文智慧社区建设对"人文社区·智能社会"的发展影响深远

在新时代文明实践的指引下，本书课题组致力于将传统智慧社区升级为人文智慧社区，构建"人文社区·智能社会"共同体。探索物质与精神、现实与虚拟、智能社会与网络空间的"虚实共治、协同治理"新路径，努力为超大城市治理和智能社会治理与服务创新领域填补空白。

通过人文智慧社区的建设，本书课题组为智能社会治理实验提供了有力的理论支撑和实践参考，为推动智能社会治理体系与治理能力现代化目标的实现贡献了力量。这不仅提升了社区治理的效率和水平，也增强了居民的获得感、幸福感和安全感，为构建和谐社会奠定了坚实基础。

（一）对社区凝聚力和向心力的增强

社区作为居民生活的重要载体，其凝聚力和向心力对社区发展至关重要。人文智慧社区建设通过提供便捷高效的生活服务，显著增强社区凝聚力。系统平台优化家庭、健康、养老等核心服务，打造宜居环境，让居民感受到社区的温度与关怀。

同时，新时代文明实践与智慧社区线下服务相结合，促进居民间的互动与联系，强化社区的集体意识；增进彼此的了解与信任，强化居民的社会责任感。居民参与智慧社区建设，营造和谐宜居的社区环境，特别是与居民生活息息相关的家庭服务、健康服务、养老服务、"一老一小"关爱服务等社会化服务体系，有利于进一步增强社区共同体的凝聚力和向心力。

（二）对社区文化和社会关系的塑造

“新时代文明实践＋”深刻影响社区文化精神共同体建设，引领智能社会的“文化精神空间”发展。社区文化活动不仅传承地方文化，更搭建居民交流互动的平台，加强邻里关系，培养居民对社区的身份认同感，增强社区凝聚力。

坚持将社区文化活动与新时代文明实践、智慧社区建设相结合，利用智能科技推广社区文化活动。通过社交媒体、App 等智能平台宣传社区文化信息，提高居民参与度和关注度。根据数据反馈进行优化和改进，构建紧密的社区社会关系，为居民创造更加和谐美好的生活环境。

（三）对社区治安和矛盾化解的影响

新时代文明实践中心的建设在社区治安和矛盾化解方面扮演着重要角色。作为“社区单位”（通过优化传统社区治理结构而形成的组织体系更加缜密的“人文社区”共同体）的核心组成部分，它通过优化传统社区治理结构，形成更为缜密的人文社区共同体，有效应对社区中频发的纠纷问题。

新时代文明实践中心引领智能社会的“智慧治理”发展，创新性地整合了法院、公安、社区干部、网格员、社区精英及志愿者等多方力量，为构建和谐人文智慧社区奠定了坚实基础。借助互联网系统平台和大数据分析应用，它不仅能够及时有效地通过沟通交流化解矛盾纠纷，还能够预警和减少矛盾纠纷的发生，从而降低社区公共安全事件的风险。

（四）对传统智慧社区的提质增效

成华区、成都市广播电视台和西财天府社区治理学院等相关科研机构紧密合作成立社区治理 AI 算法实验室、智能社区与大健康服务实验室、人工智能与意识形态实验室综合开展人工智能社会实验。

新时代文明实践中心通过构建“一港三云”社区治理融媒体平台，对传统智慧社区进行提质增效。该平台聚焦六大新时代文明实践新场景，开展美好社区指数测评和社区治理人工智能研究，探索建立可量化、可感知、可分析、可追踪的“人文社区 · 智能社会”理论与实践体系。

成华区依托街道城运平台功能建设，以“云社区＋智媒体”为基础，搭建智能化子功能模块，加强社会计算应用创新，促进智能与现实社会的“虚实共治”以及物质与精神层面的“协同共治”，传统智慧社区得以提质增效，为居民提供更高效、更便捷、更人性化的服务，推动社区向更加和谐、安全、智能的方向发展。

三、新时代文明实践引领“人文社区·智能社会”治理和服务运行机制

新时代文明实践引领“人文社区·智能社会”治理和服务运行机制，是贯彻落实党的十九届四中全会精神的具体体现。该机制以共建共治共享为核心，旨在打造人人有责、人人尽责、人人享有的社会治理共同体。

在社会计算理论的指导下，本书课题组注重数据、算法和算力的有机结合。在数据方面，完善“社区公共服务大数据＋应用场景＋算法”生态体系，科学收集、整合和分析社区治理的各类数据资源，为决策提供有力支撑。在算法方面，积极探索基于文明实践、精神健康层面的AI模型，特别是在平安建设领域的应用，以提升社区治理的智能化水平。在算力方面，需要完善算力基础设施和云空间建设，降低对网络的要求和算力资源的依赖，确保治理和服务的高效运行。成都市作为“东数西算”枢纽节点，在算力、网络、运营模式和应用场景等方面优势显著，为探索集成不同特色的社区治理模型研发和社区大数据要素的流通与资产化提供了坚实基础，有利于推动“人文社区·智能社会”的创新发展。

（一）构筑多元主体共建共治共享的协调机制

社区多元参与是新时代文明实践的核心，也是“人文社区·智能社会”治理和服务创新的基石。构建多元化智能网络空间共同体，是推动智能社会发展的重要内容。

以居民为中心，积极激发社区居民的参与热情，是社区发展的根本动力。社区组织间的紧密协作与合作，能提供更多元的服务与支持；社区企业的积极参与，为社区注入经济活力；而政府的引导与支持，则为社区协作提供了坚实的保障。

（二）社区公共服务与大数据应用闭环营造机制

社区公共服务与大数据应用闭环营造机制，是“新时代文明实践+”引领智能社会建设的创新支撑机制。通过构建“社区公共服务大数据+应用场景+算法”的闭环机制，能全面收集、整合、分析社区数据，为决策提供精准、科学的支撑，推动社区治理走向智能化、精细化。

完善“一基金三联动”建设运营机制，不断激发社区居民和驻区单位的共建热情，促进社区公共服务和智慧社区的可持续发展。未来，随着大数据和智能技术的不断发展，社区公共服务与大数据应用闭环营造机制将进一步完善和优化，为构建“人文社区·智能社会”建设奠定坚实基础，助力智能社会治理体系和治理能力现代化再上新台阶。

（三）建构跨系统深度交叉的融合机制

借助人文智慧社区系统平台，将“虚实共治、协同治理”理念深入智能社会建设各个层面，实现微治理在院落层面的深化，细服务则延伸到楼栋单元。通过整合城市管理、社会治理、安全防范及社区生活服务等多元管理体系于一张电子地图，显著提升了预警分析、科学决策及统筹调度的能力，使得社区治理更加高效、精准。

在技术应用方面，综合采用 CIG、NLP、AIGC 等先进的人工智能社会计算技术，构建智慧社区的网络安全监测和预警系统，确保社区信息的安全，同时提升网络服务的便捷性和效率，为居民提供更安全、便捷的网络环境。从成华区的实践来看，龙潭等街道依托现有成熟的平安建设、微网实格等算法模型，与驻区单位、科研机构紧密合作，构建社区治理与服务算法的联合研发机制，积极探索基于文明实践、精神健康层面的 AI 模型，以此推动“人文社区·智能社会”治理精准化、服务精细化方向发展。

（四）建立公共安全与公共伦理审查机制

以“新时代文明实践+”引领，建设人文智慧社区，集成“人文社区·智能社会”共同体，必须严格遵守公共安全、信息安全、意识形态安全等法律法规，同时强化科技伦理相关的法律法规方面研究和贯彻落实。

2021 年 1 月施行的《中华人民共和国民法典》，新增科技伦理条款，规范研制新药、医疗器械或发展新的预防和治疗方法，以及从事与人体基因、人体胚胎等有关的医学和科研活动。2021 年 4 月施行的《中华人民共和国生物安全法》，对生物技术研究开发与应用活动的伦理要求作出明确规定。2022 年 1 月施行的《中华人民共和国科学技术进步法》，进一步明确科技伦理治理的相关要求。这些法律不仅为科技伦理治理提供了明确的指导，还对新药研发、医疗器械发展、生物技术研究等领域的伦理要求作出了详细规定。

中共中央办公厅、国务院办公厅印发《关于加强科技伦理治理的意见》和科技部、教育部、中国科学院等 10 部门联合发布《科技伦理审查办法（试行）》，对科技伦理治理的基本模式、监管框架、制度体系等作出顶层设计后，我国出台一系列人工智能科技伦理治理领域等重要规范性文件，这成为保障社区和谐稳定、居民权益不受侵犯的重要基石。

【本章总结】

在人工智能时代，国际社会日益构建紧密的“数字网络社会共同体”，其中智能社会作为高度信息化、网络化的形态，通过先进的技术和智能化手段实现各项社会功能的智能化管理。智能社会包含智慧城市、智能网络等多个构成空间，它们共同推动社会的智能化发展。

以人文导向加强智慧社区建设，打造人文智慧社区；以“新时代文明实践+”为引领，打造人文智慧社区共同体，集成“虚实共治、协同治理”的“人文社区·智能社会”线上线下体系，探索构建健康、和谐、高效的智能社会。

然而，智能社会治理的难点聚焦于虚拟空间。为应对这一挑战，我们必须净化智能精神空间，弘扬积极向上的网络文化，抵制不良信息，营造清朗的网络环境。同时，塑造智能文化空间也至关重要，通过推广智能科技知识，培养公众的科学素养和创新精神，推动智能文化与传统文化的融合发展。

此外，治理智能网络空间也是不可或缺的一环，我们需建立健全网络安全体系，加强网络监管，打击网络犯罪，维护网络空间的秩序和安全。

以人文导向加强智慧社区建设，打造人文智慧社区共同体，是智能社会发展的重要方向。通过集成“虚实共治、协同治理”的线上线下体系，我们可以更好地满足人民群众对美好生活的向往，推动智能社会健康、和谐、高效发展。这不仅是时代的要求，也是社会发展的必然趋势。

成都市的实践和研究启示。

第一，当前国内智慧社区发展尚处于初级阶段，存在重硬件轻人文的倾向。多数社区智慧化建设仅限于硬件拼凑，缺乏理论指导与人文关怀，导致居民参与感低。通过调研情况来看，不少智慧社区缺乏体系机制配套，被信息化公司牵着鼻子走的情况非常普遍。

第二，智慧社区建设是社区治理的重要提升手段，绝非单一的信息化工程。它要求技术升级的同时，更需坚持人文导向和理论指导、思想引领和服务支撑。缺乏智慧治理理论指导，导致缺失科学的顶层设计，过度依赖技术而忽视人文关怀，会削弱居民的参与感和体验感，甚至引发反感和抵制。因此，在智慧社区建设中，必须注重人文关怀，融合技术与理论，以更好地满足居民需求，提升社区治理水平。

第三，在人文智慧社区建设中，如何借助信息技术满足居民个性化、多样化需求，同时引导其积极参与，构建多方协同治理的人文体系是重要课题。尽管新公共管理、社区善治等理论得到应用，但由于缺乏跨系统、跨领域、跨部门、跨学科的跨界融合研究研发支撑，智慧社区“人文导向”较弱。因此，推动跨界合作与研发，是提升智慧社区人文性的关键。

第四，以“新时代文明实践+”作牵引，深入践行社会主义核心价值观，构建“社区公共服务大数据+应用场景+算法”数据生态体系，完善社区公共服务、志愿服务等线下驱动力量，系统深入开展社区治理人工智能算法应用研究，探索智能网络空间文明实践、打造智能文化精神空间等创新举措的做法还不多见。

第五，成都市在“智慧蓉城”建设中，以新时代文明实践为指引，融合公共服务、文明志愿服务与居民服务，探索精准化、精细化线上线下融合机制，打造“人文社区·智能社会”，建立法治与伦理审查机制，创新“虚实共治、协同治理”，走在全国前列。

第三章
新时代文明实践引领智能网络空间推进智能社会治理创新

智能社会治理的难点在于虚拟空间，净化智能精神、塑造智能文化、治理智能网络，是时代的召唤和社会发展的必然。在全息信息社会，智能网络空间文明对中华民族现代文明建设至关重要。新时代需探索智能网络空间的文明实践路径，宣传正能量，塑造正确价值观，营造健康氛围。推进智能网络空间文明建设，是提升社会文明程度的关键举措，也是全面建设社会主义现代化国家的必要任务，对于促进国家文明进步具有重大意义。

智能网络空间治理面临多重挑战：现实与虚拟空间的发展失衡、网络安全威胁频发、人文价值观共识缺失、规制不健全以及秩序亟待构建。由此可见，智能网络空间的依法治理和文明实践极端重要，其建设事关党对意识形态领域的全面领导，事关我国的网络安全和信息化工作，事关我国经济社会和科技的健康发展，事关我国优秀传统文化的继承和弘扬。加强智能网络空间文明建设，社会主义核心价值观塑造，是加快推进国家治理体系和治理能力现代化的必由之路。

本章聚焦智能网络与虚拟社会，作为智能社会治理与服务创新的虚拟基础。以成都市立足“新时代文明实践引领智能网络社会建设”，阐释虚拟社区问题，为后文“人文社区 · 智能社会”治理与服务创新及“虚实共治”铺垫。同时，分析智能网络空间治理面临的挑战，包括发展失衡、安全威胁、价值观共识缺失、规制不全和秩序待建，强调虚拟社会建设与网络文明实践的价值与意义。

同时基于国内外文献，深入分析了智能网络空间文明及“虚拟社会”的内涵、特点与发展。结合成都等城市文明建设、智慧社区治理及社会主义核心价值观创新实践的成果，依托“智慧蓉城”平台，提出构建“社区公共服务大数据 + 应用场景 + 算法”数据生态体系，并探索智能社会与网络空间虚实共治、文明实践路径，旨在为其他地区提供借鉴与启示。

第一节　智能网络空间与虚拟社会关系研究

虚拟社会和网络空间存在的主要问题包括：网络信息的真实性难以保障，虚假信息和谣言易于传播，导致公众判断失误；网络空间成为滋生社会矛盾的土壤，网络群体性事件频发，影响社会稳定；网络违法犯罪活动层出不穷，手段翻新，严重危害网络安全和人民利益；网络低俗文化泛滥，污染网络环境，对青少年健康成长造成负面影响。

面对这些问题，成都市以文明实践为导向，积极推进网络空间治理。一方面，加强网络文明建设，弘扬社会主义核心价值观，提高网民文明素养；另一方面，完善网络法律法规，强化网络监管，打击网络违法犯罪行为。同时，成都市还注重发挥网络在推动经济社会发展和服务民生方面的积极作用，推动网络空间与现实社会融合发展，构建线上线下良性互动的社会治理新格局。这些实践为其他地区提供了有益借鉴和参考。

一、基本概念研究

（一）智能网络空间及其基本内涵

一般意义上的“文明”指的是人类社会的进步状态，是“人类改造世界的物质和精神成果的总和，是社会进步和人类文明健康有序发展呈现出的状态”。由此，智能网络空间文明的基本内涵可以这样描述：在信息网络社会条件下人类社会文明发展的新形态和新领域，是人类社会进入信息网络社会后的进步状态及其在网络空间集成的积极成果。人类的进步状态体现在经济、政治、文化三大基本领域。智能网络空间也体现在三个方面。

第一，网络物质文明，指人类以计算机网络为基础的物质生活的进步状态，体现在以经济稳定、社会和谐有序、人民生活幸福美满等为主要内容的网络物质文明的发展。

第二，智能网络政治文明，指以计算机网络为基础的政治生活的进步状态，体现在以维护国家统一安全，社会发展健康有序，人民幸福安康等为主要内容的网络政治文明的发展。

第三，网络精神文明，指以计算机网络为基础的精神生活的进步状态，体现在以网络言论客观公正，网络环境健康清朗，网民交往有序，促进物质文明高质量发展等为内容的网络精神文明的发展。

（二）虚拟社会及其基本内涵

虚拟社会有广义与狭义之分，网络虚拟社会是指我们通常所说的狭义的虚拟社会。目前，我们对于网络虚拟社会的认识还未形成一致的看法，在实践中还需要进一步探索研究。

第一，本书所指的网络虚拟社会采用如下解释，即实践主体在计算机网络技术与虚拟现实技术融合的基础上，通过虚拟实践创造出来的以光电、声、色、影为表现形式，以网络交往形成的社会关系为框架，依托人类文明成果，对现实世界和非现实之物进行数字化编码而建构起来的人文空间，也是人类信息交流、情感释放、知识生产的新型社会空间。

第二，在网络虚拟社会中，“现实人”转变为“虚拟人”，对现实社会而言，虚拟社会成员身份具有较高的隐蔽性，宣传和治理服务难度极大。网络虚拟社会具有虚拟性、开放性、自由性、复杂性等特点，必须坚持从立法监管、网络道德自律、政府部门监管、非政府组织参与和国际合作等方面入手打造清朗健康的智能网络空间，线上开展文明实践宣传、线下推进志愿服务、公共服务等活动，扎实推进智能网络空间文明实践。

二、网络虚拟社会伦理道德构建存在的问题

（一）虚拟性容易导致道德伦理失范

与传统社会相比，网络虚拟世界将人转化为数字与符号，这种虚拟的本质使人的一切属性都呈现出数字化的特点，人与人之间从某种意义上讲

是一种符号化的交往方式。这种交往方式失去了感性现实社会中人与人之间的温情脉脉，而是一种冰冷的数字、符号，容易导致道德伦理失范，甚至出现网络暴力和违法乱纪行为。

（二）开放性容易导致道德虚无主义

网络虚拟社会是一个敞开的多元化世界，网络信息的内容反映的是一定国家或地区的文化传统，社会价值观念和社会制度。网络的开放性使人们很容易上网交流，世界各地和各家各派的学说在网络上自由碰撞，使网络文化以几何级数的形式发展，因而网络中各种各样的道德观念并存和交融。

网络道德的多源性不可避免地导致道德冲突，多元价值观念也容易使网络主体的道德相对主义和道德虚无主义思想盛行，甚至被别有用心的人和组织进行意识形态渗透，造成智能网络空间价值观混乱。

（三）自由性容易导致失去应有社会责任

网络虚拟社会是自由的社会，给人们的行为提供了极大的自由度，人们可能摆脱了现实社会法律、规章制度和道德伦理的约束，甚至觉得自己的精神世界在网络中彻底放飞了，获得了所谓的"自由"。

从调研的情况来看，在这种超脱现实的情感和欲望的冲动下，一些人容易遗忘自己的社会角色、社会地位和应有的社会责任，出现违背道德，甚至触犯法律的行为。此类案例时有发生，由此引起的道德失范问题也愈来愈多，甚至愈演愈烈。这种不良的状况不仅破坏智能网络空间文明秩序，而且会波及社会的正常运转。

三、网络虚拟社会道德构建初步研究

（一）厘清网络虚拟道德与现实道德的关系

虚拟社会的基础在于现实社会，是现实社会的发展和智能网络空间延伸，两者交融共存、互相补充，共同构成人类基本的生存环境。虚拟社会是对现实社会的延伸与补充，是在真实的现实社会中建立起来的，是现实社会电子意义上的延续。网络虚拟社会的生活是从现实社会中分化出来的。

虚拟社会中存在的各种关系，包括道德关系，从本质上讲是对现实社会各种关系的一种折射。这种关系不是一种虚无或虚幻，而是一种真实存在，只是它与物理现实社会中的形态不同，是一种以数字和符号构成的存在。网络虚拟道德的产生也是如此，网络社会的形成与发展是其产生和发展的现实基础。

（二）明确网络虚拟道德建构的必要性

智能网络社会秩序的整合是一个综合性的社会互动工程。这里既有网络本身的技术因素的防范，还有社会因素的政策、法律法规、伦理道德规范等。从技术手段来说，用技术来防范网络社会中出现的道德失范，虽然会取得一定的效果，但是并不能从根本上解决问题。

网络伦理之于网络发展的必要性，并不仅仅是因为技术、法律、经济手段的缺陷，而是因为网络伦理具有独特的作用与现实意义。面对网络发展速度快，新问题层出不穷的现状，除用法律来调节网络秩序之外，还需要综合利用道德伦理、文明实践、市场机制等，以此来凸显网络伦理存在的必要性。

（三）加强网络虚拟社会道德建构的文明实践

在网络虚拟社会道德伦理的理论层面，要正确认识科技理性与价值理性良性互动关系。作为科学技术产物的网络是一个事实领域的东西，它在价值领域并不作“该不该”的判断。也就是说，网络技术是一种强大的工具和力量，是促进智能网络空间健康发展还是破坏网络伦理建设，取决于人的伦理道德价值取向。

打造清朗健康的智能网络空间，必须深刻理解社会主义核心价值观的内涵，践行新时代文明实践，借助人类特有的伦理智慧和道德精神的指引，才能防止人们在研究与运用中的急功近利，把技术的“不确定性”对社会可能造成的危害降到最低限度。

第二节　新时代文明实践在虚拟社会建设中的作用

互联网开辟了精神文明建设的新时代、新空间。网络诚信缺失、网络暴力盛行、网络理性不足、网络道德失范等问题制约着网络虚拟社会精神文明建设。克服网络虚拟社会的无序与失范，除需要进一步完善网络安全技术管理手段外，还需要全面加强网络虚拟社会精神文明建设。应树立正确的网络价值观，提升网络舆论引导能力，建立完善的网络法律法规体系，构建健全的网络道德体系，创新公共服务与志愿服务融合发展体系。

从成都市的实践来看，成都市立足"新时代文明实践引领智能网络社会建设"，不断完善"社区公共服务大数据 + 应用场景 + 算法"数据生态体系和社区公共服务系统平台，同时通过开展智能网络空间文明实践活动，提升网络生态文明主体的综合素养，将网络空间建设成为新时代精神文明建设的主阵地，积极探索"人文社区 · 智能社会"治理与服务理论实践创新，促进虚拟社会与现实社会的良性互动和"虚实共治"。

一、当前智能网络空间建设的主要问题分析

（一）网络管理的法律法规不健全

目前我国已初步形成了覆盖网络与信息安全、电子商务、电子政务、互联网治理、信息权益保护等信息社会核心领域的法律法规体系，各种社会主体的网络法治意识不断强化并发挥重要作用。

但是，我国网络管理方面的立法主要是由部门规章、地方性法规以及行政机关制定的其他规范性文件构成，一些重要领域法律法规缺乏，网络与信息安全面临巨大挑战。比如，一些法律法规制定的时间较久，不能及时跟上网络社会的快速发展；网络建设、安全、秩序等宏观机制建设方面的指导意见较多，而具体操作细则较少，不利于形成风清气朗的网络生态环境。

（二）网络媒体社会责任不到位

当前，互联网新媒体发展日新月异，微博、微信、QQ 和新闻客户端

等新兴媒体已经成为信息传播的重要方式和人们获取信息的重要渠道。作为人们学习知识和了解世界的重要窗口，网络新媒体发挥着价值输出功能，日益成为智能网络空间建设的重要阵地。

第一，从现实情况来看，在巨大的商业利益驱动下，一些网络媒体为了提高自身点击率和关注度，不惜利用网络虚拟性和隐蔽性的特点，大肆传播虚假消息、历史虚无主义等不良信息。

第二，有的网络媒体违背职业操守，罔顾事实，利用网络热点蹭流量、大肆炒作误导群众。

第三，有一些自媒体搜寻盯住社会热点、焦点问题挑拨发酵和发布错误言论，误导广大网民，甚至干涉司法工作。

（三）智能网络空间素养教育不到位

网民网络素养是形成健康、清朗网络环境的重要基础，也是互联网长远发展、建设网络强国的必要因素。网络素养是在智能网络空间里人们共同遵守的，用以规范传播内容的行为准则及道德规范。

通过网络素养教育，能够帮助网民树立正确网络观和理性自律、文明表达的意识，促使广大网民自觉遵守法律法规，坚守网络道德准则，规范网络行为，增强自我管理、自我约束的能力，从而有助于形成健康有序、文明和谐的智能网络空间环境。

二、加强智能网络虚拟社会文明实践的紧迫性

（一）新时代文明实践引领虚拟社会的价值观与道德观

1. 新时代文明实践是加强宣传思想工作的内在要求

开展新时代文明实践，是以习近平同志为核心的党中央从工作全局出发作出的重大决策，是基层宣传思想工作守正创新、开创新局的战略举措。

新发展阶段，准确理解和把握新时代文明实践的价值意蕴，对于进一步加强和改进基层及网络空间宣传思想工作，加深对新时代宣传思想工作规律性认识，促进全体人民在理想信念、价值理念、道德观念上紧紧团结在一起，提升网上网下对党的政策理论宣传的知晓率和满意度，切实让党

的方针政策走入寻常百姓家，为服务党和国家事业全局作出更大贡献。

2. 新时代文明实践是推动基层治理现代化的必然要求

2017 年 12 月，习近平总书记在中共中央政治局第二次集体学习时强调“要运用大数据提升国家治理现代化水平”。其指示为推进国家治理体系和治理能力现代化指明了方向。要充分运用互联网、大数据、人工智能等新技术手段，强化“互联网 +”思维，以信息化全面提升国家治理能力现代化水平。

第一，党的十九届四中全会对坚持和完善中国特色社会主义制度、推进国家治理体系和治理能力现代化作出重大战略部署，充分体现了我们党先进的执政理念和高度的制度自信。党的十九届五中全会将“社会治理特别是基层治理水平明显提高”列入“十四五”时期经济社会发展主要目标。

第二，在网上网下两个空间持续深入开展新时代文明实践，不断提升人民思想觉悟、道德水准、文明素养和全社会文明程度，进一步健全党组织领导的自治、法治、德治相结合的城乡基层治理体系，切实打造人人有责、人人尽责、人人享有的社会治理共同体。

3. 新时代文明实践是提升虚拟社会文明程度的现实需求

2018 年 10 月，习近平总书记在中共中央政治局第九次集体学习时指出，“要加强人工智能同社会治理的结合，开发适用于政府服务和决策的人工智能系统”“运用人工智能提高公共服务和社会治理水平”。人工智能是新一轮科技革命和产业变革的重要驱动力量。

数字文明已成为最活跃的文明形态，不仅带来新技术、新观念、新模式，并且深刻地改变了国家治理方式、人民的生活方式和社会经济形态。智能网络空间越来越多地成为宣传工作和基层治理的重要阵地，线上文明实践阵地建设也日益迫切。

（二）智能网络空间建设的实践措施

1. 加快网络法治建设宣传

法律是道德的底线、法治是文明的保障，网络法治是智能网络空间的基石。不同于传统法治，网络法治因其在规范对象、权利主体、数据关系、惩处方式等方面的特殊性而给法学理论和法律实践带来了新的挑战。

第一，成都理工大学文法学院智慧治理研究中心加强网络信息数据、信用法律法规建设、科技伦理规范等研究，为推进相关领域立法提供参考。

第二，成都市有关单位通过实施国家智能社会治理实验综合基地建设，注重以法治方式保障国家网络安全与个人信息安全、新时代文明实践与人工智能技术应用融合，总结成都市智能社会治理新模式和智能网络空间建设中存在的问题，积极为网络空间舆论监管和执法流程规范等政策与制度制定等提供支撑。

2. 抓好网络空间道德建设宣传

抓好网络空间道德建设，对规范网络社会行为、调节维持网络社会关系及秩序有着重要作用，是维护社会和谐稳定的必然要求和重要保障。

第一，武汉大学网络传播与社会治理研究中心聚焦加强网络空间道德建设，提出首先要强化社会主义核心价值观宣传，注重网上道德示范引领，做“活”道德模范宣传，奏时代强音，除杂音噪声，为网络空间道德建设树立“风向标”。

第二，西财天府社区教育与治理创新研究院（社区继续教育学院）、康养学院组织专门小组，聚焦构建新时代文明实践“一街百站千景万家”宣传生态体系，贴近社区居民，尤其是贴近年轻网民需求，以个性化制作、可视化呈现、互动化传播等适应新时代、群众喜闻乐见的形式，切实推进虚拟网络空间道德宣传入脑入心。

3. 重视网络诚信建设宣传

网络媒体应肩负诚信文化传播、理念践行与建设守护的重任。针对网络失信问题，须加强专题宣传与治理，严密监督网络空间，用信用记录引导行为。同时，推动建立统一社会信用制度，形成守信激励与失信惩戒的长效机制，共同营造诚信网络环境，促进网络空间健康有序发展。

成都市智慧城市治理研究会与成都市广播电视台等，积极构建智能社区线上线下场景，通过“文明银行”“我的文明网络故事”等行动计划，深化诚信宣传教育。他们大力宣扬诚信人物、企业及群体，创新推介智能网络空间诚信达人的先进案例，以场景案例推动网络空间文明建设，促进线上线下社区和谐共生，为智能社会治理树立新标杆。

4. 加强网络空间管理规范宣传

网络空间是人民群众日常生活的一部分，追求文明、法治、安宁的网络空间交流与应用，加强网络空间行为规范是实现人民对美好生活需要的必然要求。强化网络平台责任，加强网站平台社区规则、用户协议建设，引导网络平台增强国家安全意识。

加强互联网行业自律，坚持经济效益和社会效益并重的价值导向，督促互联网企业积极履行社会责任。成华区结合文明城市建设发挥行业组织引导督促作用，促进行业微信公众号等宣传平台健康规范发展，鼓励支持各类网络社会组织参与虚拟社会空间文明建设。

5. 深入开展智能网络空间建设

智能网络空间建设是新时代文明实践的关键领域。作为虚拟社会的重要构成，新媒体网络在现实与虚拟的交融中扮演着“虚实共治、形态服务”的重要角色。

成都市紧跟“互联网+”时代步伐，由成都市广播电视台、四川创新社会发展与管理研究院与成华区共同创新“两中心一平台”及“一街百站千景万家”等融媒体新模式，利用微信、短视频、移动客户端等渠道，积极倡导网络道德，弘扬智能网络空间正能量。此举不仅探索了在虚拟社会传播社会主义核心价值观的新路径，更推动了智能社会精神文明建设的创新突破，为网络空间治理提供了有力支撑。

6. 加强网络行为规范建设宣传

网络空间行为规范须与道德规范相辅相成，培育契合社会主义核心价值观的网络伦理和行为准则至关重要。特别应重视提升青少年网络素养，增强其正确用网和安全防范意识。

虚拟社会中，言论、传言、虚假信息等网络行为须线上线下协同引导和监管，依法治理，以维护智能网络空间秩序。同时，创新线上线下宣传服务机制，规范网络用语，倡导文明交流，引导公众文明上网。推动志愿服务制度化、常态化，让文明实践中心焕发活力，确保网络空间成为传播正能量、促进社会和谐的重要平台。

7. 推动网络空间与现实社会的有机结合

新时代文明实践应深化与虚拟社会的互动，实现线上线下服务与社交的有机融合。成都市广播电视台与成华区等单位携手开展“新时代文明实践＋”智能社会与网络空间融合治理创新，整合社区公共服务大数据、人文智慧社区、融媒体等资源，打造“社区公共服务大数据＋应用场景＋算法”的生态体系，以及虚拟与现实社区“协同共治、融合服务”的智慧机制。此举旨在吸引更多群众参与，形成虚实共治、线上线下良性互动的良好局面，共同推进网络空间文明建设，不断提升其文明程度，为构建清朗网络空间贡献力量。

（三）新时代文明实践在虚拟社会建设中的引领应用

新时代文明实践在虚拟社会中的具体体现，主要展现在志愿服务与网络平台、社交媒体等渠道的深度融合上。以下是几个主要方面的体现。

第一，志愿服务在虚拟社会中发挥了至关重要的作用。志愿者们通过智慧社区、网络平台以及社交媒体等多元化的渠道，为网民提供了丰富多样的服务和帮助。他们积极回应网民的需求和关切，不仅在现实生活中传递了正能量，也在虚拟社会中播撒了文明的种子。

第二，新时代文明实践强调线上线下的有机融合。志愿者们将线下的实际服务与线上的虚拟社交紧密结合，形成了一种全新的服务模式。这种服务模式不仅提升了服务的效率和质量，也使得更多的群众能够参与志愿服务，共同推动网络空间的文明建设。

第三，志愿服务在推动“社区公共服务大数据＋应用场景＋算法”数据生态体系建设方面也发挥了积极作用。志愿者们通过收集和整理社区公共服务数据，为数据生态体系的建设提供了有力的支撑。同时，他们也积极参与社会计算等工作的开展，为提升社区服务的智能化、精准化水平作出了贡献。

第四，志愿服务为虚拟社会提供了更广泛、更便捷的社会参与服务路径。通过网络平台和社交媒体等渠道，志愿者们能够更快速地了解网民的需求和反馈，从而及时调整服务内容和方式，提升服务的针对性和实效性。这种参与方式不仅拓宽了社会服务的覆盖范围，也增强了社会服务的互动性和参与性。

综上所述，新时代文明实践在虚拟社会中具体体现在志愿服务与网络平台的深度融合、线上线下的有机融合、推动数据生态体系建设以及提供广泛便捷的社会参与服务路径等方面。这些实践不仅提升了网络空间的文明程度，也为构建更加和谐、美好的社会氛围奠定了坚实基础。

（四）成都市探索新时代文明实践引领“智能网络空间治理”初步研究与部分实践情况

自2020年以来，成都市在推进社区治理与服务创新方面取得了显著成效。通过坚持党的意识形态引领，结合网络安全、法律法规和伦理风险防范等规范要求，成都市各有关单位紧扣“新时代文明实践+”主题，以“智慧蓉城”城运平台为支撑，积极探索并实践了一系列创新举措。

1. 探索提出“人文社区·智能社会”治理和服务创新模式

为深入开展智能社区与网络空间融合治理人工智能实验工作，成都理工大学文法学院、四川创新社会发展与管理研究院、西财天府社区治理学院、成都市广播电视台等机构的专家学者联手成立“跨界融合”课题组，紧扣“新时代文明实践+”主题，立足民政部立项的“社区公共服务大数据工程体系与互联网背景下新型政社互动关系机制构建”课题成果，展开系统而深入的探索。

课题组提出围绕“五个层次需求、五个推进阶段、五个特色场景、五个支撑体系”的全方位研究框架，旨在满足居民在平安、服务、治理、组织、人文等多方面的需求，推动社区治理与服务向智能化、人文化方向发展。这一创新举措不仅丰富了社区治理的手段和方式，也提升了居民对于新思想新理论的认知度和接受度。

2. 推动完善城运平台社区公共服务系统功能

在推动完善城运平台社区公共服务系统功能方面，成都市成华区以“智慧蓉城”街道城运平台为核心，整合了“云社区+智媒体”等多元系统平台，构建了一套“一图三e”新型智慧社区治理体系。这一体系不仅注重技术的智能化，更强调服务的人性化，让居民感受到温暖与关怀。

搭建“大联动·家空间”人文智慧社区人工智能实验平台，通过大数据、应用场景与算法的深度融合，不断完善社区公共服务数据生态体系，探索智慧治理的能力和水平。同时，探索虚拟与现实、物质与精神、智能与网络空间的“协同共治”新路径，不仅努力在技术层面实现突破，更注重在理论指导和实践创新上取得新成果，为构建更加和谐、智能、人文的社区环境贡献力量。

3. 探索智能社会与网络空间融合依法治理的新路径

在探索智能社会与网络空间融合依法治理的新路径方面，成都市以“健康、友好、幸福”文明实践为主题，依托“智慧蓉城”城运平台及“两中心一平台”，有效整合智慧民政、智慧城管、智慧养老、智慧教育、智慧健康等多项系统功能及公共服务资源。

通过研发构建“一街百站千景万家”基层宣传与社会服务体系，建立线上线下协同宣传与治理服务机制，使得新思想新理论能够更加深入地“入社区、到院落、进家庭”，深入开展人工智能社会实验，以期在智能社会与网络空间融合治理的理论、路径、机制、制度设计、标准规范等方面取得突破，探索出适合本地实际的经验模式，为其他地区提供有益的借鉴和参考。

4. 促进基层文明宣传与智能网络空间的融合发展

成都市通过“学习强国”主题街区、学习小站以及新时代文明实践站等，线下吸引了约 1500 家单位和超过 20 万人次的各类群体前往参观考察，线上充分利用智能网络空间的优势，通过街区公众号、文明实践公众号等线上渠道，浏览学习及预约服务的人数已经超过 1015 万人次，“学习强国”成都平台的订阅数更是高达 1800 万 + 。

这些成果充分证明了“新时代文明实践 + ”创新的巨大成效。社会公众的积极参与，不仅丰富了社区公共服务的内容，扩大了志愿服务的覆盖范围，更为深入开展智能网络空间文明实践奠定了坚实基础。

三、新时代文明实践满足广大网民对美好生活的向往

（一）新时代文明实践在社会治理领域的引导作用

第一，新时代文明实践的目标在于通过各类文明活动的广泛参与，培

育和弘扬社会主义核心价值观，增强社会凝聚力，倡导和弘扬新风正气，推动移风易俗，引导社区社会组织参与制定村规民约、居民公约和创建文明家庭等活动，有助于构建和谐社会，进一步推动中国特色社会主义事业的全面建设。

第二，新时代文明实践以习近平新时代中国特色社会主义思想为指导，通过广泛宣传和贯彻习近平总书记关于基层治理的重要论述精神，引导社区社会组织充分发挥作用，推动社会主义核心价值观在社区落地生根，提升人们的道德观念和文明素养，推动社会的文明进步。

第三，通过推动社区社会组织开展各类活动，丰富了居民的精神文化生活，提供了便民服务，提高社会文明程度和社会文明素养，同时不断补充“社区公共服务大数据 + 应用场景 + 算法”数据生态体系的社会数据来源。社区居民通过参与文明实践活动，增加了社会交往和互动，加强了对社区的归属感，增强了社区的凝聚力，促进全社会的和谐发展。

（二）网络文化产品供给与满足人民群众美好生活的需求

随着虚拟社会的发展，网络空间中的文化产品变得越来越丰富多样，为人们的生活提供了更多选择和便利。要实现网络文化产品的供给与满足人民群众美好生活的需求，需要多方面的努力和措施。

第一，在供给方面，需要优化有效供给机制，提供更加丰富、精准、优质的服务。比如，围绕“社区公共服务大数据 + 应用场景 + 算法”数据生态体系建设，加强文化、教育、医疗、助老、法律等领域的供给，扩大网络志愿服务的供给，开展关爱特殊人群、远程支教、心理疏导等服务。

第二，在政策方面，需要建立健全相关政策法规，引导网络文化产品的创新、生产和发布。同时，要加大对网络文化产品的监管力度，确保其合法合规、健康有序。

第三，对于创作者来说，需要鼓励和支持他们的创新和创作。通过提供多样化的创作平台、丰厚的经济回报和专业的技术支持，激发和培养更多的优秀创作者。

第四，对于社区居民而言，需要增强其文化素质和意识，引导他们正确使用网络文化产品，培养正确的价值观和审美观。同时，要保护用户的合法权益，加强用户隐私保护和信息安全。

第五，网络文化产品的供给也是一个社会整体的问题。政府、企业、社会组织和个人都需要共同努力，共同推动网络文化产品的健康发展，实现人们对美好生活的向往。

（三）新时代文明实践对网络经济发展的积极影响

新时代文明实践对网络经济的发展产生了积极影响，通过线上线下相结合的方式，将传统的文明实践更好地融入网络经济中，推动虚拟社会文明和谐。

第一，新时代文明实践通过宣讲活动的开展，宣传党的创新理论和社会主义核心价值观，引导社会网络的健康发展。通过社区讲堂、书画摄影宣讲以及网络直播宣讲等形式，将理论与个人利益结合，润物细无声让群众感受到理论的温度和魅力，形成良好的网络社会氛围。

第二，新时代文明实践注重培育和践行社会主义核心价值观，通过宣传社会主义核心价值观，引导人们树立正确的价值取向，弘扬积极向上的道德风尚。例如，成都市成华区、龙泉驿区实施“文明实践 +”和“一街百站千景万家”社会宣传与民生服务活动，构建了数字文创、公益创投等参与平台，促进了网络经济的健康发展。

第三，通过开展各种线上线下的志愿服务、生活服务等公益性活动，不断完善“社区公共服务大数据 + 应用场景 + 算法”数据生态体系建设，引导广大群众在虚拟社会中参与公益事业。

四、推动新时代文明实践和智能社会治理与服务创新

（一）新时代文明实践促进虚拟社会治理创新

新时代文明实践引领虚拟社会的社会治理创新，通过开展各类志愿服务、公共服务等活动，吸引群众积极参与线上线下的文明实践活动，统一认识，共同推动虚拟社会的发展与治理创新。

第一，通过将社会主义核心价值观和先进文化要义融入文明实践志愿服务，可以传播文明理念，弘扬时代新风，提升人们的思想道德素质。

第二，广泛发动基层群众参与，构建活跃的志愿者队伍，可以促进志

愿服务的便利化和普及化，通过合理的激励机制激发更多群众的参与热情。通过完善整合联动机制，统筹规划各项志愿服务活动，可以形成合力和焕发活力。

第三，将群众需求作为导向，关注乡村振兴战略任务，加强文化、教育、医疗、助老及法律等领域的供给，有利于推动构建“社区公共服务大数据+应用场景+算法”数据生态体系，实现精细化服务和在线关爱服务，使社区群众均衡享受到文明实践的成果，对推动虚拟社会的社会治理创新具有积极意义。

（二）新时代文明实践对虚拟社会的道德建设和文明素养提升的重要性

新时代文明实践对于虚拟社会的道德建设和文明素养提升具有重要意义。通过新时代文明实践，培养人们的道德观念和社会责任感，从而促进在虚拟社会中形成共同的行为规范和道德准则。

第一，鼓励各界群众积极参与社会实践活动，使虚拟社会成为一个积极、文明的交流平台，不断提升人们的文明素养，增强社会公德和个人修养，促进虚拟社会发展，实现“虚实共治”。

第二，通过志愿服务来培养人们的社会责任感和道德观念，通过引领虚拟社会形成共同的价值观念和行为规范，推动虚拟社会的良性发展和治理、规范管理。

（三）新时代文明实践引领虚拟社会健康发展的意义和措施

新时代文明实践对于辅助虚拟社会健康发展有着重要意义，其作用在于引导虚拟社会形成良好的价值导向和文化氛围，提升虚拟社会成员的道德素质和文明意识。

第一，虚拟社会作为现代社会的组成部分，为人们提供了便捷的信息获取和社交交往平台，但同时也带来了一系列问题，如网络安全、信息传播失控和文化价值滑坡等。

第二，通过开展新时代文明实践，可以通过各种活动和志愿服务引导虚拟社会成员树立正确的世界观、人生观和价值观，推动虚拟社会形成良好的价值导向和文化氛围，为人民群众提供更便捷的服务和更丰富的文化体验。

五、虚实共治理论促进智能社会治理与服务初步研究

（一）虚实共治理论的形成与发展

虚实共治理论在智能网络社会的发展过程中兴起和不断发展，在新时代文明实践中进一步得到提升，为推动“人文社区·智能社会”治理与服务创新等工作提供了思路和方式。发展虚实共治理论，并探索虚拟社会与现实协同共治的必然选择。

第一，智能时代加强网络空间建设，促进了精神文明与物质文明的融合发展，充分发挥网络的正能量，推动网络强国建设，为虚实共治理论的形成与发展提供了重要的方向和思想指导。

第二，《关于加强智能网络空间建设的意见》等政策文件进一步明确了智能网络空间建设的指导思想、工作目标、主要任务和保障措施。各地区、各部门积极开展了智能网络空间实践活动，开展革命传统教育、宣传优秀传统文化、培育健康网络文化等举措，不断提高广大网民的网络素养和文明素质。

第三，随着技术的不断进步，虚实共治理论应用深入发展。比如，加强网络安全保护、加强网络诚信建设、加强网络执法和治理，有效遏制了网络暴力、网络谣言等不良现象，使网络空间变得更加安全、健康和有序。

第四，大数据、社会计算等技术的发展，以新时代文明实践中心建设为平台有利于完善“社区公共服务大数据+应用场景+算法”数据生态体系，为“人文社区·智能社会”、智能网络空间文明实践创新工作提供条件。

（二）以人为本开展虚实共治实践

新时代文明实践引领虚拟社会与虚拟社交中的“虚实共治”理论与实践，核心原则是以人民为中心，强调凸显人民的主体地位。坚持以人民为中心的工作导向，通过调动人民群众的积极性和主动性，让新时代文明实践活动贴近人民、服务人民、引领人民，以提升人民的思想、道德和文明素养。

第一，坚持创新发展、协调发展、绿色发展、开放发展和共享发展的理念，将“生态文明”融入文明实践中心建设，注重共享发展，以人民的获得感、幸福感和安全感为评价标准。成都市广播电视台、成华区、四川创新社会发展与管理研究院等在实践中注重创新思路，总结经验，探索新模式，努力推动新时代文明实践中心建设的创新发展。

第二，从成都市等地的实践情况来看，“虚实共治”理论与实践，突出了以人民为中心、注重调动人民群众的积极性和主动性，弘扬中华优秀传统文化，提升公共服务水平，推动构建“社区公共服务大数据 + 应用场景 + 算法”数据生态体系虚实共治系统平台，为虚拟社会与实体社会的协同治理注入原动力。

（三）虚实共治理论在智能社会治理与服务中的重要作用和启示

虚实共治理论在社会治理、文明实践创新等工作中发挥着重要作用，为推动社会治理的协同性和整体性起到了积极的引导作用。

第一，通过宣传和践行社会主义核心价值观，虚实共治理论能够凝聚人心、成风化人，引导群众形成正确的价值观念和行为习惯。虚实共治理论在“人文社区 · 智能社会”建设应用中具有重要的意义。

第二，通过构建新时代文明实践中心体系，整合社会资源和力量，构建“社区公共服务大数据 + 应用场景 + 算法”数据生态体系，搭建“虚实共治”系统平台和界面，实现智能社会治理的高效与优质。

第三，依托网络平台，通过网络赋能和线下激励相结合，形成整体合力，提供便捷服务并激励志愿者参与，有助于推动文明实践工作，提升社会治理水平。

第三节　智能网络空间建设和虚拟社会治理与服务初步研究

坚持“党委领导、政府管理、企业履责、社会监督、网民自律”等多主体参与原则，对于构建智能网络空间建设工作格局至关重要。这一原则确保了网络空间治理的全面性和有效性，通过各主体间的协同合作，形成了网络治理的强大合力。

通过深入开展新时代文明实践活动，积极引导广大群众在虚拟社会中树立正确的价值观，传播正能量，抵制不良信息，创造出一个文明和谐的网络环境。同时，推动社区社会组织参与网络空间建设，进一步拓宽网络治理的参与面，提升网络治理的效能。

这些举措不仅有助于实现网络环境的净化和综合治理，还为构建和谐网络提供了重要支撑和保障。在一个健康、有序、文明的网络空间中，人们可以更加便捷地获取信息、交流思想、表达意见，推动社会进步和发展。

一、加强虚拟社会中的智能网络空间建设

（一）网络文化和行为规范的引导

智能网络空间在培育网络文化的过程中，需要加强对网络文化产品的监管，引导网民形成正确的网络审美观和良好的价值观。培育健康向上的网络文化和规范行为，可以引导广大网民遵循网络道德规范，维护网络秩序和社会稳定。

第一，网络文化和行为规范的引导是推进智能网络空间建设的重要内容。需要加强网络行为规范的宣传教育和监管执法，制约网络不良行为，打击网络犯罪，保护网络用户合法权益。

第二，网络文化的培育是智能网络空间建设的核心任务之一。健康向上的网络文化可以为网民提供积极向上的精神食粮，弘扬社会主义核心价值观，传播正能量。

第三，网络行为规范的引导是智能网络空间建设的重要保障。通过加强网络行为规范的宣传教育，可以让广大网民了解正确的网络行为规范，增强自我约束意识，遵守法律法规，维护网络秩序。

第四，完善法律法规，加强监管执法是智能网络空间治理的重要保障。打击网络不良行为和网络犯罪，保护网络用户的合法权益。加强网络行为规范的引导既需要广大网民自觉遵守，也需要相关部门加大监管和执法力度。

（二）网络诚信建设和行为准则的形成

虚拟社会与现实社会存在相互依存的关系，需要通过共同的治理来实现共同发展。网络诚信建设和行为准则的形成是当前建设新时代文明实践中心面临的关键问题之一。

第一，通过整合虚拟社会和现实社会资源，加强社会治理和网络诚信建设，使实现虚实共治成为必然。网络诚信建设是通过制定和遵守网络行为准则，促进网络空间的诚信交往、共同参与和共治。

第二，在具体的实践中，行为准则的形成需要通过加强教育引导、法律法规的制定和实施等手段，培养公民在网络空间中的良好行为习惯和道德标准。这可以提高网络空间的安全性、发展性和健康性。

（三）网络环境的净化和综合治理

网络环境的净化和综合治理是保障虚拟社会良性发展的重要措施。为了有效遏制网络诈骗、网络暴力等不法行为，保障用户的合法权益，需要结合具体情况细化一系列措施。

第一，完善相关法律法规，明确网络行为的准则和规范，为打击网络犯罪提供法律依据。建立健全的网络安全体系，加强技术手段和人员培训，从技术和人力资源两方面来提高网络安全防护能力。

第二，加强社会监督和舆论引导，共同营造良好的网络社交环境。不断强化网络教育宣传，提高人们的智能网络空间素养，引导用户树立正确的网络道德和价值观，促进虚拟社会的良性发展。

第三，通过开展新时代文明实践活动和推动社区社会组织的参与，可引导广大群众在虚拟社会中树立正确的价值观，创造文明和谐的网络环境，营造厉行节约、文明旅游等行为风尚。

二、新时代文明实践对智能网络空间建设的积极影响

（一）推动网络强国建设落地落实

推动网络强国建设和现代化国家建设是一个关键的发展目标。这需要建立包容、稳定和创新的网络空间，并加强网络安全能力建设。只有保障网络

空间有序发展、意识形态安全，提升人民的数字素养，促进信息技术的普及和应用，推动数字经济的发展，才能推进网络强国建设目标落地生根。

（二）营造清朗、健康、安全的智能网络空间

坚持新时代文明实践引领，不断传承和发展社会主义核心价值观，营造清朗、健康、安全的网络空间，形成智能网络空间文明新风。线下积极开展科普、经典诵读、非遗传承、志愿服务等活动，在潜移默化中让群众感受到传统美德和文明新风的力量；线上积极开展网络文明实践，创新新媒体宣传作品，落实法律法规，遵守伦理道德规范，引导网民健康有序开展交流等。

（三）打造广大网民放心的、安全的、健康文明的智能网络空间

满足亿万网民对美好生活的向往是新时代文明实践的关键目标之一。当前，新时代文明实践中心建设正处于深化拓展的关键阶段。为了推动文明实践中心进一步动起来、活起来、实起来，志愿服务在其中发挥了重要作用。新时代文明实践通过促进培育和践行社会主义核心价值观，进一步加大文明实践的供给力度以满足人民群众对美好生活的需求。汇聚微信、短视频等网络宣传服务资源，扩大网络志愿服务供给，开展邻里守望和关爱帮扶等行动，传递党和政府的温暖，让群众在任何地方都能享受到新时代文明实践的成果。

第四节　推动智能网络空间建设　引导健康向善的网络文化

近年来，互联网技术迅猛发展，网络社交平台层出不穷，虚拟社会已成为现实社会中不可或缺的一环。为应对网络空间文明建设的新挑战，中央办公厅、国务院办公厅印发了《关于加强网络文明建设的意见》，提出“虚实共治、协同治理”的总体要求和具体举措。

在网络空间治理中，政治思想引领至关重要。要深化党的创新理论传播，坚定广大网民的理想信念，以“新时代文明实践＋”为导向，传承和弘扬优秀传统文化。因此，必须继续加强网络空间政治思想引领，推动网络空间与现实社会良性互动、融合发展，共同营造风清气正的网络生态。

一、智能网络空间文化培育

以社会主义核心价值观为引领，推动中华优秀传统文化的创新发展。网络新媒体宣传，应加强对优秀传统文化的传播和弘扬，注重提升网络文化的品质和品位，以培养和引导广大网民形成正确的文化观和价值观，营造积极向上的网络文化氛围。

第一，在加强网络空间道德建设方面，强化网上道德示范引领，加强诚信文化建设，推广正能量、传播真善美，引导网民践行诚信原则，增强诚信意识和道德观念，共同打造风清气正的网络社会。

第二，针对网络空间行为规范问题，培育符合社会主义核心价值观的网络伦理和行为规则，特别要加强对青少年的网络素养教育。通过开展校园网络教育和家庭网络教育，引导青少年合理使用网络，养成良好的上网习惯，提升网络素养和信息素养，使他们在网络空间中遵守规则，树立正确的世界观、人生观和价值观。

第三，在加强网络空间生态治理方面，推动智能网络空间引导，规范网上内容生产和传播流程，净化网络环境。加强用户信息保护，严厉打击网络谣言和不良信息，营造一个安全、健康、有序的网络空间，推动广泛参与，形成智能网络空间发展和治理的共识。

二、智能网络空间诚信建设

加强网络诚信建设是构建文明网络新秩序、营造清朗网络空间的重要方面，为加强网络诚信建设，需要抓好如下工作。

第一，加强网络行业的自律是首要任务。网络行业应本着负责任的态度加强自身建设，包括加强网络平台的内部管理制度，健全内容审核机制，提高从业人员的素质和能力。规范经营行为，防止虚假信息的传播，严厉打击网络诈骗和网络谣言等问题，维护网络诚信。

第二，网络平台要增强国家安全意识，做好内容审核和信息筛查工作，确保传播的内容真实、合法和有益。加强对第三方应用程序的管理，杜绝恶意软件和病毒的传播，保障用户的信息安全。

第三，通过广泛传播公益理念和善行义举，引导网民树立正确的价值观和行为准则。倡导网民自觉遵守网络礼仪，崇尚网络公德，维护网络空间的清朗。

第四，重视青少年网络素养的提高，引导青少年养成健康的上网习惯，防止沉迷网络，保护青少年的身心健康。

三、智能网络文化新风尚培育

网络文化是新时代文明实践中心建设的重要内容之一，在培育网络文化新风尚方面起着重要作用。要培育网络文化新风尚，需要从多个方面加强工作。

第一，弘扬社会主义核心价值观，将其体现到互联网信息服务和网络文化产品的全过程，增强广大网民特别是青少年网民对社会主义核心价值观的认同感，倡导社会主义核心价值观成为网络文化新风尚的主流。

第二，丰富网络文化产品供给，引导创作积极健康、向上向善的网络文学、网络表演、网络影视剧等。在网络文化产品的制作和传播过程中，注重传统文化元素的融入和传承，通过寓教于乐的方式，向广大网民传递正能量，塑造良好的网络文化形象。

第三，营造综合治理新生态，是培育网络文化新风尚的关键步骤，让网络空间成为公正、有序、安全、开放、共享的空间。

四、智能网络行为新秩序构建

智能网络空间建设是伴随互联网发展而产生的新的文明形态，也是现代社会文明进步的重要标志。如何构建网络行为的新秩序，是一个需要从多个方面入手的问题。

第一，加强理论武装，推动党的创新理论在网络空间中的传播，并促使优秀传统文化和当代文化精品数字化、网络化传播，引导网民形成正确的价值观和行为规范。

第二，拓展道德建设的新空间，构建人人参与、多元共治的网络诚信建设工作新格局。通过良好的网络宣传和道德建设，树立网民正确的行为规范，提高网络空间的道德素质。

第三，加强网络执法统筹协调，创新网络普法方式，增强公民的法律意识和法治素养。建立规范的制度和执法机制，可以构建和谐的网络环境，提高网络空间的质量和品位。

五、引导青少年网民形成良好的网络习惯和安全意识

加强青少年网络素养教育，提高他们对网络世界的认识和理解，培养他们正确使用网络工具和应对网络风险的能力。开展网络素养培训课程，提高自我保护能力。学校方面开设网络安全课程、组织网络行为规范宣传和活动等方式，加强青少年的网络安全教育。家庭应及时给予孩子正确的网络教育引导，加强网络行为监督和引导。

六、发挥网络在教育、文化、娱乐等方面的积极作用

在教育方面，互联网为教育提供了丰富的资源和广阔的平台，提升了教学质量和效率。在文化方面，网络成为文化传播的重要渠道和文化创新、创意的重要平台。在娱乐方面，网络的发展为人们提供了便捷和多样化的娱乐方式，打破时间和空间的限制，使人们更容易建立联系和分享快乐。

第五节　新时代文明实践引领智能网络空间虚实共治初步研究

党的二十大报告强调了健全网络综合治理体系的重要性，以推动形成健康的网络生态。虚拟社会，作为互联网的产物，正逐渐成为社会治理的关键领域。在数字化时代，应秉持“共建、共治、共享”的理念，推进网络文明建设。通过强化思想引领，引导网民树立正确的网络观念；通过健全治理机制，确保网络空间的规范与秩序；通过增强网民行为自觉，形成文明上网良好风尚，提升甄别网络信息的能力。

对于成都市这类超大城市，现代化治理的新路径离不开对网络虚拟社会的高度重视与有效治理。现代化治理需重视网络虚拟社会治理，确保网络空间成为促进社会进步、服务民众的重要阵地。通过法治、德治、智治

联动，推动互联网治理转型升级，创新治理手段，实现网络空间意识形态健康发展，为构建“人文社区·智能社会”治理共同体提供有力支撑。

一、构建智能时代网络空间虚实共治路径的初步研究

（一）虚实共治理论应用实践

虚实共治理论的基本原则和要素体现在以下几个方面。依法治理是虚实共治的核心原则之一。多方参与是虚实共治的要素之一，无论是虚拟社会还是实体社会，都需要建立健全的法律法规体系，让社会主义核心价值观“入脑入心”。通过开展志愿服务等线上线下公益性服务吸引公众参与，推动虚拟社会与实体社会科学健康的协同共治。

（二）智能时代虚实共治实践的路径选择

第一，在人工智能新时代，“人文社区·智能社会”的治理和服务路径很多，需要结合自身实际情况，选择好时代的指导理论和实现路径。这里以“新时代文明实践+”作为实践路径选择，以公共服务、志愿服务为重点，从健全群众参与机制、调动各级各类志愿服务资源和力量、实现有效供给、形成长效运行机制等方面入手，推动构建“社区公共服务大数据+应用场景+算法”数据生态体系，促进智能社会与网络空间融合虚实共治，以期提供启示参考。

（三）虚实共治理论对智能社会治理的推动作用

虚实共治理论对社会治理、智能网络空间文明实践等工作产生了积极影响。通过充分发挥新时代文明实践的引领作用，培养良好的公民意识和社会责任感，激发群众参与的主体精神，满足群众需求，建立长效运行机制和规范化管理。虚实共治理论的引入为中国社会治理提供了有益的参考和指导。

二、新时代加强智能网络空间建设的对策思路

（一）加强网络内容建设和管理

加强网络内容建设和管理是智能网络空间建设的基础性工程。认真执

行《网络信息内容生态治理规定》，引导网民自律、自尊、自爱，养成文明健康的网络生活方式。鼓励网络内容生产者制作、复制、发布“弘扬社会主义核心价值观，宣传优秀道德文化和时代精神，充分展现中华民族昂扬向上精神风貌”等内容的正能量信息。督促网络新媒体不得制作、复制、发布含有“使用夸张标题，内容与标题严重不符”和“炒作绯闻、丑闻、劣迹”等内容的不良信息。

（二）打造各主体协同共治的新工作格局

坚持与加强党对智能网络空间建设的领导，着力构建“党委领导、政府管理、企业履责、社会监督、网民自律等多主体参与”的智能网络空间建设工作格局，打造政治过硬、本领高强的互联网政工人才队伍；加强对党员干部的教育，严守政治纪律和政治规矩，传播正能量、弘扬主旋律，敢与网络空间各种不正之风作斗争。

（三）发挥好社会监督的作用

尝试建立智能网络空间监督员制度，通过加强智能网络空间监督员队伍建设，做好不良信息的网络举报工作，让网络上的“低级红、高级黑”无处藏身，达到有效净化网络环境的目的。通过制造舆论、影响舆论来推动智能网络空间的发展，充分调动广大网络公众监督的积极性，确保每一个网络安全隐患都能得到有效遏制。

（四）培养网民文明自律行为

加强网民公共精神教育，提升网民的社会责任意识和法治意识，提升网民智能网络空间素养；建立和完善网络行为规范，大力培养网民的自律意识，引导广大网民依法上网、文明上网；大力开展网上文明实践活动，以智能网络空间实践活动带动网民文明自律，形成网络空间依法表达、文明表达、理性表达的习惯，并自觉远离不良网站，避免网络沉迷。

（五）建立“三治”联动的网络治理体系

着力推进法治、德治、智治联动，推动互联网由“管”到“治”转变，推动网络治理手段和方式的创新。一是强化法治，全面推进网络空间治理的法治化水平。二是强化德治，探索以德治网，努力提高网民的“网德”，推动“好网民”理念广泛传播、正能量日益强劲。三是强化智治，全面提升网络治理科技化水平。建立统筹协调、上下联动、数据共享的“一体化”技术管网工作机制，以科技的力量净化优化良好网络生态。

【本章总结】

以习近平新时代中国特色社会主义思想为指导，立足马克思主义中国化的深刻视角，本书课题组坚持以“新时代文明实践+”为统揽，深入践行社会主义核心价值观，致力于物质与精神、现实与虚拟社区、智能社会与网络空间的协同共治。围绕这一核心，本书课题组聚焦“五个层次需求”“五个推进阶段”“五个特色场景”“五个支撑体系”等关键内容，力求在智能社会治理与服务创新上取得显著成效。

在“五个层次需求”方面，注重满足人民群众在平安、服务、治理、组织和人文等方面的多样化需求，确保社会治理的全面性和精准性。在“五个推进阶段”方面，从系统新生到数字孪生，再到虚拟原生、虚实共生，最终实现人文共生的目标，推动社会治理向更高层次发展。同时，注重打造“五个特色场景”，包括健康、友好、关爱、幸福和服务等，让人民群众在智能社会治理的实践中获得更多实惠和幸福感。此外，还构建了“五个支撑体系”，包括微组织、微服务、微感知、微治理和微机制等，为智能社会治理提供坚实支撑和有力保障。

一、虚实共治，是新时代社会治理的必然选择

虚拟社会作为现实社会的延伸，两者紧密相连，共同构成了当今社会复杂的治理体系。随着网络技术的迅猛发展，虚拟社会治理的重要性日益凸显，不仅关乎国家政府的治理效能，更直接关系人民群众的切身利益。

在智能网络空间平台，不同民族、国家、文化的网络主体相互交融，其多元的利益诉求使得虚拟社会治理面临前所未有的挑战。虚拟社会为人类提供了全新的生存和发展空间，深刻改变了社会结构和人类的生活方式，也催生了新的思维方式和虚拟生活方式。

因此，深入研究虚实共治机制，探索科学合理的治理路径，已成为时

代的迫切需求。需要不断创新治理理念和手段，加强政府运行机制的科学规范，提升虚拟社会治理能力，以构建更加和谐稳定的社会环境。虚实共治不仅是社会治理的新趋势，更是推动社会进步的重要力量。

二、虚实共治是智（自）媒体快速发展的必然要求

新媒体的崛起与互联网的普及，带来信息传播的高速与即时，为社会生活打造了一个跨越现实的虚拟平台。在这个平台上，"人人都是自媒体"，个人主页、微博、微信等社交媒体成为社区生活的重要组成部分，为人们提供了展示自我、交流思想的广阔空间。

网络时代的到来，使公民的表达权、参与权得到极大满足，也为社会治理带来新挑战。智能网络体系的发展，不仅促进了社会治理的协同化，还推动了网络文明实践和社会主义核心价值观的传播。因此，实现虚实共治，对于引导网络舆论、构建和谐社会具有重要意义。

面对智（自）媒体的快速发展，必须加强虚实共治的研究与实践，构建科学合理的治理机制，确保虚拟社会与现实社会的和谐共生。同时，还应注重提升公民的媒介素养，培养他们在虚拟世界中的自律意识和责任担当，共同营造一个健康、有序的网络环境。

三、虚实共治是社会计算技术发展应用的新要求

随着大数据和人工智能技术的迅猛发展，社会计算领域迎来了前所未有的变革。全面计算时代的到来，为解决现实社会与虚拟社会协同发展中出现的新问题提供了有力工具。

清华大学、四川大学、西南交通大学、成都理工大学、西财天府社区治理学院等高校和研究机构，积极适应这一趋势，坚持问题导向，深入探索智能空间社会计算的法律法规边界和伦理道德规范要求。他们致力于推动治理能力系统化建设，不断提高社会治理与服务的社会化、法治化、智能化、专业化水平。

虚实共治的要求，正是社会计算技术发展应用的内在动力。通过深入研究和应用社会计算技术，可以更好地实现虚拟社会与现实社会的有机融合，构建更加和谐、稳定、高效的社会治理体系。这不仅是技术进步的体现，更是社会文明发展的重要标志。

四、“新时代文明实践+”在虚实共治中展现出了强大的引领作用

成都等地的实践经验证明，通过“新时代文明实践+”贯穿物理与精神空间，统揽智慧治理、社会服务等各类事项，推动文明实践与社会服务的相互渗透，志愿服务与公共服务的协同并进，以及虚拟与现实社区的深度融合。这种创新模式将在新时代的社会治理中发挥更加重要的作用。

第一，新时代文明实践将社会主义核心价值观和先进文化融入志愿服务，有效提升居民思想道德素质。它激发居民主人翁精神，鼓励他们积极参与社会治理与服务创新，共同维护社会公平正义。这种实践方式为群众参与基层社区治理提供了有效途径，推动构建健康文明的智能网络空间。

第二，在基层社会治理中，建立群众参与机制至关重要，能整合资源形成合力，提升服务水平。新时代文明实践能有效调动志愿服务资源，统筹各方力量，为基层社区治理注入新动力。通过提供丰富、精准、优质的服务，满足人民群众对美好生活的向往，共同构建和谐宜居的社区环境。

第三，坚持虚实共治理念，是实现虚拟与现实社区协同共治的关键。忽视任何一方都会导致治理失衡，影响社会稳定。注重现实社区治理但忽视虚拟空间，可能导致意识形态和价值观的混乱；而过度关注网络空间治理却忽视现实社区，则会使治理措施变得空洞。只有虚实并重，才能构建线上线下和谐共生的社会治理新格局。

五、虚实共治理论在智能网络空间文明实践中展现活力

目前全国不少城市以推进智慧城市、智能社区和国家智能社会治理实验综合基地建设为契机，通过开展人工智能社会实验，打造智能社会场景，探索虚实深度融合新路径。这一举措不仅推动了智能社会治理创新工作，也为构建线上线下协同共治的新格局提供了有力支撑。

第一，山东省枣庄市作为国家智能社会治理实验综合基地，积极探索具有地方特色的智能社会治理新模式，成效显著。为展现其治理成果，市委网信办与改革办联合开展优秀案例征集活动，成功评选出30个典型案例。这些案例不仅总结了枣庄市的生动实践，也为智能社会治理的进一步发展提供了有益借鉴。

第二，成都市国家智能社会治理实验综合基地，以超前视野探索超大

城市和智能社会治理创新，融思想引领、技术支持与服务基础于一体，为市民构筑善治之城的温馨图景。成都市成华区与成都市广播电视台携手多方力量，基于“智慧蓉城”城运平台推出“一街百站千景万家”体系，既注重宣传教育，又致力于服务群众，为智能社会与网络空间治理开辟创新之路，让市民享受更加智能、和谐的生活新体验。

第三，成都市不仅在综合基地开展实验工作，还在教育、体育、养老、社区治理等领域推进特色实验。成都市成华区在“智能社区与网络空间融合治理”方面积极创新，探索社区意识形态、舆论形成及宣传治理的新路径。这些努力预示着智能社会将为成都市带来更加温暖和谐的底色，夯实“智慧蓉城”的基础，让市民享受到更便捷、更智能的生活体验。

第四章
新时代文明实践引领社会计算等技术推进智能社会治理创新

在全球网络空间，多元主体协作共建命运共同体，智能社会作为复杂多元系统，融合智慧城市、网络、精神、文化和经济等多空间，共推全域社会智能发展，实现高效可持续运转。当前，我们置身于大数据、AI、5G、区块链等技术革新的浪潮中，社会计算技术如AIGC、NLP、CIG等广泛应用。中国作为信息时代领军者，面临筑牢网络安全屏障的重大课题。我们必须强化网络安全防护，完善数字治理体系，为网络强国、数字中国建设提供坚实保障，确保智能社会健康发展，推动国家现代化进程。

然而，人工智能技术的应用也面临着一些挑战和问题。例如，数据安全和隐私保护问题、算法偏见和歧视问题等都需要我们高度重视并加以解决。因此，在推动人工智能技术应用的同时，我们还需要加强相关理论与实践研究，法律法规的制定和完善，确保技术的健康发展和社会利益的最大化。

新时代文明实践强调道德、文化和科学素质的提升，为智能社会治理创新提供了重要引领。社会计算等技术作为推进治理创新的关键手段，在新时代文明实践的指导下，应正确应用于提升社会治理的科学化、精细化和智能化水平。通过强化数据治理和隐私保护，确保技术应用符合社会伦理和法律法规，促进社会和谐稳定。初步研究表明，新时代文明实践与社会计算技术的结合，有望为智能社会治理创新开辟新路径，提升治理效能和群众满意度。

本章重点探讨了人工智能技术在社会治理、智慧社区、文明实践及公共服务等领域的应用，这是智能社会治理与服务创新的重要基石。通过深入剖析"新时代文明实践引领社会计算等技术应用"的利弊，本书课题组认识到社会计算技术在带来便捷与效率的同时，也面临着数据安全与隐私保护等挑战。这为后续探讨"人文社区·智能社会"治理与服务的创新进行铺陈和提供支撑。

同时以成都市的实践探索为重点，进一步分析智能网络空间安全的战略高度、智能网络空间技术实现的发展速度、网络空间主体复杂的多元程度、智能网络空间链接的范围广度、智能网络空间治理元素的参与深度。探索新时代文明实践在推进人文智慧社区建设，集成"人文社区·智能社会"治理与服务中的创新应用，让社会主义核心价值观深入人心，塑造健康向上的网络文明，推动智能技术与现实社会的深度融合，为构建更加美好的社会贡献力量。

第一节　智能社会治理面临的挑战与机遇

基于社会计算所汇聚的庞大数据资源，构建针对社会治理各领域细微问题的应用算法显得尤为关键。社区治理算法应用作为推动"人文社区·智能社会"建设的基石，其算法的丰富程度与质量在社会智商的集合中占据着举足轻重的地位。这些应用算法，就像社会治理的脑细胞，它们在推动社会治理创新、提升治理效能方面发挥着至关重要的作用。

社区治理算法和"智慧蓉城"各类算法应用中心的不断升级与迭代，是保障社会治理精准化、科学化和高效化的重要手段。成华区借助"社区公共服务大数据 + 应用场景 + 算法"这一数据生态体系，与驻区高校合作设立社区治理 AI 算法实验室，研发了 20 余个社区治理和服务 CIG 模型，加强对社区公共空间的隐患监测分析，为创新社会治理体系提供了有力的数据支撑，也为制定更加精准、科学的行动计划奠定了坚实基础。

一、社会治理面临的需求变化

（一）社会治理从“物质文化需要”到“美好生活需要”的转变

党的十九大指出，我国社会主要矛盾已经转化为人民日益增长的美好生活需要和不平衡不充分的发展之间的矛盾。社会主要矛盾的转化意味着社会治理的内涵与外延都应进行相应的扩充和扩展。

从“物质文化需要”到“美好生活需要”的变化，充分反映了最广大人民根本利益发生了根本性的迁移，不仅对物质文化生活提出了更高要求，而且在民主、法治、公平、正义、安全、环境等方面的要求将日益增长。我们要顺应新时代社会主要矛盾的变化和现实需求，构建“文明健康的公众需求导向”的供给模式，提高社会供给的针对性和实效性，促进公共服务均等化，不断满足人们对美好生活的需要。

（二）社会治理从“单一风险”到“交织风险”的转变

当前我国正处于经济社会转型发展的关键时期，随着大数据、人工智能等新信息化技术的综合应用，导致社会治理矛盾纠纷、安全风险更加复杂，各类社会问题、社会矛盾和社会风险与社区公共服务交织。传统的单一、粗放、孤立的社会治理与服务模式已无法满足时代发展和民众需求多元化的要求。

如何建立“科学化、精细化、智能化”的社会治理与公共服务，避免行政管理过度、治理不力等弊端？树立正确的文明实践价值观，有效规避社会问题和社会矛盾、消除潜在风险，将是创新智能社会治理实践过程中的重要内容。

（三）社会治理从“信息化”到“智能化”的转变

近年来，社会治理主要集中在信息化、网络化基础阶段建设。在数字新基建的驱动下，各地智慧城市和数字乡村建设如火如荼，数字政府、数字社会、数字生活等各类场景的数字化建设方兴未艾，一个全面可计算型社会正在加速形成。

基于社区公共服务大数据应用，构建针对社会治理各领域各类细小颗粒问题场景的应用算法，以及建设汇聚各类应用算法的算法中心至为关键。以社会计算为基，以应用算法为魂，以算法中心为智，助力社会治理的精准化、精细化和高效化，促进社会行为的数字化采集和记录的发展，推动人类社会文明向前发展。

二、社会治理面临的数据内涵新变化

（一）社区公共服务数据类型不断社会化

在人工智能社会计算时代，社区公共服务的内涵和外延不断变化，包括居民的社区行为、社会活动、社情民意、社会需求和诉求等数字化采集和记录，形成海量而且相互关联的数据足迹，构成涵盖一切社会行为的一个“数字镜像”和“社区镜像”，这有利于精细化推进社区的公共服务、文明实践的志愿服务，促进社区治理与服务良性互动。

研究者认为，基于网络、社交媒体、人工智能、传感器等产生的实时电子印记数据，从网络上的集体活动、社交媒体、即时通信到在线政府公报情报和数字化图书馆，越来越多的社会活动都被数字化采集和记录。这些数字化记录既有结构化形式（如表格、传统数据等），也有非结构化形式（如文本、图片、音频、视频等），共同构建了扩大化的社区公共服务大数据，也称“社会大数据”。

（二）社区公共服务大数据信息内涵不断变化

数据承载着信息，信息蕴藏着知识，也蕴含着人文思想和意识形态等。社会大数据承载着丰富的社会信息，这些丰富的社会信息隐藏着许多精细、微妙的社会关系和知识。这些信息和知识反映了一切社会行为的状态、过程和问题现象及规律。

从研究文献可以看出，110 警务热线数据不仅能反映社会矛盾纠纷的主要态势和趋势，也能给公共安全管理提供风险研判和预警，还能从中总结一些规律，用以指导安全风险防范；12345 政务热线数据不仅能反映社会民众对于政府服务和治理的各种诉求信息，还能折射出政府服务和治理的行政效能可能存在的不足；微信、微博、抖音等互联网与其他自媒体数据不仅能反映社会舆论和社情民意动态，还能分析矛盾焦点和研判潜在社会风险。

（三）社区公共服务大数据关联交织关系不断变化

社区公共服务、志愿服务、社区治理等大数据具有多源、分散、多样化、碎片化、即时、动态、海量等特点。与传统的抽样调查不同，社会的计算化将囊括一切与社区公共服务及社会治理和公共服务有关“全量”大数据。这些数据关联度很高，之间的逻辑关系复杂。“全量”社会大数据中蕴藏着许多精细的社区需求、需求与供给之间的关系等，为探索社区治理与服务融合发展、消除社会运行的隐患提供了信息和知识支撑，也为建立高效的联勤“人文社区·智能社区”共治体系提供了科学依据。

例如，通过对社区公共服务大数据中的公交大数据、志愿服务大数据、公共服务大数据、社区公共空间行为大数据等多源数据进行整合，有利于探索矛盾纠纷化解、社区治理、公共服务、志愿服务等社会变量之间的相关关系，实现对志愿服务、公共服务及社区治理问题的“社区画像”，有利于志愿者提供及时有效的志愿服务。

三、社会治理与公共服务面临的算法技术应用新变化

（一）社会治理与公共服务呈现“机器智能”趋势

建立在社会计算等人工智能技术应用基础上的机器智能是创新社会治理模式、实现公共服务模式由传统的人力密集、经验判断、被动处置分别向人机交互、数据分析和主动干预转变的重要力量。通过社区治理算法模型对社区公共服务、志愿服务、社区自媒体等大数据挖掘进行挖掘运用，便形成了机器智能，它有助于促进社会治理与公共服务的科学决策。尤其是在公共服务、公共管理、公共安全方面的行为模式识别，如紧急状态、风险等级、矛盾严重性、纠纷影响程度、网络舆论等，可选择性利用机器智能对社会治理进行分析并提供决策参考。

（二）社会治理与公共服务呈现智能网络化趋势

构建社会治理与公共服务应用算法需要建设一整套针对各领域、系统平台的数据采集、分析判断、实验干预等应用算法，针对不同应用、不同

场景，发挥不同的智能引擎驱动作用，推动智能社会网络化、虚拟化发展。智能网络治理系统不仅涉及解决社会问题、化解社会矛盾、协调社会关系、规范社会行为、应对社会风险、促进社会公正、维持社会和谐等方面，也包括公共服务、志愿服务、文明实践、"一老一小"关爱等方方面面，还包括对社会系统的组成部分、社会生活的不同领域以及社会发展的各个环节进行组织、协调、指导、规范、监督和纠偏等过程，以促进"人文社区·智能社会"线上线下系统协调运转，促进社会安定团结，营造美好幸福的生活环境。

（三）社会治理与公共服务呈现算法技术应用系统化趋势

算法模型的建立一般包括"经验模型化、模型算法化、算法软件化"等主要步骤。根据规律规范和社会治理、社区公共服务需要，社区治理算法应针对社区公共空间的应用总量指标进行动态感知、态势分析、趋势预测、风险预警及影响因子实验分析，针对精细化服务和精准化治理需要，支持特定群团"社区画像"，提出公共服务、志愿服务、文明实践等工作的规律和知识，对优化公共服务、社区治理提出建议意见，一方面推动社会治理体系和治理能力现代化，另一方面为开展智能网络空间文明实践、虚实共治等工作提供风险预警、趋势研判等支撑。

（四）社会治理面临伦理规范难以把握趋势

据专业人员不完全测算，一个城市的社会治理最小颗粒问题场景将达到5万个左右，这对人工智能算法应用提出了更高的要求。通过社会计算技术的应用来解决社会问题、提升社区公共服务水平，正变得越来越普遍。但社会计算及算法应用面临着伦理规范难以把握，"计算失灵"难以把控等新问题，因此，坚持正确的大数据和人工智能价值观至关重要。

如何把握社会计算的边界，以及社区公共服务、志愿服务等各类大数据科学应用的范围？这是当前人工智能计算应用与社区治理、文明实践、社会服务等领域的重要课题。坚持新时代文明实践引领，将社会主义核心价值观入脑入心，以政治强引领（政治）、以法治强保障（法治）、以德治强教化（德治）、以自治强活力（自治）、以智治强支撑（智治）的社会治理算法指南得到普遍认同和遵守。在社会治理算法应用中，数据安全和隐私保护，以及算法安全与算法责任等方面的制度体系和标准规范建设应同步进行。

1. 问题场景选取

成华区在推进国家智能社会治理实验综合基地时，成都市智慧治理研究会等围绕文明实践，选择平安、服务、健康、友好等主题场景作为研究对象，通过建立指标体系，分析判别与事件相关的各种驱动因素及变数。

2. 数据采集与清洗

依托“社区公共服务大数据 + 应用场景 + 算法”数据生态体系，对典型事件的历史状况、驱动因素、影响参数、线上线下处置、社会评估效果等进行分析，根据社区公共服务、社区治理等业务逻辑对数据进行去重、纠错、补齐、完善等，形成“人文社区 · 智能社会”治理与服务创新的业务逻辑数据资源。

3. 经验模型化

结合人工智能社会实验，西财天府社区治理学院、成都理工大学智慧治理研究中心等筛选出了 20 余个社区治理和服务 CIG 小模型，主要针对社区公共服务、公共空间隐患管理等，对案例、典型事件进行分析，形成符合智能网络空间治理社会计算模型的指标体系。

4. 模型算法化

通过“大联动 · 家空间”人文智慧社区之芯等引擎，向初步模型输入各类数据资源，提高数据表达式对历史数据的“拟合度”，使社会计算模型越来越有“智慧”。

5. 算法软件化

通过社区公共空间治理“一芯百算千视万物”等边缘计算系统，将 AIGC、NLP、CIG 等社会计算算法业务逻辑和应用程序进行转化，形成初步软件化、网络化的社区治理小模型应用模块。

6. 算法学习训练

利用“社区公共服务大数据 + 应用场景 + 算法”数据生态体系、媒体宣传、智媒体等数据资源对社会计算模型进行测试，并开展场地实验，以达到预定的精细化程度。

7. 算法模块部署与应用

将训练后达到特定精度的成形算法模块应用到社区公共空间，强化网络、数据等各类安全措施，逐步运用于智能网络空间文明实践、社区公共服务精细化、社区治理精准化等领域，全力打造"人文社区·智能社区"的应用场景。

第二节 新时代文明实践引领社会计算工作的意义与作用

智能社会治理的难点聚焦于虚拟空间，这要求我们深入净化智能精神空间、精心塑造智能文化空间，并有效治理智能网络空间。这些努力不仅是时代的呼唤，更是社会发展的必然趋势，目的就是加快构建一个健康、和谐、高效的智能社会。在人工智能的新纪元里，社会计算技术正深度融入社会治理体系，为我们打开了新的大门，同时也带来了新的挑战。在理论探索和道德实践中，我们需要保持敏锐的洞察力和坚定的立场，确保技术发展的正确方向。

为此，社会各界应积极响应新时代文明实践的号召，以社会主义核心价值观为引领，培育积极向上的数字文化风尚。同时，加强广大群众和各类组织在社会计算等新技术应用方面的能力培训，提升其综合素养，使他们能够更好地适应和参与智能社会的建设。此外，借助社区公共空间治理的创新实践，如"一芯百算千视万物"等边缘计算系统，将 AIGC、NLP、CIG 等社会计算算法业务逻辑和应用程序进行转化，形成软件化、网络化的社区治理小模型应用模块，为"人文社区·智能社会"建设提供有力的技术支撑和实践探索。

"新时代文明实践 +"引领下，科技伦理和社会规范成为构建智能社会的关键指引。我们需以此引领社会意识形态正向发展，实现"虚实共治、协同治理"，共同缔造幸福美好的智能社会。同时，提升广大群众和各类组织在社会计算等新一代技术上的应用能力至关重要，这将为网络空间和智能社会的健康发展注入源源不断的动力。只有如此，我们方能为实现人类美好幸福生活提供坚实保障，迈向更加美好的未来。

一、新时代文明实践促进社会计算等技术健康发展

新时代文明实践对社会计算工作的促进体现在多个层面，尤其在健康发展方面发挥了关键性作用。这一实践不仅为社会计算提供了明确的政策和价值导向，更使其能够紧密结合国家发展战略，实现技术与社会需求的深度融合。通过社会计算技术的运用，社区能够更准确地把握居民需求，提供更贴心、更高效的服务，从而提升社区服务的能力和水平。

新时代文明实践中心作为一个集宣传、教育、公众参与于一体的综合性平台，通过创新空间形态、完善功能设置、举办多样活动等方式，极大地促进了信息的传播和共享。例如，成都市广播电视台与成都市成华区联合推出的“一街百站千景万家”社会宣传与民生服务体系，就是一个典型的成功案例。该体系利用 CIG 等社会计算技术，实现了对社区治理和服务专项数据的精准采集、高效分析和智能应用，不仅丰富了社区数据资源的维度，还提升了数据的鲜活度和实用性。

成都市积极推进新时代文明实践创新，深化“社区公共服务大数据 + 志愿服务、文化活动”等高品质服务商居联盟建设，不断完善“社区公共服务大数据 + 应用场景 + 算法”生态体系建设，为社区服务精细化、个性化提供有力支撑，助力城市实现更高质量的发展。

二、新时代文明实践为社会计算等技术应用指引方向

随着人工智能时代的来临，社会计算成为技术与社会的融合纽带，推动人、机器、环境等多元素的深度交融，孕育出“智能社会”“网络空间价值”等新型社会形态，特别是净化智能精神空间、塑造智能文化空间、治理智能网络空间方面。但在此过程中，我们需警惕法律和算法伦理的潜在风险，确保社会计算的应用符合新时代文明实践的要求。

新时代文明实践是文明进步与社会发展的重要推动力，为社会计算提供了明确的指导思想和行动指南。融入新时代文明实践规范与社会主义核心价值观，是确保社会计算健康发展、推动智慧治理与服务研究的基本要求，有助于我们更好地迈向智能社会。

首先，参与者必须严格遵守法律法规。这是任何技术应用的前提和基础，也是保障社会和谐稳定的重要手段。在社会计算技术的应用中，我们更要强调法律的约束力，确保所有参与者都能够在法律允许的范围内开展活动。

其次，算法平台应遵循算法透明的原则。这意味着算法平台需要公开其利用的各类数据或非数据信息、算法的内部结构、自动化决策的原理以及与其他社会要素之间的互动关系等。这样做的好处是，可以增强社会计算的可信度和公正性，防止因算法黑箱产生的不公平和滥用。

践行社会主义核心价值观，创新新时代文明实践，是推动社会计算技术健康发展的关键。因此要求算法平台公开其算法互动机制对算法本身的优化过程，以及算法设计、运行等相关信息。这样的举措不仅有助于提升社会计算的精准度和效率，还能促进技术与社会之间的良性互动，推动社会计算的持续进步与发展。

三、社会计算等技术提升新时代文明实践的能力和水平

新一代信息技术助力社会经济数字化、社会服务智能化融合发展，为新时代文明实践注入新动力。通过构建“社区公共服务大数据 + 应用场景 + 算法”的数据生态体系，社会计算分析技术能精准预测各区域文明实践需求，制订更符合群众期望的实施方案，促进智慧治理和社会化服务模式创新，有力推动新时代文明实践向前发展。

2022 年，成都市在推进新时代文明实践和全民学习工作中，打造了“学习强国”主题街区，并以此为基础探索线上线下融合的“一街百站千景万家”新时代文明实践体系，充分利用社区公共服务算法，精准把握居民的意见和需求。同时对“都市生活频道”栏目设置进行优化，并创新开展“群众活动天天有 · 主题活动相约星期四”专题服务活动，为社区居民提供丰富多彩的文明实践活动，推动了以社区公共服务数据体系为核心和基础的公共数据资产管理，促进社区服务精细化和精准化。

成都“天府通”与成华区运用社会计算技术，深入挖掘公共交通和智慧民政大数据，同时加强 CIG 等社会计算辅助应用，不断优化公共服务设

施布局，精准调整“社区巴士”线路，便捷居民出行。同时，该技术也为社区文化、健康养老等公共服务提供支撑，助力构建智慧社区，提升居民生活品质，让居民享受更优质的公共服务。

第三节　新时代文明实践引领社会计算等技术的理论与应用

成都市在推进国家智能社会治理实验综合基地建设过程中，创新“新时代文明实践＋智能社会治理”人文智慧社区融合建设实验，旨在通过理论与实践的深度融合，推动社会计算技术的创新应用。将 AIGC、NLP、CIG 等社会计算算法业务逻辑和应用程序进行转化，形成适用于社区治理的小模型应用模块，为“人文社区 · 智能社会”建设提供坚实的技术支撑。

社会计算作为交叉学科，与新时代文明实践中心建设相辅相成，通过大数据分析、智能决策等技术手段，提升文明实践的科学性和有效性。在此过程中，社会主义核心价值观将发挥“定海神针”作用，确保算法工作符合社会伦理和道德标准。此举将有力促进基层社会治理能力与水平的提升，促进智能社会治理的能力与水平的提升。

一、社会计算研究的相关理论研究

（一）社会计算的定义与文明实践应用

社会计算作为计算机科学与社会行为学等交叉学科的融合产物，利用大数据、算法和人工智能等技术手段，对社会系统进行建模、分析和优化。它旨在深入研究智能社会系统的运行规律和机制，为政府决策和智能网络空间治理与服务提供科学依据及技术支持。

在新时代文明实践的背景下，社会计算的研究范围应广泛涵盖多个方面。这包括但不限于社会网络分析，以揭示社会结构、互动和动态；社会动态模拟，以预测社会活动的发展趋势；以及社会治理与服务创新，以推动社会科学的进步和智能化治理的实现。

通过社会计算的研究和应用，可以更好地理解和应对社会现象，优化资源配置，提升服务水平，加强数据安全，并推动社会科学的发展和社会治理创新。这有助于构建更加和谐、智能和可持续发展的社会，满足新时代文明实践的需求。

深入分析社区治理与服务需求结构，合理配置政策资源，是“人文社区·智能社会”建设的基础。成都市紧扣社区微网实格、社会治理、公共服务等实际需求与发展脉络，全面采集并分析居民意见诉求，旨在优化服务项目布局、政策导向及制度框架。同时，借助网络空间分析，精准把握服务内容的构成与供求动态，前瞻性预测并描绘治理和服务的未来态势。这些举措为优化资源配置、提升治理效能提供了坚实支撑，为构建更加人文、智能的社区环境筑牢基础，推动实现虚实共治、协同发展的治理新格局。

社区友好行为与总体幸福指数分析应用至关重要。在人工智能社会计算背景下，需对文明城市、智慧小区、公共服务满意度等既有指标体系进行解构重构，建立全新行为表达体系。通过优化居民个体健康、群体友好等行为模型，预测并解释不良行为动态，为社区治理与公共服务提供科学支撑。这有助于构建和谐友善的社区环境，展现社区的幸福综合指数，提升居民的幸福感和满意度。

人工智能与配套机制建设是社区治理创新的关键。借助新技术开展智能决策、推荐与服务研究，强化线上线下机制协同。重点加强执法监管与伦理道德建设，确保技术应用的合规性和道德性。推动实现智能化、个性化服务目标，为社区治理与服务创新提供坚实支撑，构建更加智慧、和谐的社区环境。

探索人工智能新质生产力驱动社区治理创新，探索“社区数据资产化”作为一项重要而艰巨的任务，被提上了议事日程。“人文社区·智能社会”治理与服务高质量发展预测分析至关重要。深入挖掘社区大数据与智能网络信息，优化设计治理模型，探寻虚拟与现实社区发展趋势，分析智能社会意识形态形成与发展趋势。探索智能社区与网络空间治理融合新路径，为治理与服务的高质量发展提供有力支撑，推动社区向更加智慧、和谐的方向发展。

智能社会建设需与社区工作者职业体系协同发展。通过社区治理模型精准预测教育培训需求，推动社区工作者结构化、梯次化培养。同时，关注居民全生命周期教育及生活品质提升，强化能力建设与科学管理。健全激励保障机制，营造关爱社区工作者的良好氛围，共同助力智能社会与和谐社区的建设。

（二）社会计算工作涉及的相关理论

社会计算是社会行为与计算技术相融合的前沿领域，专注于利用计算系统推动社会组织、治理与服务等各领域的融合创新和发展。它深入研究社会运行的内在规律，预测未来趋势，为社会治理创新提供坚实的技术支撑。作为社会发展的重要趋势，社会计算有助于我们更深刻地理解社会现象，进而推动社会持续进步与发展。

国内学者将社会计算定义为面向社会活动、过程、结构、组织及功能的计算理论与方法。其哲学与科学基础涵盖社会物理学、社会心理学、社会计算学及人工智能等新技术，共同构成深入研究社会现象的跨学科框架，为理解社会提供新的视角与工具。需要特别指出的是，社会计算需要注重隐私保护、数据安全和社会安全。

根据波普尔关于现实由“三个世界”组成的思想，现实世界可分为物理世界、心理世界和人工物品世界，它们分别对应客观世界、主观世界和人工世界。在此框架下，本书课题组基于这些世界的互动关系，提出文明实践、社会治理、城市管理等领域映射出的“智能社会”的指导理论和实施路径。社会计算技术应用需确保科学化、系统化、网络化，同时应高度重视隐私保护、数据安全及社会安全，以实现技术的可持续发展与社会和谐共生的目标。

在人工智能迅猛发展的当下，算法模型的应用日益广泛，但也存在滥用风险。因此，积极公开计算模型的内部结构与机理，确保技术的透明性和可解释性，对于引导社会主义核心价值观的深入人心至关重要。同时，还应结合现实需求，不断创新理论体系和实践路径，以推动社会计算的健康发展，实现技术与社会的和谐共生。

成都市在国家智能社会治理实验综合基地建设中，秉持“新时代文明实践+”理念，有效融合了新时代文明实践、社会主义核心价值观、网络经济学、网络心理学、社会媒体学、新公共管理理论、善治理论、社会伦理等相关学科内容。通过深入研究和实践，在“人文社区·智能社会”治理与服务方面取得显著成效，为智能社会治理提供了有益的探索和实践，展现了新时代社会治理的创新与活力。

（三）智能网络空间文明实践与社会计算等技术的应用路径

新时代文明实践数据沉淀与分析工作对于推动社会计算和智慧治理与服务具有深远意义。成都市成华区在人文智慧社区建设中，积极构建“社区公共服务大数据+应用场景+算法”生态体系，探索理论与实践路径。同时，成华区还制定了数据安全、网络安全及算法应用安全等措施，确保技术的稳健应用，为社区的智慧化治理与服务提供了有力支撑。

近年来，成都市相关单位的实践表明，社区治理算法选型和集成研发是务实创新的关键举措。通过精心选择适合的社区治理小模型，结合数据规模、类型与计算复杂度等因素进行优化设计和拓展研发，有效提升了治理效率和服务水平。这一做法为推动社区治理现代化提供了有力支撑，展现出新时代社会治理的智慧与活力。

二、智能网络空间文明实践与社会计算相关场景研究

（一）志愿服务活动数据应用场景

社区志愿服务作为社区治理的重要动力，积极推动新型智慧社区线下活动开展，进一步丰富“社区活动数据”的维度与鲜活度，有助于优化社区治理模型与机器学习应用，为智能网络空间舆论治理提供线下数据与场景支持，推动社区治理现代化进程。

志愿服务活动数据的深入分析，能够揭示志愿者数量、活动范围与内容、服务效果等关键信息，同时洞察社区公共服务关注焦点与居民需求。这些信息作为社区意识形态研究的重要参数，有助于促进文明实践志愿服务与社区公共服务的深度融合，进而构建长效机制，实现服务的倍增效应，推动社区治理与发展迈向新台阶。

志愿服务活动的类型与领域分析，不仅反映了新时代文明实践的核心内

容，还成为研究社区公共服务与商业服务的关键风向标。通过调整志愿服务方向和内容，及时发现问题并改进，有助于完善线下社区综合服务体系，为社区治理注入新的活力，推动社区向着更加和谐、有序的方向发展。

志愿服务与社区文化活动紧密相连。通过深入研究志愿服务，可以精准把握社区文化活动的需求和发展趋势；同时，分析社区文化活动也能优化志愿服务项目设计与绩效评估。这种双向互动为智能社区和网络空间舆论治理与融合发展服务注入新的动力，推动智能社区治理模式的创新与发展。

（二）社会信用体系建设的数据应用场景

按照新时代文明实践总体要求，通过建立完整、准确、可靠的信用数据库，引入社会计算技术应用，有利于构建一个以信用为核心的社区治理与公共服务体系，加强社会信用机制的建立和完善，提升社会治理与服务的效能。

社会信用体系的建设与应用涉及多个领域和层面，需要以社区治理和公共服务为需求导向，在社区层面通过人工智能技术等推进打破“信息孤岛”，促进政府单位部门、驻区单位等之间的信息共享和合作，实现社区公共服务信息的互通互联，有助于提高智能网络空间的文明实践与社会化宣传服务力度。

社会信用需要建立健全相关领域的信用信息和评价体系，包括对个人、企业和组织的信用信息进行收集、存储和管理，以及对信用行为进行评价，增强社会信用意识。通过建立监督、监测和惩戒机制，对个人、企业和组织的行为进行奖励或惩罚，确保社会信用体系的公正和权威。

社会信用体系还可以强化应急响应，在新时代文明实践中心建立应急响应机制，提升应急志愿服务者的能力储备，并提供相应的应急设施设备供给水平，以确保新时代文明实践志愿服务具有强大的应对突发事件的实践力。

（三）融媒体中心平台在文明实践、社会治理中的作用分析

区县融媒体中心整合传播资源，为文明实践搭建有力平台。运用社会计算技术，分析媒体宣传、公共服务数据，提升文明实践的精准度和参与

度。此举有力增强文明活动传播力与影响力，推动科技与文明深度融合，共筑和谐社会新篇章。

作为“贴近”社区的基层网络传播的重要载体，借助融媒体数据库、矩阵和云平台等技术，深入分析和评估文明实践活动效果，为新时代文明实践提供有力数据支撑和决策参考。以成都市广播电视台为例，其融媒体平台通过“学习强国”主题街区·社区频道的数据分析服务，建立起线上线下文明实践数据库，精准提升实践准确性，满足群众多元化需求，推动文明实践活动的深入发展。

成都市各区（市）县融媒体中心深入挖掘新时代文明实践素材，创新传播内容，展现高度、温度和深度。成华区以短视频形式呈现文明实践主题，运用社会计算方法精准分析群众关注与诉求，不断增强群众认同与喜爱，显著提升传播影响力和公信力，为文明实践活动注入新活力。

“两中心一平台”作为媒体属性的数据汇聚的枢纽，为社会计算和智能社区建设提供了宝贵的数据资源。它不仅能够深入洞察社会舆情，有效引导网络舆论走向，还为打造清朗健康的智能网络空间提供了有力支撑。通过推进智能社区与网络空间的融合治理，努力推动构建一个更加和谐、有序的网络环境，促进智能社会的持续健康发展。

（四）志愿服务与社会计算融合应用

近年来，志愿服务与社会计算的融合在新时代文明实践中心建设中扮演了关键角色。社会计算为志愿服务提供了数据支撑和决策参考，推动了志愿服务的智能化和高效化，使其更加精准地满足群众需求，为文明实践注入新动力。

志愿服务与社会计算的结合，通过构建信息交换与共享平台，实现志愿者与社区居民的精准对接，显著提升志愿服务的供给质量和效率。在社区公共服务系统平台上，志愿者能发布个人服务信息，居民则可按需筛选志愿者，实现服务的精准匹配和个性化提供。这种创新方式不仅推动了社区治理的智慧化、高效化，更优化了社区居民的服务体验，提升了其满意度，为社区和谐共建奠定了坚实基础。

深入计算和分析社区居民对志愿服务的需求与期望，有助于我们设计出更灵活、多样、便民的志愿服务项目，让居民更好地享受服务带来的便利与福利，并与社区公共服务实现融合倍增效应。同时，建立志愿者与志愿服务组织的信息交换和共享平台，能够促进志愿者与各类服务如公共服务、文化服务、商业服务的有机融合，进而提升志愿服务在智能社区建设中的供给能力和质量水平。

社区治理AI算法模型的研发与训练学习，离不开来自社区一线的鲜活需求数据。这些真实反映居民期望与需求的数据，是社会计算函数模型设计与训练的关键输入，为模型提供了精准优化的发展方向，有助于提升社区治理的智慧化、精细化水平。

三、新时代文明实践提升智慧治理与服务

（一）新时代文明实践为智慧治理与服务注入活力

新时代文明实践通过运用计算技术和大数据分析，深刻洞察社区的思想动态和整体行为模式，为智慧治理与服务注入新活力。这一实践充分利用群众力量，优化了资源配置，有效推动社会治理和社会化服务的提质增效。特别是在社区志愿服务与公共服务融合发展方面，通过广泛组织和引导群众参与，构建了庞大而复杂的社会网络，大幅提升了融合发展的能力和水平。

（二）智慧治理与服务的主要内容和实现路径

在人文智慧社区的五个层次需求中，平安与服务是智慧治理和服务的重点关注点，也是智能社会建设的基本需求。成都市成华区在人工智能社会实验中，运用现代信息技术和数据分析，坚持以人为本，以业务内容为导向，满足这些基本需求，打造更宜居、更安全的社区环境，从而有效提升城市管理、社会治理和社会服务的效能。

智慧治理支撑体系涵盖微组织、微服务、微感知、微治理和微机制五大要素，它们在社区公共管理、安全及服务体系建设中扮演重要角色。通过搭建“一港三云”社区底层支撑系统，努力打破数据壁垒，促进信息高效共享；借助“一芯百算千视万物”智能社区感知体系，加强对“AI+”平安、服务、友好、健康、幸福等社区动态感知和整体状态描绘；汇聚场景全量数据，利用云从人机协同操作系统进行视图解析、数据分析，形成

治理决策知识体系；开发社区工作者系统平台和“一街百站千景万家”社区服务微信小程序，不断满足居民多元化需求。

借助社区治理算法等技术手段，可以有效提升城市和社会治理的效能，比如对交通、环境、安全等领域的预警和智能化管理，利用智能化的城市管理平台提供便捷的公共交通和智能的社区服务。

（三）智慧治理与服务的技术支持和应用

智慧治理精准化和服务精细化，是社会计算的重要组成部分，对社会治理和文明实践工作起到关键作用。然而，技术的使用必须紧密贴合社区治理和公共服务的实际需求，否则，先进的软件系统和智能设备可能成为社区服务与治理的累赘。

按照人文智慧社区建设的五个推进阶段，当前多数社区仍处于“系统新生1.0”阶段，即重点在于利用“人工智能+”等技术实现社区各系统的融合新生和机制配套。不应过早追求“数字孪生”等高新技术的开发应用，而应立足社区实际需求，利旧创新并建立高效运行机制，依托信息化和数字化技术，强化社会组织协同合作，构建线上线下协同机制。这样，才能真正推动社会治理现代化和智能化，促进社会文明的进步。

第四节　新时代文明实践中的社会计算等技术应用研究

在成都市智慧城市治理研究会的文明实践框架体系中，社区平安和综合服务是基础需求，而居民健康、社区友好和幸福则是根本需求。社会计算应服务于这些需求，通过应用社区治理计算模型，精准提供治理决策，精细化提供各类服务，并构建线上线下良性互动机制，全面提升社区治理与服务的社会效益。

一、新时代文明实践中的社会计算等技术应用分析

（一）文明实践活动的社会效益分析

新时代文明实践在中国特色社会主义建设中占据重要地位，通过广泛动员党员、志愿者与社会群众参与志愿服务和文明行为，积极营造文明健

康的社会氛围，推动社会主义核心价值观的传播与实践。社会计算研究方法为分析新时代文明实践的社会效益提供了重要工具，有助于深入理解和评估其实际效果，为智能社会建设提供有益的参考和指导。

（二）文明实践活动的态势分析

文明实践的核心在于“人文”，社会计算能够深入分析相关的数据及其覆盖范围与参与程度。通过详尽的数据分析，可以清晰掌握各类文明实践活动的类型、数量以及广泛参与的人数，进而直观展现文明实践的普及程度和社会影响力。然而，在数据的收集与解析过程中，必须坚守隐私保护的底线，确保数据的真实性与合法性，以便为志愿服务和公共需求提供更有力的支持。

（三）文明实践活动的媒体参与情况分析

在文明实践活动中，融媒体与自媒体发挥着不可或缺的宣传服务作用。社会计算可通过深入分析媒体参与数据，评估其对文明实践的引领效应及在社区治理、公共服务方面的积极影响参数与社会评价。同时，通过挖掘社交媒体上的评论与转发等数据，能够洞察公众对文明实践的关注度和反馈，进而评估其社会影响力。社会计算方法为研究人员提供了更全面、客观的视角，以评估“新时代文明实践 +”产生的社会倍增效益。

（四）文明实践活动的影响因素分析

通过分析数据，能够精准识别参与文明实践活动的群体特征，推测其行为模式及产生的多方面影响，从而提出针对性的对策建议。进一步通过志愿服务、公共服务、社区文化活动等数据的统计分析，深入研究文明实践的影响因素和规律，为其发展和推广提供科学依据。这些研究成果不仅有助于推动“人文社区 · 智能社会”的建设，还为文明实践提供了有力的路径和措施支持。

二、新时代文明实践中的智慧治理与服务应用分析

（一）文明实践促进社区服务平台提升

文明实践在促进社区服务平台提升方面发挥着重要作用。以成都市为

例，其创新的新时代文明实践“一街百站千景万家”社会宣传与民生服务系统，紧密围绕社区平安、综合服务两个基本需求，以及居民健康、社区友好、社区幸福三个根本需求，实现需求之间的交叉与融合发展。这一系统有机融合社区智能终端和智能家居设备，为社区提供健康养老、智慧医疗、心理健康关爱、智慧安防等多领域增值服务，极大地提升了社区居民的生活便利性和幸福感。通过文明实践，社区服务平台得以不断优化和提升，为居民创造更加优质的生活环境。

（二）文明实践推进智慧社区共同体建设

文明实践在推进智慧社区共同体建设中发挥着举足轻重的作用。围绕人文导向，通过社会计算分析，能够提出更为高效的理论和方法，从而构建人人参与、人人有责、人人尽责的人文智慧社区共同体，为广大群众营造更优质的生活环境和更高的社会文明。社区共同体由熟人社区、宜居社区和平安社区等要素共同构成。文明实践深度融入社区自治主体的管理体系，形成自治为基、多元参与、线上线下协同的联合体，旨在实现社区内部自由体的联合，满足居民对美好生活不断增长的需求，共同缔造幸福和谐的社区生活。

（三）文明实践促进城市治理与社区服务融合

文明实践不仅深化了城市治理的内涵，更促进了其与社区服务的深度融合。在数字化转型的浪潮下，智慧治理服务成为推动电子政务发展的关键力量，显著提升了政府的服务效能和执行能力。借助先进的信息技术和大数据分析，智慧治理服务能够精准识别并解决社会主要矛盾，推动经济实现高质量发展。以成都市为例，通过“天府通”大数据和社区公共服务态势分析，得以精准把脉城市交通的痛点，优化社区巴士线路，进而实现城市管理与社区治理、公共服务的有机衔接，促进基层社会与城市治理现代化的同步转型。这一过程充分展示了文明实践在推动城市治理与社区服务融合中的积极作用。

第五节 新时代文明实践引领智慧治理领域社会计算等技术应用

在新时代背景下，文明实践正日益成为引领智慧治理领域社会计算等技术应用的重要力量。随着大数据、云计算、人工智能、5G 通信、区块链和物联网等新一代信息技术的迅猛发展，人类社会步入了万物互联、计算无处不在的智能时代，一个计算型社会正悄然成形。这为探索“人文社区·智能社会”治理和服务创新提供了坚实的数字技术支撑。

将新时代文明的主题和方向深度融入社会计算、社区模型设计等工作中，以“社区公共服务大数据 + 应用场景 + 算法”生态体系构建和 CIG 场景模型为基础支撑，采取社区大数据资源入表、数据资本化应用以及数据资产运营等手段，对社区业务、数据体系结构、权属、流转、应用等方面进行探索，积极探索以社区公共服务大数据为核心的县级社区大数据资源注册登记平台体系的建设机制，着力撬动全域社区大数据要素流通生态，推动县域社区公共服务大数据要素科学规范流通，促进数据资产的有效管理与价值转化，对于推动“人文社区·智能社会”建设具有重大意义。以成都等地的实践为例，通过深入研究并应用人文智慧社区的“5 个推进阶段”及线上线下互动的“5 个智慧治理支撑体系”的实践设计，可以更加精准地把握推动智能社区治理与网络空间融合治理的脉搏和方向。在此基础上，利用社区治理人工智能算法模型，创新文明实践与社会治理、社区公共服务的融合效应倍增，有利于推动数字政府和数字乡村的建设，还能带动数字经济的高质量发展。

一、数据智能与社会计算的融合应用

（一）人工智能技术在新时代文明实践中发挥着重要作用

人工智能技术利用社区公共服务大数据分析的能力，全面深入了解社区居民的需求和意愿、兴趣和关注点，使得宣传教育、志愿服务和公共服务等活动更加符合居民期望，大大提高了文明实践工作的参与度和实效性。借助虚拟现实等新技术，智能社区可形成全新的文明实践平台，居民

得以沉浸式参与志愿服务、文化活动等，丰富了社区生活。各类智能技术的加持，社会主义核心价值观宣传更加生动形象，让志愿服务更加精准高效，更好地服务社区与群众，为文明实践注入源源活力。

（二）智媒体大数据分析在社会计算中的作用

智媒体大数据分析在社会计算中扮演着举足轻重的角色，其深远而广泛的影响不可忽视。在新时代文明实践中心的建设中，“两中心一平台”不仅丰富了社会计算的数据资源，还为智能社会建设的决策者提供了精准的数据参考。以成都市广播电视台为例，他们充分利用新时代文明实践“一街百站千景万家”社会宣传与民生服务系统、“看度”融媒体、“云社区+智媒体”人文智慧社区以及公共服务等多元化的数据资源，着力打造社区文明实践的数据库和社会风险舆情知识库，并构建了区智媒体分析云平台。这些平台的建立，能够精准地反映新时代文明实践中心的活动参与度和效果评价，为满足群众多样化、立体化、差异化的需求提供了有力支持，有力推动社会文明的进步与发展。

（三）推动人机协同的智慧治理模式

成都市众多单位积极探索数字政府数据系统与业务系统分离建设的新模式，创新提出“5 个智慧治理支撑体系”，旨在构建“三社联动”与联动联勤的协同机制，尤其是强调了人机协同合作的重要性。这一模式将社会计算与智慧治理服务紧密结合，以提升民众对社会事务的参与度和管理能力。通过深入研究社会计算和智慧治理服务的运行机制，可以优化相关制度设计，有效提升社会治理的效率和精确度。这种人机协同的智慧治理模式，不仅有助于推动社会的和谐发展，还能显著提升全社会的文明程度，为新时代的社会治理开辟新的路径。

二、深化社会治理与智慧城市的融合应用

（一）智慧城市建设对社会治理的影响

成都市成华区在智慧城市建设实践中，积极开展智能网络空间舆论融合治理人工智能社会实验，深度分析文明实践、社区诉求、网络舆论等数

据，精准把握城市居民需求与行为特点。这一举措不仅提升了公共服务的针对性和实效性，也增强了社会宣传的精准度和影响力。智慧社区建设正逐步成为推动智能社会建设发展的基础性力量，通过科技创新赋能社会治理，满足人民对美好生活的向往，实现社会高效能治理。智慧城市建设的深入推进，将为社会治理带来更加深远和广泛的影响。

该实验项目秉承“共驻共建、共建共享、共管共治”的理念，创新打造智能社区与网络空间融合治理的AI平台，探索建立社区大数据资产合规登记制度和流程，明确数据的权属和责任，为数据的流通和交易提供法律保障。同时，利用区块链等技术，对社区大数据产品流通与数据流通进行存证，确保数据的合规流通和可追溯性。其核心在于构建“大联动·家空间”人文智慧社区的人工智能应用底层系统，涵盖党建、平安、服务、健康、友好、幸福六大业务功能域，旨在推动智慧城市与社会治理的深度融合。项目突出智能文明、智能共享、智能服务、智能宜居、智能安全等应用场景，并兼顾社区志愿服务、公共服务和治理的个性化需求，从而为居民营造更加智能、便捷、安全的生活环境，实现社区治理的高效与和谐。

（二）智慧城市发展中的社会计算与智慧治理服务

社会计算在智慧城市治理中发挥着重要作用，与智慧治理服务深度融合，促进人文智慧社区五个层次需求的融合实现。这一模式推动了城市治理的社区化、社会化，并实现服务型鲜活数据的共享与交流，助力各子系统协同发展。社会计算与智慧治理创新的基础是社区大数据体系的构建，国家层面鼓励地区完善数据产权制度，强化资源整合共享，推进市场建设，推进社区数据资产化，以实现社区数据资源的有效利用和价值转化。通过建立以社区公共服务大数据为核心基础的社区大数据体系和CIG模型，通过社会行为联动建模和数据分析，得以深入理解城市发展趋势、市民需求及文明实践诉求。社会计算与智慧治理服务的结合，有效提升城市规划与运营的智能化水平，进一步强化治理效率与质量，为人民群众创造更加美好的生活环境。

（三）社会治理与智慧城市建设的协同创新

在新时代文明实践的引领下，社会计算技术的深化应用为智能社会与智慧城市建设铺就了坚实的融合之路。成都市成华区在此基础上，通过人工智能社会实验获得了丰富的理论指导和实践创新。通过深入挖掘社区的公共服务数据、文明实践志愿者的活动记录等信息，研究人员能够精准地分析社区公共服务需求、社会发展要求及潜在问题，对社区大数据进行分类分级，根据数据的敏感性、重要性等因素，制定不同的管理和挖掘利用策略，为城市治理与服务提供了丰富的数据来源。

同时，新时代文明实践借助社会信用体系、志愿服务积分等激励机制，探索建立社区大数据资产合规登记制度和流程，明确数据的权属和责任，为数据的流通和交易提供法律保障，有效激发社会各界参与社区各类活动的热情和积极性。这不仅丰富了智慧城市建设的人文内涵，也为构建“社区公共服务大数据＋应用场景＋算法”的数据生态体系奠定了坚实基础。展望未来，成都市成华区将继续深化社会计算技术在智能社会与智慧城市建设中的应用，打造更加高效、智能的城市治理与服务体系，为市民创造更加美好的生活环境。

三、提高智慧治理服务的质量与效能

（一）智能决策支持系统在智慧治理中的应用

智能决策支持系统在智慧治理中占据举足轻重的地位。该系统借助先进的数据分析、模拟仿真和决策评估技术，为决策者提供精准、科学的支持，极大地提升了社会治理的精准度和服务的精细化水平。

在成都市成华区，智能决策支持系统得到广泛应用。成华区深度整合了“党建、平安、服务、健康、友好、幸福”等文明实践需求方向的数据资源，着力构建一个全面、综合、高效的智能社会治理与社会化服务创新体系。这一体系的建立不仅有助于提高智能社会治理的效能，也促进了服务质量的提升，实现了社会治理与服务的深度融合。

此外，智能决策支持系统还为探索智能社会发展与治理、“虚实共治”等融合发展路径提供了有力支持。它使得决策过程更加科学、精准，有力推动了社会治理现代化的进程。可以说，智能决策支持系统的应用为成都市成华区乃至更广泛区域的社会治理现代化提供了参考借鉴。

（二）智能化数据分析与预测在治理服务中的作用

智能化数据分析与预测在治理服务中扮演着举足轻重的角色。特别是在社区公共服务与公益性志愿服务等涉及千家万户的领域中，其应用更是至关重要。它正在逐渐改变我们的社会治理模式，推动社会治理向更加科学、高效、人性化的方向发展。

目前社区治理领域的大模型应用相对较少，主要原因是缺乏足够的行业数据和完善社区大数据算法参数体系、全域流通及配套机制和制度保障，这限制了 AIGC、NLP、CIG 等先进算法的应用。借助社会计算技术的综合应用，成华区有机整合“大社区、大治理、大服务、大文明”等相关工作领域的数据资源，以人工智能新质生产力驱动先行先试探索“社区数据资产化”新路径。这不仅有助于及时了解社区治理和服务的具体需求，更能精准评估和预测社会需要。这种基于数据的分析和预测，使得城市管理、社会治理和公共服务等实际工作能够更具针对性和实效性。

智能化数据分析与预测为政府单位和社会各领域之间的合作和协同治理与服务提供了有效路径。通过数据的互联互通和共享，各部门可以更加高效地协同工作，共同推动社会治理现代化和服务水平的提升。

（三）推动智慧治理服务的理论与实践创新发展

推动智慧治理服务的理论与实践创新发展，是新时代社会治理的关键所在。坚持以人民为中心的发展思想，从多个维度深入探讨智能网络空间文明实践与融合治理的新理念，为基层治理体系和治理能力现代化提供坚实的支撑。

在具体实践中，成都市有关单位注重深化“人文社区·智能社会”等概念的内涵、构成与发展，让智慧治理与服务更加贴近人民群众的日常生活，解决他们最关心、最直接、最现实的利益问题。因此智能社会建设不仅要关注技术创新，更要注重理念与模式的革新，推动智慧治理与服务的深度融合。

让人文真正融入智能治理的各个环节，是智能社区与网络空间融合治理创新核心目标。通过应用大数据、人工智能等先进技术，可以更加精准地评估社会需求，预测社会动态，为治理决策提供科学依据。同时，坚持以人为本，优化流程、提升效率，让治理工作更加高效、便捷、人性化，让人文治理与服务成为智能社会建设中的亮丽标签。

【本章总结】

当前，人工智能、物联网等高新技术蓬勃发展，社会正迈向一个万物互联、计算无处不在的可计算型新时代，万物皆可“数”，万事皆可“算”。在这一背景下，社会计算的重要性越发凸显，社会算法治理作为新型社会治理方式应运而生。然而，社会计算技术的广泛应用也伴随着一系列风险，如伦理性、合法性和安全性等挑战。

人工智能成为社区治理的重要工具，尤其在2022年大模型元年迎来新发展。ChatGPT等引领性产品引领AIGC生成式人工智能大模型引起全球关注。众多大模型如雨后春笋般涌现，展现强大自然语言生成能力，为社区治理提供全新可能性。这些大模型不仅提高信息处理效率，更推动社区治理模式创新，助力社区治理向智能化、精细化方向迈进。

社会计算融合了计算机科学、管理科学、心理学和传播学等多学科，研究范围广泛，涉及社交网络分析、社会模拟、社会智能与数据挖掘等领域。其核心在于数据、算法和算力，但在社区治理领域，大模型应用相对较少。这主要是因为缺乏足够的行业数据和完善的算法参数体系。大模型要求庞大的参数规模、巨大的训练数据量和高算力，而社区治理领域的业务指标和参数体系尚处于初级阶段，限制了AIGC、NLP、CIG等先进算法的应用。此外，尽管社区数据量大，但如何有效收集和应用仍是挑战。

在国家层面，社区数据资产化政策日益受到重视，旨在推动数据资源的有效利用和价值实现。随着数字经济的蓬勃发展，社区数据作为关键生产要素，其资产化进程成为政策焦点。国家出台政策文件，明确社区数据资产化目标和路径，强调数据资源重要性，鼓励地区探索完善数据产权制度、加强资源整合共享、推动市场建设和“社区数据资产化”等措施，推动社区数据资源的有效利用和价值实现，为数字经济的发展注入新动力。

成华区在推进社区治理现代化方面展现出前瞻性思考，通过围绕“新时代文明实践+”主题，构建“一港三云”底层支撑系统和“社区公共服务大数据+应用场景+算法”生态体系，积极探索技术深度融入社区治理。同时，“东数西算”和“智慧蓉城”等工程为社区治理提供了强大算力与网络支持，破解了瓶颈问题。这些举措为社会计算技术在社区治理领域科学规范应用及社区治理大模型的集成奠定了坚实基础，为智能网络空间文明实践、融合治理及“人文社区·智能社会”治理创新提供了坚实的科学支撑。

与此同时，当前我国数据要素市场尚处于起步阶段，市场规模尚需进一步培育。但其成长迅速，已展现出从自发向有序发展的积极趋势。“东数西算”工程的推进，将极大促进数据要素的跨域流动，优化资源配置，实现产业和区域的协调发展。成都市作为该工程的枢纽节点，具备算力、网络、运营模式及应用场景示范等方面的显著优势。此外，社区数据资源价值巨大，但收集、整合、分析与应用面临挑战。西财天府社区治理学院组织专题课题组，从理论到实践，梳理探讨社区数据资产化的路径，提出“社区公共服务大数据+应用场景+算法”生态体系等创新举措，为其他地区提供借鉴。未来，随着数据要素市场成熟，社区数据资产化将推动“人文社区·智能社会”及智能网络空间精神文明共同体建设、提升城市竞争力的关键。

第一，深入研究智能网络空间文明与“虚拟社会”的内涵与特点，提出新时代以文明实践引领“虚拟社会”治理的途径。全面强化智能网络空间建设，是确保网络空间健康发展的重要举措，能为社会提供坚实的思想保证、强大精神动力及有力舆论支持，营造积极向上的网络文化氛围。

第二，以“新时代文明实践+”为引领，践行社会主义核心价值观，“坚持四个面向、打造四个空间”的推进路径，为引领“智能网络空间治理”提供路径指南，推动社会文明与科技进步的深度融合，共筑平安、服务、健康、关爱、幸福的智能社会。

第三，社区公共服务与社交网络的新趋势正推动社会计算体系向高质量发展迈进。重点构建社区网络空间，深入探究智能网络空间中的人际关系、信息传播及社会结构规律。通过研究信息传播模式及其对社区治理的影响，力求实现对社会舆论和动态的精准预测与有效干预，从而为社区治理提供坚实的科学依据，促进社区的和谐稳定发展。

第四，社会计算关注智能社会构建与发展模拟，通过模拟分析社会系统行为及演化规律，预测智能社会未来趋势。以城市交通为例，社会模拟助力研究交通拥堵问题，模拟不同管理策略并评估其对社区公共交通的优化效果，为城市交通管理提供有力决策支持，推动智能社会的科学发展。

第五，“虚实共治、协同治理”的理念正有力推动社会计算的理论与实践创新。面对虚拟社区与现实社区、物理空间与精神空间、智能社会与网络空间的深度融合，需借助计算模型和实验等手段，深入剖析社会智能与社区网络意识形态、舆论的复杂形成机制，揭示其影响因素及在社会体系中的重要作用。通过人工智能社会实验，研究社区友好、关爱、健康、幸福等行为的演变趋势，探索融合发展的关键因素。同时，积极寻求通过精心设计与有效干预，推动社会各种要素的和谐共生与协作，为智能社会的构建与发展提供坚实的支持。

第六，“新时代文明实践+”正引领社会计算领域持续深入创新发展。为满足智能社会的需求，成都市成华区携手西财天府社区治理学院等设立社区治理实验室集群，致力于研发众多社区治理AI算法模型，并构建集社区公共服务大数据、应用场景与算法于一体的生态体系。借助机器学习、数据挖掘等前沿技术，深入分析社区公共服务、志愿服务等数据，深入剖析自媒体、社交媒体在虚拟社区中的社会效益，精准把握居民的关注热点、兴趣倾向及志愿服务行为模式。

第七，智能社会治理人工智能社会实验研究涉及智能社会构建、治理策略、新时代治理创新及网络空间治理等诸多层面。这些领域相辅相成，为深刻认识和理解智能社会提供了多维度的视角。通过系统研究这些领域，不仅能够汲取新知识、新思维，更能为智能社会的研究与实践提供坚实的理论支撑和实践借鉴。智能社会研究的广泛性和深入性，为未来的探索和发展奠定了坚实的基础。

第八，社区数据资产管理与价值转化是核心任务。成华区在具体实践中注重建立合规登记制度，明确数据权属与责任，保障数据流通交易的法律基础。同时利用区块链技术确保数据合规流通与可追溯性，强化安全防护，保障数据安全完整，包括检查数据的来源、采集方式、使用目的等是否合法合规，避免数据泄露、滥用等风险。通过构建“社区公共服务大数据＋应用场景＋算法”生态体系，推动数据资产有效管理与价值转化，加速智能社区治理与网络空间融合治理的现代化进程。

第九，社区大数据生产与采集是基石，它确保了数据源的多样性和准确性。通过多维度收集社区治理、公共服务、居民生活等数据，形成全面细致的社区数据画像和“社区需求画像”。同时，注重数据的时效性，真实反映社区实际状况，如“一街百站千景万家”的创新体系。在数据资源整合上，以社区公共服务大数据为核心，整合各类资源，形成完整的数据链条，如“一港三云”社区治理底层支撑系统、“社区公共服务大数据＋应用场景＋算法”的生态体系的构建。

第十，社区数据资产管理与价值转化至关重要。成都市有关单位积极建立社区大数据和社会计算应用的合规登记制度，明确数据权属与责任，为以社区公共服务大数据为核心基础的社区数据流通交易提供法律保障。同时，运用区块链技术确保数据合规流通与可追溯性。加强大数据安全管理，保障数据的安全性和完整性也是不可或缺的一环。通过资源入表、资本化应用及资产运营等手段，促进数据资产的有效管理与价值转化，进而推动智能社区治理与网络空间融合治理的现代化进程。

从成华区对社区公共服务大数据的采集与社会计算技术应用的研究成果来看，成华区积极探索数字政府数据系统与业务系统分离建设的新模式，其中“一港三云”社区治理底层支撑系统的构建尤为关键。该系统注重将数据资源注册登记平台体系作为推动社区公共服务大数据治理的突破口，为社区大数据资产要素的流通发展奠定了坚实基础。

在具体的实践中，注重以需求和场景为导向，通过构建新时代文明实践“一街百站千景万家”社会宣传与民生服务体系，创新社区大数据的更新和活力机制，使得社区各类数据源能够保持持续更新和活力。同时，构建“社区公共服务大数据＋应用场景＋算法”生态体系，充分利用 CIG、区块链等信息化技术，探索社区业务、数据体系结构、权属、流转、应用和县级社区大数据资源注册登记平台体系建设机制，着力打通社区大数据共享流通的堵点，撬动全域社区大数据要素流通生态，以推动县域社区公共服务大数据要素流通，积极为“人文社区·智能社会”建设过程中的社区数据市场化开辟新路子，确保社区数据资产化的健康有序发展。

综上所述，通过建立完善社区大数据安全保护机制、加强数据交易市场的监管等措施，社区公共服务大数据与社会计算技术深度融合，为社区大数据治理和数字经济发展提供新的思路与实现路径，对于推动智能社会治理与服务现代化和数字化转型、数字政府和数字乡村建设，带动数字经济的高质量发展具有重要意义。

第五章
新时代文明实践引领智能社会治理综合实验 打造“人文社区·智能社会”特色场景

在人工智能蓬勃发展的时代背景下，国际社会正迈向紧密的“数字网络社会共同体”。智能社会作为高度信息化、网络化的新型社会形态，利用前沿的信息技术和智能化手段，实现了社会功能的智能化管理与服务。互联网虚拟社会、智能网络空间与线上线下交融的智能社会共同构建出独特的网络社会生态。党的十八大以来，党中央深刻洞察形势变化，统筹发展与安全，对网络安全、社会治理创新等工作作出新部署，为在“新时代文明实践＋”视角下开展国家智能社会治理综合实验指明了方向。应积极探索与研究，以推动智能社会的健康发展。

2022 年 9 月，成都市积极响应国家智能社会治理的号召，正式启动了国家智能社会治理实验综合基地建设。其中，成都市成华区携手成都市广播电视台，共同承担起“智能网络空间治理”这一重要的人工智能社会实验项目。基于智慧成华、智慧社区、文明实践等融合建设需要，成华区创新推出了“智能社区与网络空间融合治理”线下配套项目。该项目以“新时代文明实践＋”为引领，旨在探索构建虚拟与现实、物质与精神、智能与网络多元共治的智能治理新路径。通过这一创新，成华区将不断优化智能社会治理体系和机制设计，更为社区居民带来更便捷、更智能的生活体验。

智能社会是高度复杂且多元的系统，融合智慧城市、网络、精神、文化和经济等多维度空间，共同推动社会智能化发展，实现高效运转和可持续进步。在智能社会中，人机物交互日益密集深入，重构社会关系图景。这要求治理理念革新，推动社会结构与运行模式的理论创新。社会科学需发挥关键作用，为智能社会治理提供理论支撑与策略指导。净化智能精神空间、塑造智能文化空间、治理智能网络空间，是时代要求，也是社会发展的必然趋势，旨在构建健康、和谐、高效的智能社会。需积极应对挑战，共创智能社会美好未来。

目前，学界在智能社会及网络空间治理领域取得了丰富的研究成果，特别是在网络空间净化、文化精神空间打造以及人文智慧社区建设等方面。然而，对于"新时代文明实践+"在网络空间治理和安全领域的研究尚显不足。智能网络空间文明实践、智能社会治理与服务创新的研究尚显薄弱，完整体系尚未形成。未来需深化这些领域的专项研究，探索技术应用与场景打造的融合创新，构建全面、系统的理论体系，以推动智能社会的健康发展，实现更高效的治理和更优质的服务。

以习近平新时代中国特色社会主义思想为指导，结合马克思主义中国化视角，深入探索社会计算算法在社区治理中的应用，具有重要的理论与实践价值。鉴于智能社会具有独特生成机制、复杂生态结构以及不可控社会影响等特点，本章采用多种研究方法，包括比较分析、多学科交叉分析、归纳总结、案例分析，力求在智能社会治理的理论和实践路径方面实现新突破。结合成都市的实践与研究，特别是成华区通过 AIGC、NLP、CIG 等技术的应用转化，形成软件化、网络化的社区治理小模型，能够为"人文社区·智能社会"建设提供有力支撑。未来，应进一步加强对智能网络空间文明实践、智能社会治理与服务创新等专项研究，构建完整的理论体系，以推动智能社会的健康发展。

本书基于选题背景与研究意义，借鉴国内外成果，聚焦成都市智能社会治理实验基地的"智能网络空间治理"实验目标任务，深入探究社会主义核心价值观在智能治理中的作用，审慎提出以习近平新时代中国特色社会主义思想为指导，以"新时代文明实践+"为引领，重点探索物质与精神、现实与虚拟、智能社会与网络空间"虚实共治、协同治理"新路径，力争填补超大城市治理和智能社会治理与服务创新领域的空白。以期为国家智能社会治理实验提供理论支撑和实践参考，为推动智能社会治理体系与治理能力现代化目标贡献力量。

第一节　人工智能赋能社区治理融合创新模式

随着人工智能技术的蓬勃发展，其在社区治理领域的应用日益广泛，深刻改变着传统管理模式和决策方式。智能社会治理不仅意味着利用智能化手段治理智能社会，更包括以智能方式优化和提升治理效能。人工智能技术的引入，使得社区治理更加精准、高效，有助于重塑政府、市场和社会关系，推动社会进步与创新。同时，智能社会治理也催生了“智能时代：人文社区·智能社会”治理与服务新理论的探索，为构建更加和谐、宜居的社区环境提供了有力支撑。

在智能社会治理综合实验探索研究与文稿撰写中，智能网络空间成为关键的研究对象。深入研究智能精神空间、智能文化空间的塑造，以及虚拟社会、智能社区等相关内容，以期形成一套完整的理论体系和实践路径。此外，成华区积极探索将 AIGC、NLP、CIG 等社会计算算法业务逻辑和应用程序进行转化，形成软件化、网络化的社区治理小模型应用模块。这些模块将为“人文社区·智能社会”建设提供有力的技术支撑和实践探索，推动成都市成华区、成都市广播电视台等单位和机构在人工智能社会实验方面取得更多创新成果，同时也为本书成稿提供了大量的案例支撑。通过这些努力，期望能够为社会治理创新与发展贡献更多智慧和力量，共同构建更加美好的未来。

一、人工智能在市域社会治理中的应用

（一）在公共管理方面

人工智能在市域社会治理中的应用日益广泛，尤其在公共管理方面展现出显著优势。它不仅能实时监测交通流量、精准管理气象预报，还能高效监测城市安全状况，提升社会治理效能。在构建人文智慧社区时，人工智能通过满足平安、服务、治理、组织、人文等五个层次的需求，实现技术与应用的深度融合。同时，智慧城市管理也借助人工智能进行体制机制创新和制度设计，为市域社会治理提供有力保障。

（二）在公共安全方面

在平安建设等公共安全领域，人工智能的应用为城市平安建设提供了有力保障。通过实施安全监测措施，人工智能能够有效监测和预防各种公共安全隐患，确保居民生活在安全的环境中。智能垃圾桶、智能路灯、智能地下通道等智能监测技术的引入，不仅让城市变得更加智慧化，还实现了公共安全领域的智能联动联勤，提高了应急响应能力和社会治理水平。

（三）在公共服务方面

人工智能在公共服务方面的应用，为社区提供了更高效、便捷的医疗、就业、教育、健康等服务。通过构建“社区公共服务大数据＋应用场景＋算法”的数据生态体系，人工智能不断优化服务质量和效率。在医疗服务中，人工智能技术可监测和评估医疗质量，为医生提供全面的医学知识与规划策略，使得病情处理更加科学、系统。这些应用不仅提升了公共服务的水平，也增强了社区居民的获得感和幸福感。

（四）在数字经济方面

在数字经济的大潮中，人工智能已跃升为全球科技竞争的制高点。各国纷纷加大投入，将人工智能作为推动数字经济发展的核心动力。我国也不甘落后，以“人工智能＋”新质生产力为重点，积极推进人工智能与经济社会的深度融合，为数字经济发展注入强劲动力。作为西部重镇的成都市，在数字经济领域的布局尤为亮眼。成都市国家智能社会治理实验综合基地规划中明确了智能治理产业孵化发展方向。成华区围绕“人文社区·智能社会”重点领域，深入开展指标体系、标准规范研究，积极研发社区算法模型、集成智能产品，展现出在数字社区这一蓝海市场领域的积极作为和前瞻性布局。

二、人工智能提升社区治理能力

（一）智能化社区管理

人工智能技术在社区治理中发挥着关键作用，极大地提升了管理的效率和便捷性。智能化监控系统实现了社区网格化管理的精细化，通过数据分析优化管理措施，强化宣传教育。此外，人工智能在社区公共设施智能管理方面的应用同样出色，如智能垃圾分类、停车管理和照明系统，不仅减少了人工干预，还提升了管理的智能化水平。这些智能化举措为社区居民提供了更舒适、安全的生活环境，也展示了人工智能在社区治理中的巨大潜力。

（二）智慧化社区服务

人工智能技术助力社区服务实现智慧化升级，显著提高了居民的生活品质。借助人工智能助理，居民可轻松查询社区信息、报修预约，享受实时反馈与解决方案。同时，基于“社区公共服务大数据 + 应用场景 + 算法”的数据生态体系，社区能够精准推送个性化的活动推荐、健康咨询等服务，满足居民多元化需求。智慧化社区服务的推行，不仅增强了居民的社区归属感，也提升了社区服务的便捷性和满意度。

（三）智能化社区安全

人工智能在社区安全领域发挥着重要作用。通过构建针对学校、医院等公共空间的隐患治理和关爱服务系统，人工智能能够自动识别和预警异常行为与安全隐患，从而及时应对潜在威胁。此外，人工智能还能利用数据分析挖掘技术，协助社区和警方发现犯罪线索，预测犯罪趋势，有效减少犯罪活动。这些智能化措施将显著提升社区的安全治理水平，为居民营造一个更加安全、和谐的生活环境。

（四）智能化社区交互

人工智能的引入，极大地丰富了社区居民间的交互方式。它不仅促进了居民与社区管理者之间的有效沟通，还推动了数据资源的共享和系统平台的融合互动。通过构建虚实共治交付界面，社区可实现平安建设、综合服务、健康友好等10余个业务功能域的整合。同时，微组织、微服务、微感知、微治理、微机制等线上线下互动模式，共同构成了“智慧蓉城”社区神经元生态体系。在此基础上，通过社区治理算法函数模式的构建，以及“社区公共服务大数据 + 应用场景 + 算法”的数据资源体系的完善，为各个领域、各个界面、各种需求的融合交互提供了坚实基础，营造出一个既有温度又智能的社区环境，为深入开展新时代文明实践、引领“人文社区·智能社会”奠定了良好基础。

三、人工智能赋能社区治理与公共服务理论和实践研究有待加强

（一）国内外社区治理信息化概念差异

世界先进城市在社区治理实践中，形成了各具特色的治理模式。新加坡以行政主导，强调政府的作用；澳大利亚和日本则倾向于混合治理，注重政府、社区与居民的协同；加拿大和美国则推崇自治模式，社区拥有较大的自主权。这些模式各具特色，无固定模板可照搬。

相较之下，国内社区治理信息化也形成了多种模式。上海、成都等地强调公共服务的信息化；沈阳、杭州则侧重于自治服务的信息化；深圳等地更是尝试智慧服务、智能治理的新路径。然而，从现有研究文献和案例来看，国内社区治理在技术应用、指标体系、建设指南等方面仍有待深化。特别是将人工智能与社区治理、公共服务进行深度融合的研究和实践尚显不足，提升“社区生活共同体”品质的做法更是稀缺。

因此，未来国内社区治理应更加注重人工智能等新技术与社区治理的深度融合，探索更加符合国情、贴近民生的治理模式，以提升社区治理的效能和品质。

（二）人工智能赋能理论指导不足

人工智能技术在社区治理中展现出巨大的应用潜力，然而，当前关于如何有效利用这一技术推动社区治理模式升级的理论指导却明显不足。这主要由于国内外缺乏完整、系统的理论和实践经验模式，导致不少地方在探索过程中面临诸多挑战和不确定性。

人工智能技术在经济社会领域的广泛应用，也存在缺乏系统规划和顶层设计不科学，造成算力、数据资源浪费等情况，充分发挥人工智能技术在社区治理中的优势，实现社会福利和公共产品的均等化需求，成为当前亟待解决的问题。但同时也可能引发一系列难以预料的问题，如数据安全、隐私保护等。

因此，加强“人工智能+”新质生产力驱动社区治理的理论研究和实

践探索，建立健全相关法规和标准，是推动“人文社区·智能社会”建设、满足居民更高需求的关键所在。

（三）人工智能技术赋能需求不清

人工智能技术在社区治理中的应用存在需求不明确的问题。当前，许多社区在应用人工智能技术时，往往过于追求技术的先进性和数据处理能力，却忽视了深入挖掘社区治理的真实需求和配套机制。这种单纯的技术堆砌，导致技术应用浮于表面，未能真正融入社区治理的各个环节，也无法满足居民的实际需求，从而影响了民众的幸福感和获得感。

为了有效解决这一问题，首先需要更深入地了解社区治理的业务体系、指标体系、制度体系等核心要素，明确社区治理的真实需求和痛点。在此基础上，才能确保人工智能技术的应用能够精准对接社区治理的实际需求，实现技术与治理的深度融合。

同时，在选择人工智能技术赋能的匹配能级和软硬件配置时，也应根据社区治理的实际需求进行科学合理的选择。不应被技术公司的所谓的技术创新驱动或“捆绑”，而应坚持以业务、场景融合需求为导向，确保技术的适用性和有效性。

（四）人工智能赋能人文关怀不够

在大数据、云计算、人工智能等技术日新月异的时代，社区治理与公共服务数据得到了深度挖掘和应用，为智慧社区治理和市域社会治理模式的创新提供了有力支撑。然而，技术的嵌入不应仅仅停留在强化管理和治理的层面，更应回归人文关怀，以人民为中心，实现社区的善治和居民的安居乐业。

从当前一些社区的实际情况来看，过度侧重于技术层面的智能化和数字化社区系统平台的建设，而忽略了以人民为中心的制度设计，以及在共建共享、共管共治等方面的机制优化。同时，对于社区精神的塑造和人文关怀的体现也显得不足。这样的技术应用方式往往忽视了人的主体性和社区的人文特色，难以真正提升居民的获得感和幸福感。

因此，需要重新审视人工智能技术在社区治理中的应用方式，注重技术与人文的融合，让技术真正服务于人民，增进居民互信，推动人文智慧社区共同体建设。只有这样，才能实现社区的可持续发展和居民的全面进步。

四、人工智能赋能社区治理虚实共治模式

（一）社区治理基于网络社会的时代背景

社区治理在网络社会的时代背景下，面临着前所未有的机遇与挑战。网络社会，作为由各种关系网络聚合成的社会系统而形成的虚拟社会与现实社会耦合而成的完整社会，其开放性、多样性、实时性和互动性等特点对社区治理产生了深远的影响。

虚拟社会与现实社会的交互融合，不仅形成了智能社会新的意识形态和价值观，更改变了人们的思维方式、互动过程和生活形态。这种“虚实互动”和“虚实交融”的智能社会现象，极大地增加了社区治理的复杂性和难度。

人工智能技术的快速发展为社区治理提供了新的可能。借助大数据、云计算等先进技术，可以实现对社区治理数据的实时采集、分析和应用，为决策提供科学依据。同时，通过智能化手段，可以优化社区资源配置，提高公共服务效率，增强居民参与感，进而推动社区治理的现代化和智能化。

然而，面对网络社会的复杂性和不确定性，也需要保持清醒的头脑和审慎的态度。在利用人工智能赋能社区治理的过程中，应注重保护居民隐私和数据安全，避免技术滥用和误用。同时，还应加强与社会各界的合作和沟通，共同推动社区治理的创新与发展。

（二）人工智能赋予现实社区“虚拟治理”能力

在当今时代，网络社会以其多属性、流量多维性和多层性等超网络特征，深刻地影响着我们的生活方式和社区治理模式。网络社会不仅融合了虚拟社会与现实社会中的各种关系网络，在此基础上形成复杂而多元的智能社会。这个智能社会由众多不同质性的智能社区矩阵节点组成，节点间的连接各具特色，承载着物流、信息流、知识流和资金流等多维度交互。

随着移动互联网、物联网、云计算、大数据和区块链等现代信息技术

的迅猛发展，传统社区治理单元正逐渐转化为新型网络社会节点，进而形成新型智能网络拓扑结构。这种结构赋予了社区治理以去中心化、协同性、自组织性、不确定性和涌现性等复杂系统特征，使得社区治理变得更加灵活、高效和富有创新性。

人工智能技术的运用进一步增强了社区的“虚拟治理”能力。通过数据挖掘、机器学习等技术手段，人工智能可以辅助社区治理主体进行决策分析、风险预测和资源配置，提升治理的精准性和有效性。同时，人工智能还能促进社区居民之间的信息交流与互动，增强社区凝聚力和向心力。

值得注意的是，在推进人工智能赋能社区治理的过程中，需要关注到其可能带来的风险和挑战。例如，数据安全问题、隐私保护问题以及技术滥用等问题都需要我们加以重视和解决。因此，在享受人工智能带来的便利和效益的同时，也需要建立相应的法规制度和伦理规范，确保技术的健康发展和社会责任的履行。

（三）人工智能赋能社区治理的“虚实共治”模式

在传统社区治理中，由于交互主要局限于物理空间，网络规模和密度有限，社区治理往往局限于简单的数据收集和处理，难以实现高效、精准的治理目标。然而，随着大数据、人工智能等技术的快速发展和广泛应用，社区治理迎来了前所未有的变革。

在“虚实共治”模式下，人工智能技术通过智能抽象、智能感知、智能计算等手段，为现实社区在网络社会中构建了清晰可见的“社区画像”。这一画像不仅包含了社区的基本信息和结构，还反映了社区的思想、意识形态和价值观，为治理主体提供了全面、深入的认识。

基于 AIPC 和 CIG 等社会计算技术的“社区画像”功能，可以促进治理人员对社区的实时感知、数据智能处理与干预行为的高度集成。现实主体在网络空间中映射形成“虚拟主体”，这些虚拟主体与现实主体相互作用、相互影响，共同构成了“人文社区·智能社会”的治理格局。

在这一模式下，“人文社区·智能社会”将实现从“被动应对”到“主动预防”的转变，从“人为干预”到“智能干预”的升级。治理主体可以更加精准地识别社区问题、预测社区风险，并采取有效措施进行干预和治理。同时，社区成员也可以通过智能平台参与治理过程，实现社区“自主治理”和“无感知治理”。

五、数字技术赋予人文社区与智能社会“虚实共治”的实施路径

（一）塑造虚拟社区健康的“人文思想”

数字技术赋予人文社区与智能社会“虚实共治”的实施路径，是一个涉及技术、人文和社会等多个层面的综合性课题。在这一过程中，塑造虚拟社区健康的“人文思想”显得尤为重要，它不仅是推动社区治理现代化的关键一环，也是网络社会建设和文明实践的重要内容。

首先要明确虚拟社区并非简单的技术产物，而是现实社区在网络空间的映射和延伸。因此，塑造虚拟社区健康的“人文思想”，需要以现实社区的人文精神和社会价值观为基础，将社会主义核心价值观融入虚拟社区的建设和管理中。通过引导社区成员树立正确的意识形态和价值观，增强社区互动关系和共同文化维系力，促进虚拟社区的健康发展。

其次要利用数字技术构建开放、包容、共享的虚拟社区生态系统。通过集成各类技术、产品和业务流程，实现社区内信息的快速传递和资源的有效共享。同时，要注重保护社区成员的隐私和权益，确保虚拟社区的安全和稳定。

同时还需要推动虚拟社区与现实社区的深度融合。通过线上线下相结合的方式，促进社区成员之间的交流和互动，增强社区的凝聚力和向心力。同时，可以利用虚拟社区的优势，为现实社区提供更加便捷、高效的服务，提升社区治理的现代化水平。

此外，要注重虚拟社区文化的培育和发展。通过举办各种线上活动、推广优秀文化作品等方式，引导社区成员形成积极向上的文化氛围，提升虚拟社区的文化品质，推动网络社会文明实践的深入发展。

（二）将安全伦理融入智能社会治理全生命周期

将安全伦理融入智能社会治理全生命周期是一项至关重要的任务，这不仅是技术发展的内在要求，也是社会进步和文明发展的重要体现。近年来，

我国在人工智能领域的伦理治理方面已经取得了显著的进展，发布了一系列政策文件，并设立了专门的机构来研究起草人工智能伦理高风险清单。将安全伦理融入智能社会治理全生命周期，避免其可能带来的安全风险。

首先需要在技术研发阶段就充分考虑伦理因素，确保技术的设计、开发和应用都符合伦理规范。这包括对数据的收集、存储和使用进行严格的规范，避免侵犯个人隐私；对算法进行公正性和透明性的评估，防止偏见和歧视的产生；以及对技术可能带来的风险进行充分的评估和预测，制定相应的应对措施。

其次在技术应用阶段，需要建立健全的监管机制，确保技术的使用符合伦理和法律的要求。这包括对人工智能产品的安全性能进行严格的检测和认证，防止不合格产品流入市场；对技术使用过程中的违规行为进行及时查处和惩罚，维护市场秩序和公共利益；同时，还需要加强对技术使用者的培训和指导，提高他们的伦理意识和安全意识。

此外，还需要加强跨学科的研究合作，推动人工智能与伦理、法律、社会学等领域的深度融合。通过共同研究和探讨，可以更加深入地理解人工智能技术的本质和特点，发现其可能带来的伦理风险和挑战，并提出有效的解决方案和对策。

针对变异安全问题，即人工智能可能不可控而产生对社会与人类的伤害问题，需要开展更加深入的研究和探索。这包括加强对人工智能技术的安全性和可控性的研究，提高技术的稳定性和可靠性；同时，还需要建立健全的应急响应机制，一旦出现安全问题能够迅速采取措施进行处置和应对。

（三）完善智能社会的“微治理”神经元生态体系

在智能社会的构建过程中，完善“微治理”神经元生态体系显得尤为重要。智能网络作为智慧社区的“微组织、微治理、微服务”的基础配套设施，对于推动社区层面的精细化治理和服务具有关键作用。以成都市为例，其智慧城市建设在宏观层面已取得显著成效，但在社区这一微观层面的“微治理”神经元生态体系建设尚显滞后。

因此，为了进一步完善智能社会的“微治理”神经元生态体系，需要从以下几个方面着手。

一是加强智能网络基础设施建设。这包括提升社区范围内的网络覆盖和质量，确保各类智能设备和应用能够稳定、高效地运行。同时，还需要加强数据安全和隐私保护，防止信息泄露和滥用。

二是推动数据共融共通。在智能社会中，数据是治理和服务的重要依据。因此，需要建立数据共享机制，打破信息壁垒，实现各类数据在社区层面的共融共通。尽管社区领域的数据量庞大，但如何有效收集和应用这些数据仍是一个挑战。成华区提出的“社区公共服务大数据+应用场景+算法”生态体系构建的创新值得参考。

三是深化人工智能技术在社区治理中的应用。通过引入人工智能算法和模型，可以对社区内的各类问题进行智能分析和预测，为治理决策提供科学依据。同时，还可以利用人工智能技术优化公共服务流程，探索如何将人工智能、大数据、虚拟现实、区块链等技术深度融入社区治理实践中，提升社区服务体验。

四是还需要注重居民参与和共建共享。成华区在“智慧蓉城”街道（乡镇）城运平台的基础上，构建社区治理与公共服务的“微治理”循环体系。这包括加强街道（乡镇）与社区（街区）、小区（院落）之间的联动，形成上下贯通、左右协同的治理网络。同时，还需要注重服务的精细化和个性化，根据居民的实际需求提供有针对性的服务。

（四）完善智能社会的“微感知”神经元生态体系

完善智能社会的“微感知”神经元生态体系是智慧社区发展的重要一环，它对于实现社区的精准化治理和精细化服务具有至关重要的作用。社区感知层作为这一体系的基础，其构建和优化显得尤为重要。

需要充分利用现有的智慧社区系统平台与设施设备。这些平台与设施已经具备了一定的感知和控制能力，通过对其进行整合和优化，可以形成更加完善的“微感知”社区体系。这包括利用感知控制元器件、感知控制网关及传感网络等技术手段，实现对社区内各类信息的实时采集、传输和处理。

构建“一芯百算千视万物”的社区微感知和微计算神经元生态体系是

关键。这一体系通过集成先进的计算技术和算法模型，能够实现对海量感知数据的智能分析和处理。通过这种方式，可以实现人机互增强、互补充及协同治理的高效模式。这不仅可以提升智能网络空间综合治理的“智商”，还能够促进控制流、信息流、知识流、价值流的协同优化。

为了实现组织与信息空间的统一治理格局，还需要注重跨部门和跨平台的协作与共享。这包括加强不同部门之间的数据互通和信息共享，打破“信息孤岛”和壁垒，形成合力推动社区的智能化发展。

同时，还需要注意到在完善“微感知”神经元生态体系的过程中可能面临的一些挑战和问题。例如，如何确保感知数据的准确性和可靠性？如何保障数据的安全和隐私？如何处理不同设备和平台之间的兼容性问题？这些都是在智能社会治理综合实验中需要认真思考和解决的问题。

（五）完善智能社会的“微计算”神经元生态体系

完善智能社会的“微计算”神经元生态体系是构建智慧社区的核心任务之一。鉴于智慧社区组成的复杂性和业务的多样性，缺乏统一的多系统协调机制与标准已成为制约其进一步发展的瓶颈。因此，以社区为基本单位，构建社会计算指标和算法体系显得尤为重要。

通过依托智慧城市的综合运营平台，可以构筑类似于“大联动·家空间”这样的智能治理之芯，即人文社区的“智能大脑”，不仅能够整合社区内的各类数据资源，还能通过高级算法与模型进行智能分析和决策，为社区治理提供有力支持。

构建社区治理的“边缘计算”平台和神经元生态体系是实现“微计算”的关键，有利于各个模块和系统连接起来，形成一个统一的有机体，实现信息的共享和协同。CIG 边缘计算能够将数据处理和分析的能力下沉到社区层面，实现数据的实时采集、处理和分析，大大提高社区治理的响应速度和精准度。

根据业务需求和数据特征建立分析特征集是提升“微计算”效果的重要手段。通过对社区内各类数据的深入挖掘和分析，可以提取出对治理决策有价值的信息和特征，为算法模型的构建提供有力支撑。

在社区治理算法模型方面，综合运用监督学习、非监督学习、强化学习等多种机器学习方法，以及超网络建模分析、混合增强智能等高级技术，建立虚拟社区与现实社区之间的"虚实共治"映射微计算模型体系。这一体系不仅能够模拟和预测社区内的各种现象和趋势，还能为治理决策提供科学依据和优化建议。

第二节　社区服务智能化与社区公共服务大数据的关系研究

社区作为城市的基础细胞，承载着社会治理、城市管理的重任，同时也是居民幸福生活的依托。在信息化、智能化的时代背景下，社区服务智能化与社区公共服务大数据的紧密关系越发凸显。

社区公共服务大数据，涵盖了从基础设施维护到居民日常生活需求的方方面面，是城市管理和社会治理智能化的重要基石。通过对这些数据的深入挖掘和分析，可以精准识别社区服务的短板和需求，进而优化资源配置，提升服务效率。社区公共服务大数据也是构建智慧社区、实现社区服务智能化的关键所在。借助大数据技术，可以实现社区服务的精细化、个性化，满足居民多元化、差异化的需求。此外，大数据还能助力社区治理的创新，推动社区管理向更加科学、高效的方向发展。

社区公共服务大数据以其动态性和鲜活性，成为社区治理和公共服务的重要支撑。这些数据不仅提供了有效、科学的信息依据，还直接反映了城市管理、社会治理、社会服务和乡村振兴等多方面的需求。通过深入挖掘和分析这些数据，可以精准识别社区治理的难点和痛点，为政策制定和决策提供有力支持。

以成华区为例，成华区综合应用了多项重点课题的科研成果，特别是在"社区公共服务大数据工程体系与政社互动机制构建"方面取得了显著进展。通过构建"社区公共服务大数据＋应用场景＋算法"的数据生态体系，成华区将大数据技术与社区治理、公共服务等实际场景相结合，努力实现数据的有效利用和价值的最大化。

一、大数据驱动社区公共服务的研究应用

（一）社区公共服务大数据的显著特点是面向社区公众

随着“智慧蓉城”建设的不断推进，社区公共服务大数据技术在城市管理、社会治理、社会化服务及志愿服务等多个领域的应用日益凸显，极大地促进了这些领域的数字化和标准化进程。

大数据技术为城市管理带来了前所未有的便利和效率。通过对海量数据的挖掘和分析，管理者能够更准确地把握城市运行的状态和趋势，及时发现潜在问题并进行预警，从而实现对城市管理的精细化和智能化管理。这样，不仅能够提高城市管理的效率和质量，还能够为城市规划和决策提供有力支持。

在社会治理领域，大数据技术同样发挥着重要作用。通过收集和分析社区公共服务数据，相关部门可以更加精准地识别社会治理的难点和痛点，制定出更加科学有效的治理措施。同时，大数据技术的应用还能够提升社会治理的透明度和公正性，增强公众对治理工作的信任和支持。

在社会化服务和志愿服务方面，大数据技术也为服务提供者提供了更加精准的服务方式。通过对用户需求的深入挖掘和分析，服务提供者可以更加准确地把握服务对象的需求和偏好，提供更加个性化、精准化的服务。这不仅能够提升服务的质量和效果，还能够增强服务的针对性和实效性。

（二）社区公共服务大数据重塑社区治理方式

随着计算机技术的微型化和智慧化、互联网的泛在化和云端化，以及智能终端的持续迭代升级，人类社会正快速地迈入大数据时代和智能时代。在这样的背景下，社区公共服务大数据推动“人文社区·智能社会”治理和服务创新，引领着社区服务模式和居民行为方式的深刻变革。

社区公共服务大数据的应用显著提升了治理的精准性和高效性。通过大数据技术的挖掘和分析，可以深入了解社区居民的各类需求、行为习惯以及服务偏好，为治理决策提供有力的数据支撑。这使得社区治理能够更加精准地对接居民需求，提供个性化的服务，提高了治理的针对性和实效性。

"互联网+社区公共服务大数据"的融合发展推动了国家治理的智慧化转型。通过互联网平台的连接和整合，社区公共服务大数据可以实现跨部门、跨领域的数据共享和协同，打破"信息孤岛"，提高治理的协同性和整体性。这为国家治理的现代化和精准化提供了有力的技术支撑，推动了公共服务的高效精准供给。

社区公共服务大数据的应用还促进了社区服务模式的创新。通过数据分析和预测，可以预测社区服务的需求趋势和发展方向，提前制订服务计划和确定策略。同时，大数据技术的应用还可以优化服务流程，提高服务效率和质量，为居民提供更加便捷、高效的服务体验。

此外，社区公共服务大数据的普及和应用也在潜移默化地改变着居民的行为方式。随着数据的不断积累和挖掘，居民对社区服务的期望和要求也在不断提高，这促使着社区服务提供者不断创新服务方式、提升服务水平。同时，居民也在逐渐适应和接受这种基于大数据的精准化服务模式，形成了更加智能化、个性化的生活方式。

（三）社区公共服务大数据驱动社区治理现代化创新

社区公共服务大数据作为推动社区治理现代化的关键驱动力，正在引领社区治理模式的创新与发展。随着大数据技术的不断成熟和智能化应用的拓展，社区公共服务大数据已经从早期的精准化阶段，逐步演进到智能化、智慧化的新阶段。

这一转变不仅体现在技术层面，更在于其对社区治理模式的深刻影响。通过大数据的"全区域整合、全要素计算、全领域发展"，社区治理能提供更为全面、精准和高效的资源配置和服务。这种治理模式突破了传统的条块分割和部门壁垒，使得社区治理更加协同和一体化。

"人文社区·智能社会"治理与服务的提出，是社区治理现代化创新的重要体现。这一模式强调以人为本，通过智能化手段提升社区治理的精细化水平，实现科学规划和智能治理。通过溯源每一个智能体的数据和行为，社区治理能够更加精准地把握居民的需求和偏好，设计出更加符合实际、贴近民生的治理方案。

社区公共服务大数据的应用还促进了社区治理决策的科学化。传统的社区治理决策往往依赖于经验和直觉，而大数据的应用使得决策更加基于事实和数据。通过对海量数据的挖掘和分析，可以揭示隐藏在数据背后的规律和趋势，为社区治理决策提供有力的支持。

社区公共服务大数据的应用也提升了社区治理的透明度和参与度。居民可以通过大数据平台了解社区治理的进展和成效，参与治理过程，提出自己的意见和建议。这种参与式的治理方式有助于增强居民的归属感和责任感，促进社区的和谐稳定发展。

二、大数据时代公共服务管理的研究进展及其突破点

（一）社区公共服务大数据驱动社区意识理论实践研究

在当前的社区公共服务领域，大数据技术的应用正日益成为推动理论与实践创新的重要力量。通过对社区公共服务大数据的分析，可以更加精准地了解居民需求，为社区提供更加个性化、高效的服务。同时，大数据也为社区治理提供了新的思路和方法，使得社区治理更加科学化、民主化。

社区公共服务大数据作为智能社会治理创新的重要资源，不仅精准展现了居民的整体需求，更能深刻反映社区的整体价值观和意识形态趋势。民政部政策理论研究基地（重庆大学）的学者张邦辉提出，从人文角度出发，社区大数据驱动的智慧社区建设可视为一种共同体构建过程，各参与方通过共享协作，共同满足居民需求，进而体现出社区的整体价值观和意识形态。

民政部政策研究中心的丁朋学者指出，强化社区公共服务的实际应用，有助于重塑社区关系利益共同体，进一步增强社区的凝聚力和共同体价值观，使社区成为一个更加和谐、稳定的整体。这种凝聚力是社区发展的重要基石，有助于构建和谐稳定的社区环境。

同时，西财天府社区治理学院、武汉大学网络传播与社会治理研究中心等机构的研究者针对社区公共服务大数据的普适性特点，积极探索利用“人工智能 + 应用场景 + 社区公共服务大数据”及社会计算技术，深入研究社区人文思想、意识形态和价值观的演变规律及影响，为智能社会治理和服务创新提供有力的理论支撑与实践路径。

（二）“社区公共服务大数据+”智慧治理实践创新研究

大数据技术为社区治理提供了全新的视角和手段，推动了智慧政府、智慧城市、智慧社区等领域的创新发展。社区大数据要素助力社区治理，强化城市软实力与竞争力，通过深入分析社区公共服务大数据，实现精准治理、高效服务，为居民提供更优质的社区生活环境。这一实践创新研究不仅提升了社区治理水平，也为公共管理的现代化进程贡献了智慧与力量。从智慧城市的视角看，社区治理领域的数据缺乏统一标准规范是普遍现象，这阻碍了智慧治理的创新发展。智慧治理的推进不仅革新了公共服务供给模式，还升级了技术工具，推动了智慧公共服务体系的建设与供给模式的重构。成都市智慧城市治理研究会社区治理AI算法实验室提出“社区公共服务大数据+应用场景+算法”生态体系和“一港三云”社区治理底层支撑系统、CIG等人工智能技术应用的一系列举措，积极从智慧社区治理创新角度出发，致力于探索提升社区公共服务质量的智能化途径，实现服务体系的智慧化转型和精准化供给。同时，实验室深入剖析“社区公共服务大数据+”的多元应用场景，提出智能社会治理与服务创新的针对性举措，为智慧社区建设提供坚实的支撑和动力。

（三）基于社区公共服务大数据的智能社会治理与创新研究

基于社区公共服务大数据的智能社会治理与创新研究，聚焦于治理目标、应用场景、数据与算法算力等核心要素。社区公共服务大数据资源丰富却难以归集应用，使得大数据驱动的公共服务有效供给成为研究热点。此领域主要关注社区公共服务供给理念与模式的革新，以及如何通过大数据技术推动社会治理智能化、社区服务智慧化，进而实现更高质量的公共服务与社会治理创新。

社区公共服务大数据作为市域治理现代化的核心资源，日益受到学者们的关注。有学者主张，通过协同治理的方式，创新公共服务供给模式，实现服务的协同化、清单化、智能化和精准化，以适应智能社会和网络空间治理的多样化需求。同时，将社区公共服务与志愿服务、社区文化、商业服务等相结合，探索出符合“人文社区·智能社会”特色的治理与服务创新路径，为社区发展注入源源不断的活力。

此外，西财天府社区治理学院的学者们还以社区公共服务大数据为基石，深入剖析虚拟社区的构成与发展规律，揭示智能社会中的“新时代文明思想”及意识形态形成机制。这不仅有助于推进构建“虚实共治、协同共治”的全域智能社会体系，也为社区的可持续发展提供了坚实的理论支撑和实践指导。

三、社区公共服务大数据研究应用的不足

（一）社区公共服务大数据应用认知的偏差

什么叫公共服务大数据？与社区管理数据、政务服务数据、社区商业数据的边界在哪里？如何构建社区公共服务大数据资源体系？社区公共服务大数据应用认知的偏差是当前面临的一个重要问题。

在数据范畴的界定上，公共服务大数据与社区管理数据、社会服务数据、政务服务数据以及社区商业数据有着明确的边界。社区管理数据主要关注社区内部组织结构、居民信息、物业管理等方面的数据；社会服务数据则侧重于社会福利、社会保障、公共教育等服务的提供情况；政务服务数据涉及政府部门的各类业务办理、政策实施等内容；而社区商业数据则更多关注社区商业活动、消费模式等商业信息。这些数据类型虽然相互关联，但在具体内涵和应用上各有侧重。

然而，现实中确实存在将社区管理、微网实格等管理数据等同于公共服务大数据的现象。这种现象的发生，很大程度上是因为缺乏统一的数据标准和规范，导致数据分类和使用上的混乱。因此，构建社区公共服务大数据资源体系显得尤为重要。

目前的研究多聚焦于大数据的物理性质和技术工具作用，而忽视了其在社区公共服务领域的实际应用价值。成都市一些社区在构建社区公共服务大数据数据资源体系的过程中，努力制定统一的数据采集、存储、处理和应用标准，明确各类数据的归属和边界，确保数据的准确性和有效性。同时，还加强对公共服务大数据的研究和应用，特别是在理论指导和顶层设计方面。

此外，推进社区大数据理论实践研究还需全面践行社会主义核心价值

观，注重文明实践理论的创新。在解决智能网络空间舆论治理、虚实共治等难题时，应充分发挥大数据的作用，以数据质量和数据安全为保障，推动社区治理与服务的融合发展。

（二）社区公共服务大数据应用研究的不足

从本书课题组调研的情况来看，不管是智慧城市建设，还是智慧社区打造，社区公共服务大数据应用研究的不足主要体现在以下几个方面。

当前的研究多聚焦于电子政务和行政管理数据的挖掘应用，而忽视了社区治理数据、服务数据、网络数据以及活动数据的重要性。这些数据同样蕴含着丰富的信息，对于提升社区治理和服务水平具有重要意义。

社区公共服务大数据作为连接行政管理数据和商业化数据的桥梁，其承上启下、统筹融合各方数据的作用未能得到充分发挥。这导致在重构公共服务场域时，社区综合服务的动态性、复杂性与不确定性特征难以得到有效体现和应对。

目前智慧治理领域的研究更多地关注了数据的沉淀分析、算法模型设计以及精准供给模式等方面，而在社区意识形态、价值观及其演变与正确引导塑造方面的研究偏少。这种偏向技术的倾向使得在社区治理和服务中可能忽视了人的因素，影响了公共服务的人文关怀和社会价值的实现。

（三）社区公共服务大数据应用未来的主要研究方向

社区公共服务大数据应用未来的主要研究方向，将紧密围绕国家治理体系和治理能力现代化的目标，以及人工智能在公共管理、公共安全、公共服务和数字经济领域的深入应用。成都市通过智能社会治理综合实验，将社区公共服务大数据体系构建置于核心地位，以进一步完善“社区公共服务大数据＋应用场景＋算法”的数据生态体系和服务精准化供给机制。

西财天府社区治理学院组织课题组对社区公共服务大数据要素进行深入剖析和探讨，认为国家出台了一系列政策文件，明确提出了包括社区数据资产化在内的目标和路径。社区数据资源价值巨大，但收集、整合、分析与应用面临挑战。实现数据资产化，将资源转化为可衡量、交易、增值的资产，成为亟待解决的问题。因此，建议未来的研究聚焦于以下几个方面：一是数据质量与资产化管理，提升数据的准确性、完整性和可用性，同时实现数据资产的合理估值和有效利用；二是数据流转与共享机制，探索数据的安全、高效流通方式，打破“数据孤岛”，实现跨部门、跨领域的数据融合；三是权利保障与隐私保护，确保个人和组织的合法权益不受侵犯，同时防范数据滥用和泄露风险；四是数据安全与风险防范，建立健全数据安全体系，提升数据的抗攻击能力和应急处置能力；五是伦理规范与制度设计，制定适应网络社会特点的伦理规范和法律法规，为大数据应用提供坚实的法治保障；六是体制机制创新，推动社区治理和服务模式的创新升级，实现社区治理的智能化、精细化。

此外，全面系统研究社区公共服务大数据驱动“人文社区·智能社会”精准治理和精细化服务的关键在于正确树立网络社会的“网络思想”“网络空间文明”与科学治理和服务创新理论与实践。这需要深入探索网络社会的运行规律，构建符合时代要求的社区价值体系，为大数据应用提供坚实的理论支撑和实践指导。同时，还应关注理论基础等规范问题，确保大数据应用的健康发展。

为推动智能社区与网络空间融合治理与服务创新，成华区不断完善“社区公共服务大数据+应用场景+算法”的数据生态体系，为“人文社区·智能社会”虚实共治和智能网络空间文明实践提供坚实基础。这涉及技术重构与升级、严格数据质量管理、确保权利保障与赋权机制、加强数据安全与伦理隐私保护，以及健全社区公共服务数据制度。同时探索“人工智能+”新质生产力技术在改变社会治理结构、赋能文明实践等方面的应用，评估其作用与效果，以期构建更加高效、智能的社区治理新模式。

（四）社区公共服务的“现实”与“虚拟”融合创新

在人工智能时代，实现社区公共服务的“现实”与“虚拟”融合创新至关重要。通过建立现实与虚拟社区的映射关系，构建“虚实共治、协同治理”的运行机制，对于提升社区治理效率、优化公共服务供给、增强居民获得感具有重要意义。

目前，许多城市已经利用“城市大脑”“智慧治理平台”等公共大数据平台，通过社区公共服务大数据分析和可视化技术，实现了社区治理风险信息的全息图谱化。这种基于数据的科学管理和治理服务方式，有效提升了现实社区的管理效能。然而，虚拟社区的风险防范和前瞻布局仍然是市域治理现代化的重要挑战。

为此，需进一步搭建现实与虚拟社区融合的“桥梁”。完善公共大数据平台，整合服务资源，形成统一数据池，实现供求信息的精准匹配，提升服务效率和质量。同时，加强虚拟社区风险预警，利用先进技术建立风险识别和应对机制，并通过在线互动、民意调查等方式深入了解居民需求，增强社区的凝聚力和向心力，还可以引领智能社会发展趋势，推动社区的可持续发展。

（五）社区公共服务的“法规”与“伦理”融合创新

随着大数据、人工智能等技术的广泛应用，社区公共服务正在实现深度的数字化转型，在构建“社区公共服务大数据 + 应用场景 + 算法”生态体系时，必须从法律规范与道德伦理的双重维度出发，对数据信息安全、网络安全、意识形态安全等方面进行深入研究和探讨。

法律规范为数据的使用与管理提供了明确的边界和约束，道德伦理则提供了一种更为深远的价值判断标准。通过二者的融合创新，可以在保障数据安全的同时，充分发挥大数据在社区公共服务中的优势，推动智能社会治理创新发展的进程。

以成都市为例，其在开展国家智能社会治理实验综合基地的“智能社区与网络空间融合治理”人工智能社会实验工作中，特别注重公共服务大数据的共享、整合与协调制度设计。通过推动数据共享和公开，实现对数据采集的协同监督和智能监控，有效解决了社区公共服务大数据应用中的法律风险、质量风险、安全风险以及伦理风险等问题。

第三节　社区公共服务大数据应用实践研究

社区公共服务大数据作为社会治理人工智能社会实验工作的关键要素，涵盖了服务对象、政策、交流互动、设施、人员、资金、项目及绩效等多维度数据。这些数据全面反映了公共服务的运行状态，并深入揭示公众需求与偏好，为政府决策提供坚实的数据支撑，有助于实现精准治理、提升服务效率，推动社会治理智能化、精细化发展。

以成都市为例，其依托“智慧蓉城”城运平台，不断完善“社区公共服务大数据＋应用场景＋算法”生态体系。通过汇聚、整合和共享公共服务数据，显著提升了公共服务的质量和效率。同时，以新时代文明实践为主题，打造医养结合、社区康养、心理健康关爱及“一老一小”服务等应用场景，让公共服务更加贴近民生，满足公众多样化需求。

西财天府社区治理学院与成华区共建专题实验室提出以“智慧蓉城”市级—区（市）县—街道（乡镇）的“大王字形”管理架构和内循环体系为基石，探索构建街道（乡镇）—社区—小区（院落）的“小王字形”社区治理架构和外循环体系，形成“一港三云”的底层支撑系统。该系统有效汇聚民政、教育、健康等智慧数据资源，构建出“一街百站千景万家”文明实践形式与社区服务生态体系，促进精准识别公众需求与痛点，推动“社区画像”和数智人社区服务等模式的创新实践，为智能社会治理创新的深化打下了坚实基础。

一、社区公共服务信息化建设的现状

（一）成都市社区公共服务的主要内容

2012 年，成华区申报“全国社区治理和服务创新实验区”，研发社区公共服务信息化系统平台，掀开了社区公共服务全面信息化的篇章。在此基础上，通过引入商业资源，推出“市民驿站”。2017 年，在成都市委社治委、成都市网络理政办等单位指导下，社区公共服务信息化平台进一步升级为“天府市民云”，整合多方资源，为市民提供更便捷、高效的公共服务。

从成都市部分区（市）县的社区公共服务现状来看，其涵盖内容十分广泛，包括社会组织管理、社区安全保障、文明风尚倡导、多元化服务提供、困难群体救助、卫生健康关怀、计划生育指导以及日常工作的有序开展等。社区还依托综合信息查询统计分析系统，对社区基本情况、人口信息、特殊人群服务、党团建设、组织机构设置、服务项目开展、社区建设进展、社会保障落实以及治安防控体系等进行全面掌控。随着“智慧蓉城”、智慧社区等系统平台的建设与发展，各类应用终端体系如“文明兴蓉”等得到有效整合，进一步拓宽了公共服务在社区的资源整合范围和深度，提升了社区治理的智能化、精细化水平。

（二）社区公共服务系统平台现状

从南京、杭州、上海、深圳等地社区公共服务系统情况来看，社区层面各类系统平台林立，但使用效率不高等现象特别突出。从成都市几个街道办事处的统计数据来看，有市级及以上相关部门延伸到区、街层面的“垂管系统”不低于20套。这些系统大多独立运行，专线网络各异，如人社、民政、公安等，还有部分系统依赖政务外网。这些系统之间缺乏有效沟通和数据共享，导致资源利用不充分，难以实现精细化智能社会治理和人工智能社会实验所需要的系统支撑、数据系统、场景支撑和机制支撑。

2019年，成都市在“智慧蓉城”城市运行平台建设上取得了显著进展，通过构建“王字形”基础架构体系，研发了“一网通”“报表通”等应用软件系统，有效打破了“信息孤岛”和“信息烟囱”等壁垒，显著提升了公共服务质量和社会治理创新能力。然而，要实现智能社区与网络空间融合治理创新的“全口径集成、全方位整合、全域服务”目标，仍面临诸多挑战。结合国家智能社会治理实验综合基地项目的推进，成都市将进一步加大创新力度，优化社区公共服务系统平台，提升数据共享水平，以推动超大城市治理和服务水平迈向新的高度。

（三）社区公共服务存在的主要问题

社区公共服务作为党建引领基层治理的重要一环，近年来在信息化建设方面取得了不小的进步，但仍存在诸多亟待解决的问题。

首先社区公共服务在信息共享和业务协同方面存在明显不足。由于各条线之间缺乏统一的标准和规划，导致不同系统平台之间数据难以互通，形成“信息孤岛”现象。这不仅影响了公共服务的效率和质量，也制约了社区治理的现代化水平。

其次社区公共服务在数据沉淀和分析应用方面还存在较大缺口。在信息化建设过程中，大量的数据被产生和收集，但这些数据往往缺乏有效的沉淀和整合机制，无法充分利用。同时，对于如何分析这些数据、提取有价值的信息也缺乏明确的方法和工具。这使得社区公共服务在决策支持、精准治理等方面难以发挥应有作用。

同时，社区公共服务在线下力量整合与支撑方面也存在一定问题。虽然社区拥有一定数量的工作人员、专业社工、社会组织等资源，但由于缺乏有效的整合机制和管理手段，这些资源往往难以形成合力，为社区治理和服务提供有力支撑。例如，“微网实格”等创新项目在实施过程中，由于缺乏对各类人员的统一调度和协调，导致工作效率不高，服务质量难以保证。

二、社区公共服务大数据应用的实现路径

（一）建立社区公共服务大数据导向思维

在人工智能时代，数据资源已成为核心资产。坚持以社区为主阵地，全方位收集数据，以沉淀丰富的社区公共服务大数据。这些数据不仅记录了居民生活，更是优化服务、提升治理的关键。通过精准分析，为社区提供更优质的服务，推动治理水平再上新台阶。

在推进“智慧蓉城”的建设中，成都市始终坚持“统筹规划、统一标准、规范采集、共享共用”的原则。特别是在健康医疗、社会救助、养老服务、劳动就业、社会保障、质量安全、文化教育、交通旅游等领域，注重与社区密切相关的数据资源的汇聚和整合。通过制定统一的数据采集标准，规范数据的使用和管理，确保数据的真实性和可靠性，为“人文社区·智能社会”建设提供有力支撑。

作为“智慧蓉城”建设的重要组成部分，成华区积极响应国家智能社会治理实验综合基地的号召，致力于推进“智能社区与网络空间融合治理”方向的研究与实践。充分利用“智慧蓉城”城运体系提供的丰富数据资源，立足“大健康服务”和打造“智能社区”需求，探索健康医疗、社会救助、养老服务、劳动就业、社会保障、质量安全、文化教育、交通旅

游等与社区有关的数据资源汇聚和 CIG 等社会计算技术应用，同时加强数据安全保护，为“智慧蓉城”的可持续发展筑牢基石。

（二）建设辖区社区公共服务资源整合机制

在建设辖区社区公共服务资源整合机制的过程中，应遵循一数一源、集中采集、共享校核、及时更新的原则，以打破“信息孤岛”、确保数据的准确性、可靠性和时效性，从而提升社区服务的效率和质量。

为实现“数据一次采集，资源多方共享”的目标，加快智慧社区信息系统的集约化建设。推动部署在不同层级、不同部门、分散孤立的各类社区信息系统向社区公共服务综合信息平台迁移或集成，实现信息资源的集中管理和高效利用，提高了数据的一致性和准确性。

围绕构建“社区公共服务大数据 + 应用场景 + 算法”数据资源体系，成华区充分利用“智慧蓉城”系统平台，建立涵盖社区活动、微网实格等多元化服务资源整合、数据应用等配套机制。通过深入挖掘数据价值，实现精准匹配服务需求，提升社区治理的智能化水平。同时，建立数据安全性、隐私保护和伦理规范机制，保障居民的个人信息安全。

（三）优化社区公共服务智能设施布局

在构建现代化社区治理体系的过程中，成华区、高新区等坚持“街坊化优质配置公共服务资源（项目）、街区化均衡部署公共服务智能设施”的原则，编制社区公共服务信息化系统平台及设施设备建设的指导性规划，不断扩大社区公共服务事项的跨区域配置供给，打破服务的地域限制，让居民能够享受到更多元、更优质的服务。

为了进一步提升社区治理的智能化水平，成华区在推进智能社会治理人工智能实验工作中，对社区层面的现有各类智能设施设备进行全面梳理和集成。根据智能社区提档升级需求，因地制宜地“打补丁”，构建了一个集数据采集、分析、应用于一体的“一芯百算千视万物”社区 AI 观测应用系统。这个系统不仅能够实时监测社区公共空间隐患治理情况，还能通过大数据分析为社区治理提供有力支撑。

以成华区龙潭街道办事处为例，通过实施智能社会治理融合实验项目建设，充分利用“智能公共交通大数据”、社区智媒体等数据热力图功能应用，优化社区公共服务设施和社区综合体集群分布。这不仅提高了社区公共服务设施的使用效率，完善街道、社区、院落的智能系统平台建设，推动社区治理体系和治理能力现代化再上新台阶。

三、社区公共服务大数据应用的基础

（一）优化社区公共服务基础数据库

社区治理信息化体系的构建离不开坚实的数据支撑。只有建立完善的基础数据库，才能为社区治理提供有力的决策支持。因此，以事件为核心，以信息数据化为支撑，对人口、房屋、车辆、城市部件等关键信息进行分类整理，可形成全面而细致的社区基础数据资源体系。

在社区基础数据库的支撑下，将公共服务业务应用制作成专题地图，并叠加在“数字孪生”智慧社区系统上，使业务架构体系更加结构化、具象化，加快织密“民生服务网”，筑牢“社区安全网”，夯实“院落自治网”，让居民切实感受到信息化带来的便利与安全。

成华区龙潭、双桥子、青龙等辖区依托“智慧蓉城”街道城运平台，打造科技型智慧社区、人文智慧小区，建立小区（院落）协商自治、社区多元治理、街区综合治理“子数据库”以及社区舆情数据库。这不仅可以丰富社区数据资源，还为构建特色“社区画像”知识库提供有力支撑。通过这些数据库应用，可以更加准确把握“人文社区·智能社会”治理的脉搏，为制定更加精准的超大城市治理现代化探索新路径。

（二）完善社区公共服务微计算微服务体系

在成都市推进国家智能社会治理实验综合基地建设的实践过程中，成华区坚持“公众参与、社会协同、服务零距离”理念，整合“智慧蓉城”城运平台与公共服务移动终端资源，建立“一港三云”社区治理框架。此框架为数据汇聚、社会计算和模型设计提供坚实基础，有效提升了治理效能，让居民享受到更加便捷、高效的服务，显著增强了社区生活的幸福感与获得感。

成华区坚持党建引领，实施区域化党建、专业化社区管理，通过群团枢纽、社团结构、治理小单元化等策略，构建“院落＋社团”微自治体系，借助信息化支撑和文化浸润，打造治理与服务良性互动机制，提升社区组织动员能力，打造塑造智能文化空间、净化智能精神空间、治理智能网络空间，为居民营造更加和谐有序的生活环境。

成华区龙潭街道办事处充分利用社区层面现有的丰富智能设施设备，探索构建“一芯百算千视万物”AI观察治理系统，融合物联网、视联网、互联网等资源，为社区治理提供坚实平台。该系统有利于帮助实时监测应对各类问题，有效提升社区治理效能和居民生活品质。

与此同时，成华区携手成都市广播电视台，深化“一街百站千景万家”文明实践与民生服务体系。吸纳多方力量，丰富社区服务的内涵，促进志愿服务与公共服务、商业服务有机融合。这样，不仅提升了服务效率，更让居民在享受便捷中感受到社区的温暖，共建和谐美好家园，展现社区的人文关怀和文明新风尚。

（三）强化社区公共服务信息化统筹推进措施

将智慧城市、智慧社区、文明实践、网络舆情等工作统筹整合，构建社区公共服务大数据体系与政社互动规划。融合信息化手段和平台资源，合理布局设施并强化运行管理，汇聚各方力量，形成协同高效的合力，提升社区治理与服务的现代化水平。

结合社区实际需求，持续完善“社区公共服务大数据+应用场景+算法”的数据生态与标准体系。在收集大量数据的同时，深入分析并应用于实践中，挖掘潜在问题，精准满足服务需求，有力支撑社区治理。同时，规范服务流程、方式、质量和评价，确保服务标准化。建立健全服务队伍长效机制，保障服务持续稳定，提升社区治理效能与居民满意度。

制定数据共建共治共享机制至关重要。应完善社区公共服务大数据的共建共享及信息安全规章，保障数据安全高效流通。加强执法监督，防止数据滥用和泄露。同时，注重科技伦理和道德规范的构建，确保技术成果惠及社区居民，推动社区治理与服务迈向智能化、高效化新台阶。

四、社区公共服务大数据在重点领域的应用

（一）社区大健康服务数据体系

加强社区健康科普教育，提升居民健康素养，是社区健康工作的基础。完善基础医疗服务，强化医联体建设，有助于医疗资源的均衡分布。通过预约挂号、分级诊疗、远程医疗等创新服务模式，提升服务效率。同时，推动检查检验结果共享，实现防治结合、医养结合，为居民提供全方位的健康保障，共建健康社区。

在社区心理健康关爱、居民健康管理等领域，加快积极构建电子健康档案和病历数据库，实现健康信息的互联互通。通过建设覆盖多领域的医疗健康大数据应用系统，进一步完善社区大健康公共服务体系，让居民享受到更加便捷、高效的健康服务。

成华区积极推进人工智能社会实验，与高校合作设立“智能社区与大健康服务实验室”，深入研究社区心理健康、社区康养、医养结合等社区大健康服务领域。通过优化业务、数据体系及算法模型，为医疗健康大数据创新应用提供有力支持，为政策制定和决策提供科学依据，推动社区大健康服务体系的完善与发展。

（二）社会保障服务大数据体系

建设城乡一体化社会救助、福利、保障大数据平台与特色服务应用，强化公共服务类数据共享与交流。建立人社、民政、教育、卫健等部门合作机制，优化政策和购买服务项目内容，完善数据使用审查，推动全领域、全要素“人文社区·智能社会”建设，为社会保障服务提供坚实的大数据支撑，不断提升民生福祉和社会治理水平。

加强社区工作者队伍建设，是提升社区治理、服务、发展“三种能力”的关键。成华区依托西部高技能人才培育总部，与驻区高校紧密合作，建立“社区继续教育学院”与“社区事务管理学校”，研究职业体系标准规范，探索能力水平与职业技能等级双向认定机制。不断完善社区工作者岗位等级序列，优化供需机制，创新构建就业服务画像体系，为社会保障体系提供发展路径和更加精准的服务。

成华区依托高校、职业学校设立社区工作者培训基地，深化“家门口就业”服务与教育培训体系。鼓励社区工作者参与培训，促进学校合作发展社会工作学科，开发相关课程，设立社区实习实践基地。同时，构建社区就业公共服务与社会化服务数据体系，建立街道—社区—社会三级关爱互助体系，完善构建社区服务社会化的数据来源，为居民提供个性化、精准化服务，全面提升社区治理与服务水平。

（三）“社区教育文化＋”大数据体系

推进智能社区与网络空间融合治理，建立“社区教育文化＋”大数据体系至关重要。成华区以新时代文明实践为引领，优化家校社协同教育关爱体系，探索建立社区友好、关爱、健康的一系列AI模型，充分满足社区心理健康、关爱服务等多元化需求，为社区居民提供更优质、更贴心的服务。

依托“智慧蓉城”城运平台与智慧社区等应用系统，构建线上线下智能化公共文化服务大数据平台，通过强化数字图书馆、档案馆、博物馆等公益设施建设，为社区居民提供更为丰富多元的文化资源。社区文化服务作为新时代文明实践和智能网络空间治理的重要组成部分，对于推动社区意识形态的形成与发展具有至关重要的作用，有助于提升社区居民的文化素养和生活品质。

2022年，成华区携手西财天府社区治理学院、成都市广播电视台等，共同打造新时代文明实践的“一街百站千景万家”社会宣传与民生服务系统。该系统以社区全生命周期教育和市民素质提升为核心，为新时代文明实践精准化“进社区、到院落、入家庭”提供有力的数据资源支持，推动社区文明建设迈向新台阶。

（四）公共交通旅游服务大数据体系

建立城市级跨部门、跨地域数据融合与协同创新的“市级公共交通旅游服务”大数据体系。依托“智慧蓉城”城运平台、“天府市民云”等系统功能，实现对旅游热点地区游客流量的精准监控、预警与分流。这一体系有力支撑了市场秩序规范、游客便捷出行、服务水平提升以及旅游产业转型升级，为城市旅游业的持续健康发展注入了新动力。

建立“区级或片区级”公共交通旅游大数据体系至关重要。发挥成都“天府通”公交大数据的优势，结合区（市）县融媒体中心、“一街百站千景万家”宣传服务特色，搭建区域公共交通服务大数据平台。如此，不仅提供出行信息服务，还有利于拓展商业服务、交通诱导等增值服务，实现大数据在公共交通领域的深度应用，促进区域交通旅游产业的融合发展。

建立“社区或街坊级”公共交通旅游大数据体系，依托“智慧成华”城运与智慧社区服务体系。以促进社区发展和治理高品质发展为导向，构建旅游与社区服务一体化的数据体系和协同机制，吸引社会优质资源参与。丰富社区公共服务内容，拓展数据体系，提升居民出行体验，推动社区治理现代化和旅游业创新发展。

（五）“新时代文明实践＋”公共服务融合大数据体系

在构建“新时代文明实践＋”社区民生服务体系中，推进大数据融合应用至关重要。整合政务、公共服务、志愿服务、便民服务等领域数据资源，构建基础数据应用体系。通过整合各类数据资源，实现跨部门、跨领域的信息共享与协同，为居民提供更便捷、高效的民生服务，推动社区治理体系和治理能力现代化。

依托文明兴蓉、融媒体中心等平台，成华区与成都市广播电视台精心打造“一街百站千景万家”社区宣传与民生服务数据体系。实施“社区活动天天有·公共服务相约星期四”计划，鼓励居民参与党员义工和志愿服务。通过评选好公婆、好媳妇等活动，激发居民热情，弘扬社会主义核心价值观，丰富业余生活，增强社区凝聚力与向心力。

成华区龙潭街道秉持健康、友好、文明、幸福的新时代文明实践主题，积极推进“社区同一首歌”“乌米粿”等社区品牌、“惠客龙潭”邻里节等互动活动，不断增强提升社区文化气质，加深邻里情谊，共同营造温馨、和谐、美好的社区家园，让生活更加多彩、幸福。

（六）构建“人文社区·智能社区”基础应用大数据体系

社区综合管理基础数据体系：以“人、用、数”为核心，聚焦“事件、安全、服务”，力求系统功能实用、好用。依托“智慧蓉城”城运平台和社区数据库，重点构建小区自治、社区多元治理和街道综合管理三大业务体系，提升社区治理效能，营造和谐宜居环境。

社区公共服务基础大数据体系：依托智慧民政、教育、健康、文化等体系构建，形成“社区公共服务大数据 + 应用场景 + 算法”生态。该体系重点打通政府与城市要素、模块、物件及民生需求间的连接，推动实现数据共享与高效利用，提升社区公共服务的精准性与便捷性。

社区主题活动基础数据体系：围绕社区核心空间，涵盖党建、公共服务、志愿服务、商业宣传及便民利民等多类活动。重点汇聚活动数据，助力社区精准策划与执行，丰富居民生活，提升社区活力与凝聚力，共同构建和谐美好的社区环境。

社区教育和培训基础数据体系：主要涵盖社区全生命周期教育服务体系，注重老年大学服务体系的建设，同时完善社区工作者职业体系。这一体系致力于提供全面、系统的教育和培训资源，促进社区居民的终身学习与发展，提升社区整体素质和治理水平。

社区微网实格管理与服务基础数据体系：集“大联动・微治理”、智慧社区、网格化管理服务、流动人口管理、重点人群关爱及社区矫正服务等各类管理类数据资源于一体。依托“智慧蓉城”数据中心，实现精细化、全面化，确保社区治理有序、服务到位，营造安全、和谐、温馨的社区环境。

社区隐患与社会舆情、网络舆情治理基础体系：通过融合公共空间隐患在线管理、风险舆情数据库、社区自媒体（智媒体）管理服务等功能。通过事前预治、事中善治、事后智治等协同机制，有效治理隐患与舆情，为社区的安全稳定与和谐氛围提供有力保障。

社区融媒体基础服务体系：依托“两中心一平台”架构，整合政务服务、志愿服务、城市管理等多维度资源，并汇聚社区网站、微信公众号、社区融媒体、“学习强国”主题街区・社区频道等媒体数据资源。通过多元信息的互通共享，提升社区服务的智能化与高效化，为居民提供更便捷、更丰富的信息与服务体验，完善社区融媒体基础服务体系。

五、社区公共服务大数据驱动社区治理创新的基础平台

（一）打造有温度的“公共服务互动平台”

成都市充分利用“天府市民云”和“文明兴蓉”等系统平台，精心构建了一个以社区和院落自助终端、个人服务终端为核心的“线上公共服务生态体系”。这不仅进一步提升了公共服务的便捷性和高效性，更让居民感受到社区共同体的温度与关怀。

在线下，成都市以党群中心、邻里中心、文明实践站、学习小站等为载体，进一步完善了区—街—社区—小区（院落）的公共服务空间阵地体系。这不仅进一步丰富了公共服务的内容和形式，也实现了行政机制、志愿机制和市场机制之间的互联互补，为居民提供了更加多样化、个性化的公共服务供给方式。

（二）打造智能智慧的“社会治理互动平台”

依托“智慧蓉城”的丰富系统平台资源，构建集网络通信、人工智能计算、地理信息系统、视频监控等多技术于一体的“智慧治理系统平台”。这不仅有利于促进数据的高效整合与共享，也有利于提升社区治理“联动发现问题、联勤解决问题”的能力。

充分利用国家智能社会治理实验综合基地等资源，构建“一芯百算千视万物”社区 AI 观测智能化管理服务平台。通过提升数据采集、传输、云计算以及数据挖掘和分析应用的能力，及时发现社区公共空间的隐患，提升各类舆情的治理能力。

（三）打造文明和谐的“社会服务互动平台”

深入挖掘新时代文明实践的内涵，通过“一街百站千景万家”的社会宣传与民生服务机制，结合社区“微网实格”等融合服务，不断夯实“智能化志愿服务平台”。构建横向到边、纵向到底的社区自治与综治有机融合的社区安防体系，为居民提供更加安全、和谐的生活环境。

积极创新社区发展模式，通过引入社区信托、合伙人和基金等合作机制，构建“一街百站千景万家”宣传与服务融合系统。有效推动公共服务

延伸至院落、楼栋及家庭，显著提升社区公共服务能力与水平，为居民带来更便捷、高效的服务体验。

六、社区公共服务大数据应用的基本要求

（一）建立一套运行新机制

“社区公共服务大数据＋应用场景＋算法”建设是一项系统工程，要求有序、动态且可持续发展。为实现统合与高效顶层设计，必须构建良好的运行机制，确保各环节正规有序，推动数据资源的整合与应用，助力“人文社区·智能社会”建设。

随着数据要素市场的不断完善和成熟，社区数据资产化将成为推动社区治理现代化、提升城市软实力和竞争力的重要手段。以社区为基本单元，建立一套全面的数据采集和应用机制，涉及数据资源、数据资产、权属、交易等方面。这不仅能促进数据的规范采集与利用，还能优化制度设计，如将社区保障金项目的数据入库作为项目推进的先决条件，有助于确保社区公共服务的科学性、精准性和高效性，为居民创造更加便捷、舒适的生活环境。

（二）规范一套建设新标准

为确保社区公共服务大数据建设的科学性和有效性，成华区围绕平安、服务、健康、友好、幸福等新时代文明实践主题，针对不同主题和领域，构建一套完备的业务和指标体系，以适应社区服务的不断发展变化。

通过制定统一的公共服务大数据数据标准，为开展社区治理AI算法模型设计及机器学习提供坚实基础。这不仅有助于提升社区治理的智能化水平，还能推动政府部门、街道、社区和驻区企业之间的网络互联、信息互通和资源共享，共同构建智慧社区的新格局。

（三）搭建一个共享新平台

构建“一港三云”社区治理底层融合平台，对社区层面各类数据资源进行归集和整理，实现数据的集中存储和统一管理。通过数据的有效整合，能够为社区治理提供全面、准确的数据支持，推进社区治理的现代化

与高效化，推动决策的科学化和精准化。

建立社区公共服务数据资源交换和数据共享平台，旨在打破“信息孤岛”，促进政府部门、社区组织、居民活动之间的数据互通与共享。通过数据的交换与共享，能够更好地满足居民需求，提升公共服务的效能和质量，实现社区的和谐发展与居民的幸福生活。

（四）重构一套配套新制度

在线上层面，积极构建社区公共服务数据安全应用和AI模型应用制度，确保数据安全、合规的同时，充分发挥AI技术在公共服务领域的潜力。通过这套制度，力求在保障数据安全的前提下，实现AI技术的创新应用，提升社区公共服务的智能化水平。

在线下层面，构建社区公共服务采集制度，规范数据采集流程，确保数据的真实性和准确性。成华区采取CIG社会计算等信息化技术，对现有的政务服务、公共服务、志愿服务、市场便民利民服务等政策和相关规定进行解构与重构，以形成一套行之有效的制度保障，为社区治理和公共服务的协调发展提供有力支撑。

（五）配置一套服务体系

在线上层面，以社区公共服务大数据为纽带，构建政务服务、社区公共服务、志愿服务、社区商业服务四位一体的社区服务体系。借助社区公共服务信息化平台，研发各类应用系统，实现服务资源的线上整合和高效利用，为居民提供更加便捷、智能的服务体验。

线下层面，构建“区—街道—社区—院落服务网格—社区便民服务点”的社区服务网络体系，实现服务覆盖无死角、服务响应更及时。创新“一街百站千景万家”宣传与服务民生服务体系，通过多种形式和渠道，不断丰富社区服务内容，扩大多元参与渠道，让居民在家门口就能享受到优质、贴心的服务。

第四节　社区公共服务大数据驱动新型智慧社区建设的实践研究

不论是新型智慧社区建设，还是国家智能社会治理综合基地建设，抑或"人文社区·智能社会"治理和服务创新，鲜活多维的数据资源始终是不可或缺的关键要素，业务和应用场景是核心要素，算法和算力是基础元素，体制机制和制度是优化配套保障要素。因此，构建"社区公共服务大数据+应用场景+算法"生态体系，无疑是驱动新型智慧社区建设和创新实践的关键动力源泉。

在数据资源聚合方面，成华区提出"一港三云"社区支撑开源共享构想。通过构建统一的"社区数据港"，整合政府管理云、社区治理云和居民自治云，实现数据互联互通。这种开源共享的方式不仅能提高数据使用效率，还会激发数据的潜在价值，有力推动新型智慧社区创新升级。

在"人工智能+"新质生产力应用方面，成华区与驻区高校合作建立社区治理AI算法应用实验室，创新探索"一图三e"治理服务一体模式。以公共服务大数据为基石，筛选应用CIG等社区治理和服务算法模型促进实现社区治理可视化，集成社区组织、平安、服务等"三e"业务，为新型智慧社区提供便捷高效服务，推动"人文社区·智能社会"建设进程。

在可持续发展方面，成华区积极创新构建"一池三联"发展治理一体模式。通过建立统一的社区基金数据池，完善数据采集、挖掘与应用制度，紧密联结政府、社区、居民等方面，实现"三社联动"、政社互动、联动联勤，有力推动社区的可持续发展和治理创新。

一、成都"智慧蓉城"规划建设概况

（一）社区公共服务信息基础设施建设方面

目前成都市智慧城市系统平台及智能设施设备达到全国一流水平。实现光纤入户全覆盖，家庭网速普遍达200M以上，具备千兆上网能力，家庭宽带普及率超过100%。4G网络全面覆盖城乡，5G网络加快建设，手机用户超过2500万户。建成3万余个公共Wi-Fi接入点，覆盖22个区（市）县政务服务中心、交通枢纽、市政公园等十大类公共区域，为公众提供免费上网服务。

（二）培养一支跨界科研队伍

社区大数据建设涉及多个环节，亟须培养一支具备指挥、技术和管理能力的跨界科研队伍。为此，成都市启动“蓉城英才”城市治理领军人才计划，推选智慧治理、社区发展与治理、法治成都等领域的经验人才参与“智慧蓉城”建设。同时，成都市国家智能社会治理实验综合基地也将人才培养纳入规划，特别是“人工智能 + 公共管理、公共安全、公共服务和数字经济”等领域，以形成不同梯次的人才队伍，为社区大数据建设提供有力支撑。

（三）社区生活服务便利化方面

在社区生活服务便利化方面，成都市取得了显著成效。首先，建立了基层公开信息平台，形成了四级一体的基层公开综合服务体系，极大地提升了政务透明度。其次，推广了社区公共服务综合信息平台，集成了多项服务事项，实现了“最多跑一次”的目标，居民可以就近办理身份证、驾驶证等业务，极大地方便了居民生活。此外，成都市还上线了“天府市民云”App，提供了政务、生活、社区和商业服务等 192 项功能。

在线下，完善了服务体系，广泛告知政务服务热线和网点，并在商场、超市等场所开设自助服务终端。同时，电商、餐饮、生鲜等社会化公共服务平台应用也得到了普及，特别是在疫情期间，在线教育、协同办公、视频通信等服务需求激增。部分小区物管平台还集成了周边生活服务信息，进一步提升了居民生活的便利程度。

（四）社区智慧治理与服务方面

在社区智慧治理与服务领域，成华区以“智慧蓉城”城运平台为基石，打造了“社区公共服务大数据 + 算法 + 应用场景”的完善体系。在数据构建上，该区形成了社会计算的业务、指标和数据体系，特别是“社区公共服务大数据 + 应用场景 + 算法”的生态体系。在算法应用上，虽主要集中在平安建设领域，但 CIG 等技术在文明实践和精神健康层面的探索正逐步展开，整合跨部门功能，强化社区联动处置能力。此外，成都市还探索智能门禁、可视对讲与大联动中心的互联互通，增强基层安防。成华、温江等地建设的智慧社区治理平台，以虚拟三维可视化 5A 模式为社区治理与服务注入智慧力量，推动智能社会治理创新发展。

（五）多领域智能智慧应用方面

成都市依托"智慧蓉城"城运平台，整合共享系统平台与数据资源，推进智能社会治理及网络空间治理创新。在智慧养老、医疗、交通及家居等领域，成都市积极探索人工智能技术应用，助力城市智能化发展。通过"12349"孝行通平台，为老年人提供全天候紧急救援和预约挂号服务，保障其生活安全与健康。在智慧医疗方面，在线挂号、远程会诊等应用优化了医疗服务流程，提升了诊疗效率。在智慧交通领域，小区车位共享运营有效缓解停车难题，改善出行体验。同时，智能家居设备如电子门锁、远程遥控电器等普及，让生活更便捷。这些智能化应用不仅丰富了居民生活，也为城市治理和公共服务提供了更多可能性，推动成都市迈向更加智能、高效、便捷的未来。

二、成华区社区公共服务应用实践情况

（一）聚焦互联互通推进"横向+纵向"公共服务数据融合

成华区以"智慧蓉城"城运体系为基石，聚焦互联互通，推进"横向+纵向"公共服务数据融合。通过整合离散资源，实现整体化运作；打破信息壁垒，促进开放共享；提升社情掌握能力，实现实时反馈。同时，构建矛盾调处、党建群团、治安防控、公共服务、城市管理、网上政府等功能模块，围绕CIG等算法应用需要，不断优化完善"社区公共服务大数据+应用场景+算法"生态体系，为居民提供更高效、便捷的服务，推动社区治理体系和治理能力现代化。

（二）聚焦统筹协调，推进"智慧社区+"公共服务业务融合

成华区依托"智慧蓉城"城运平台及数据中心，积极推进与多部门管理服务中心的联动共享。通过"大联动·家空间"等系统平台，实现社区公共空间数据共享，对友好行为、健康关爱等系统进行实时数据对接和信息共享。这种"人文社区·智能社会"集成共建的协调联动方式，有效形成了集城市管理、民生服务、社会治安、应急处置等功能于一体的统筹协调网络体系，为居民提供更高效、便捷的公共服务，推动智慧社区建设不

断迈向新台阶。

(三) 聚焦多元参与推进"文明实践+"线上线下融合

成华区依托新时代文明实践系统平台，积极完善"公众参与、政社互动、多元共治"的工作格局，鼓励居民和社会各界广泛参与，形成强大合力。通过构建全域社区服务体系，包括区政务服务中心、街道服务中心、社区公共服务站、社区便民服务点以及社区服务移动终端，实现了线上线下深度融合，为居民提供便捷高效的公共服务。这种"虚实共治、协同治理"的多元参与模式，不仅提升了社区治理水平，也增强了居民的获得感、幸福感和安全感。

三、成华区公共服务大数据应用基本情况

(一) 搭建智慧公共服务应用系统架构

成华区自 2012 年启动"全国社区治理和服务创新实验区"建设以来，积极深化"社区公共服务大数据"特色应用，探索智慧社区、智能社区与网络空间融合治理的创新路径。为实现智能化升级，成华区运用 CIG 等算法模型，构建"1+1+6+N"智慧公共服务系统平台，强化底层支撑平台和数据资源算法体系，打造涵盖养老、教育等六大领域的关爱应用体系，并推出特色公共服务项目。这些创新举措有效提升了社区治理效率和精准度，为居民提供便捷、高效、优质的公共服务，推动智慧社区建设取得显著成效。成华区的经验为其他地区提供了有益借鉴，推动智能社会建设和"智能社区与网络空间融合治理"创新发展。

(二) 夯实"数据资源"汇聚共享基础

为夯实"数据资源"汇聚共享基础，成华区积极开展公共服务数据和系统资源的全领域、全方位、全要素统计分析。通过统筹推进基础数据库和主题数据库建设，建立了公共服务"数据资源池"，为新型智慧社区建设提供丰富的数据支撑。依托"智慧蓉城"区、街两级城运平台，建立区级各单位和街道办事处的"社区综合管理数据资源库"，促进市、区、街、社区与城运中心之间的跨层级跨部门数据资源对接和双向交换共享。依托

"一港三云"社区治理底层系统，建立包含社区活动、商业服务、志愿服务等领域的"社区治理和服务数据库"，编制公共服务实践资源目录，绘制公共服务"应用场景图"，为社区治理和服务提供了更加精准、高效的数据支持。

（三）健全"人工智能算法应用"数据模型共享体系

成华区积极与科研机构和高校合作，共同建立了新型智慧社区算法数据库。尽管当前入库的算法模型主要集中在平安建设领域，但在"虚实共治"等层面仍显不足。为填补这一空白，成华区与驻区高校建立实验室，围绕"新时代文明实践+"健康、友好等主题，初步形成了20余个基础算法模型。同时，通过建立数据共建和深度学习、数据汇聚治理和更新维护机制，推进跨部门、跨领域的数据共享和系统互联互通。此外，还加强卫健、民政、残联、人社、医保、城运中心等部门在社区层面的融合发展，促进数据融合及水、电、气等社会数据的互联互通、共享交换，逐步实现数据"外循环"。这些举措为加强集成社区治理领域的大模型提供了可能性，也为新型智慧社区建设提供了有力支持。

（四）建立社会参与共建的数据资源体系

成华区深知社区层面的多维度、鲜活公共服务大数据体系对于建设新型智慧社区的重要性，这不仅是探索"人文社区·智能社会"新机制的基础，也是推动社区治理和服务创新的关键。因此，成华区与成都市广播电视台合作，共同围绕"社区公共服务大数据+应用场景+算法"生态体系目标，建立社会参与共建的数据资源体系。通过发挥新时代文明实践"一街百站千景万家"社会宣传与民生服务体系、文明兴蓉、成都电视台"看度"融媒体等平台的作用，有效引导社会和市场主体的数据资源集成。积极探索民生服务、文明实践、社会治理等融合发展路径，努力为开展人工智能社会主题实验提供线下的系统支撑、数据支撑、场景支撑和机制支撑，推动新型智慧社区治理和服务的智能化、精准化、高效化。

四、成华区新型智慧社区创新实践情况

（一）聚焦可持续发展，探索“一池三联”发展治理一体

针对社区治理中的造血难和政社互动不足等挑战，成华区创新性地提出了“一池三联”新型智慧社区发展和治理、服务一体化模式。以社区基金池为核心，辅以“三社联动”、联动联勤、政企社联动三大长效机制，共同构建出“党建联创、治安联防、资源联用、公益联办、环境联管、营造联动、事务联抓”的全域治理新格局。在党建区域化和新时代文明实践的引领下，成华区致力于推进社区信息化向智慧化转变，不断提升社区治理的智能化水平。以龙潭街道为例，通过实施“以资源换资本、资源换税源”的战略，成功吸引了智能社区与大健康实验室、社区治理 AI 算法应用实验室等项目的落地，不仅极大地提升了新型智慧社区的线下吸引力，也有效激发了居民参与社区治理的积极性和热情。

（二）聚焦零散向聚合，探索“一港三云”开源共享一体

针对老旧社区普遍存在的机房建设困难与智能设施配建难题，成华区不断探索创新解决方案，力求实现公共服务大数据与现实环境的深度结合。区域化融合的“一港三云”院落云平台应运而生，以龙潭街道为例，通过建立“龙潭家空间”社区智慧港作为“一港”的核心，同时拓展了家空间院落协商自治、社区绿岛多元治理以及“惠客龙潭”综合管理三个精细化、开源共享的子平台，共同构成了“三云”体系。在此基础上，积极引进先进的社区治理 CIG 算法应用、社会计算技术，精心打造“院落微治理云平台”，构建微感知、微计算等一体化的边缘计算体系，推动新型智慧社区治理向精细化和智能化方向的迈进。

（三）聚焦信息化向人工智能转变，探索“一图三 e”治理服务一体

针对老旧社区组织涣散、隐患频发、服务滞后等难题，成华区积极探索创新路径，将公共服务大数据与人工智能治理服务紧密结合。2017 年，成华区双桥子、青龙等街道研发了“一图三 e”新型智慧社区治理与服务一体化应用系统。其中，“一图”是智慧社区（街区）电子地图，直观展

示社区资源分布；“三 e”则包括院落“e 共治 +”、社区“e 共安 +”和街区“e 共服 +”，分别聚焦于共治共建、安全保障和综合服务。以昭青社区 66 号关爱大院为例，借助四川省科技型智慧社区试点的契机，整合社区心理健康关爱、“一老一小”服务资源，打造“文韵昭青坊”新型智慧社区治理模式。培育了 14 支志愿服务队伍，通过“昭青坊家空间”平台，实现了城管、安全、互助、调解等治理服务的全面覆盖，并链接了缝补、修理等 30 余项生活服务事项，完善了新型智慧社区公共服务的“根系”，为居民提供便捷、高效的服务体验。

五、成华区新型智慧街区的三级协同应用体系

（一）街道层面：智能化综合管理服务系统

街道层面积极探索智能化综合管理服务系统建设，依托区、街道城运平台及电子政务外网，打造具有“CIG + 全域治理”特征的开源共享平台。通过促进城市部件监控与共享智能感知物联网的建设，实现对水、电、气、公共空间等隐患的在线管理，提升城市运行的安全性与稳定性。同时，该系统有效整合社区网格、城市管理等治理和服务力量，实现有机调度，提升治理效能。此外，拓展社区公共服务大数据应用，科学设计楼宇治理服务、党建群团服务等子系统平台，为街道城运平台提供联动响应支持，从而增强政府科学决策和社会治理能力，为居民打造更加安全、便捷、智慧的街区生活环境。

（二）社区层面：智慧化多元治理服务应用系统

依托街道城运平台及新型智慧社区治理与服务系统，建立“一港三云”社区治理底层支撑系统，筛选集成社区治理 AI 算法应用数据库，充分整合政务服务、公共服务资源，预留与志愿服务、便民服务、社区商业服务系统对接的端口，实现政民服务和互动平台的多元化受理。通过新型智慧社区治理系统平台，汇聚区域化党建、街长助理、志愿服务积分兑换、商家自治与企业公民责任信用积分系统以及社区工作绩效考评等功能应用。通过新时代文明实践“一街百站千景万家”社会宣传与民生服务系统，完善社区活动、社区文化等数据来源渠道，为居民提供更加优质、高

效的社区服务。

（三）院落层面：网络化协商自治服务应用系统

依托新型智慧社区系统平台和“一芯百算千视万物”社区 AI 观测管理系统，针对网络和智能设施设备条件优越的小区（院落），精心打造“院落微自治平台”，并建立了微治理边缘计算体系。以“人、车、房”管理服务为核心，实现“楼栋治理”小单元信息化，从而进一步完善新型智慧社区治理与公共服务体系。通过智能化、网络化的社区关爱服务系统，特别关注失独家庭和社区老人等群体的需求，为他们提供贴心、温暖的关爱服务。此外，不断完善新型人文智慧社区的“院落 + 社团”微组织、微自治体系，积极拓展各类数据来源通道，为社区治理提供全面、精准的数据支持，推动社区治理向更加精细化、智能化和虚实共治方向发展。

六、成华区“新时代文明实践 +”人文智慧社区实践情况

（一）探索“新时代文明实践 + 教育服务”

在探索“新时代文明实践 + 教育服务”的过程中，成华区不断完善新时代文明实践“一街百站千景万家”社会宣传与民生服务系统功能，致力于提供多元化、个性化的教育服务。整合优质教育资源，实现线上线下资源的有机结合，推出在线授课、互动交流等创新服务形式。充分利用移动互联、社交网络等现代科技手段，提升用户体验，让线上宣传教育服务更加优质、丰富、实用、高效，为居民提供了更加便捷、高效的学习途径。

（二）“新时代文明实践 +”养老服务、医养结合等

为提升社区服务质量，成华区积极推进“新时代文明实践 +”在养老服务和医养结合等方面的应用。实施“互联网 + 医疗”试点示范工程，通过打通社区卫生服务中心与院落连心驿站、院落健康驿站等平台公共服务通道，逐步建立和完善跨医院的医疗数据共享交换机制。开展“新型智慧社区 +”心理健康、社区养老、医养结合、大健康管理等公共服务个性化系统平台建设。充分利用视频监控、移动互联设备、移动 App、社交网络

等手段，努力实现"大病就诊不出街道、小病就诊不出社区"的目标，让居民在家门口就能享受到优质的医疗和养老服务。

（三）深化"新时代文明实践+"家门口便利生活服务

秉持家门口服务零距离的理念，积极拓展社区公共服务信息化平台应用系统，并不断加强"商居联盟"和"社区产业联盟"等建设。精心打造社区生活驿站、"新街坊"、"家空间"等社区服务窗口平台，有效整合社区商业服务、物业缴费、物业报修以及周边商户等资源，实现了线上预订场所、购物等生活商务功能，为居民带来了一站式服务体验。汇聚"一街百站千景万家"文明实践与宣传资源，积极培育新型智慧社区O2O公益性服务企业和社会组织，推动"社区公共服务大数据+应用场景+算法"生态体制的完善以及算法模型的机器学习，以不断提升社区服务的智能化水平，让居民享受到更加优质、便利的生活服务。

（四）完善"新时代文明实践+"社区安防服务

为进一步完善"新时代文明实践+"社区安防服务，成都市有关单位依托"智慧蓉城"城运平台，积极推进社区智能党建、服务、宜居、安全、共享等功能模块的建设。通过集成"微网实格""一芯百算千视万物"等智能系统资源，促进各级之间的信息互通、资源共享和协同配合，从而有效提升社区管理和综合服务的效能。健全区—街道—社区—网格—小区（院落）的五级联动安防机制，确保社区安防工作的高效运转。在此基础上，不断完善智能感知、即时决策、及时处理等安防体系，利用科技力量强化社区安全管理，全力保障居民的生命财产安全，为探索人工智能时代的"枫桥经验"提供有力支撑。

第五节　成都市"新时代文明实践+"智能社会治理与服务创新探索初步研究

成都市作为超大城市，正以"智慧蓉城"建设为核心，全力推进国家智能社会治理实验综合基地建设，探索超大城市治理新模式，为国家治理体系和治理能力现代化贡献力量。通过实施"智能社会网络空间治理"人工智能社会实验，创新性地推出了“智能社区与网络空间融合治理”线下配套项目。在此过程中，成都市始终坚守社会主义核心价值观，积极践行新时代文明实践，并将网络强国理念深度融入智能社会治理与服务的各个环节。这些举措不仅为超大城市治理体系和治理能力现代化注入了新动力，也为全国乃至全球的智能社会治理提供了宝贵的成都经验。

成华区积极探索新时代社会主义核心价值观在智能治理中的应用。以“新时代文明实践＋”为引领，成华区紧扣智能社会治理实验基地的“智能网络空间治理”任务，深入探索物质与精神、现实与虚拟、智能社会与网络空间的“虚实共治、协同治理”新路径。通过这些努力，力争填补超大城市治理和智能社会治理与服务创新领域的空白方面作出积极贡献，为国家智能社会治理实验提供坚实的理论支撑和实践参考，为推进智能社会治理体系与治理能力现代化目标贡献重要力量。

以“新时代文明实践＋”为指引，成都市整合多方资源，积极探索智能社会治理与服务创新。秉承“服务小、关爱老，让中青年发展好”的原则，打造文明实践民生服务示范区，形成“枫桥样本”，开创智能大健康服务新局面。深化文明兴蓉等系统建设，通过制度化、场景化、智能化、专业化举措，构建高效便捷的文明实践与综合服务网络。丰富文明实践活动，融合志愿服务与公共服务，优化资源配置，实现精准对接，提升智慧社区治理效能。为居民提供多元、个性服务体验，让文明实践深入人心，为成都市文明建设注入新活力。

“新时代文明实践＋”引领智能社会治理与服务创新，面临虚拟空间的治理难题。净化智能精神空间、塑造文化空间、治理网络空间，是时代之需、社会之趋，旨在构建健康、和谐、高效的智能社会。促进智能社区与网络空间的人文融合，实现“虚实共治、协同治理”。打造智慧化、高品质生活场景，提升居民服务体验。协同推进文明实践中心、邻里中心、生活美学馆等一体化建设，优化资源配置，拓展智慧社区精神文化生活空间，为“人文社区・智能社会”建设营造氛围，为超大城市治理体系和治理能力现代化探索新路径。

一、成都市实施新时代文明实践群众行动计划

（一）开展思想凝心聚魂行动

通过深入学习贯彻习近平新时代中国特色社会主义思想，推动习近平新时代中国特色社会主义思想进企业、进农村、进机关、进校园、进社区、进网站，凝聚发展共识，激发改革动力。建强“学习强国”成都学习平台，为市民提供丰富的学习资源，推动形成全民学习的良好氛围。

深化社会主义核心价值观引领，线上线下同步开展文明礼仪教育。将核心价值观融入市民公约、村规民约等，并贯彻于立法、执法、司法等各环节，构建培育和践行社会主义核心价值观的法治环境，为社会的和谐进步提供坚实保障。

贯彻新时代公民道德建设和爱国主义教育纲要，强化社会公德、职业道德、家庭美德和个人品德。提升人民思想觉悟、道德水准与文明素养，培育时代新人，弘扬时代新风。形成与新时代相适应的思想观念、精神面貌、文明风尚和行为规范，推动社会文明进步。

加强未成年人思想道德建设，深化文明校园创建，打造先进学校示范。完善乡村学校少年宫和心理成长中心，建立“社区成长营”。构建家庭、学校、政府、社会育人体系，培养社会主义建设者和接班人，确保国家未来人才辈出。

（二）开展文明素质提升行动

倡导文明健康、绿色环保生活方式，推行“文明健康 有你有我”活动，实施垃圾分类，鼓励低碳出行，优化公共交通服务，引导市民选择绿色交通方式。开展“微节约”行动，倡导节俭办公、生活，促使市民树立节约理念，实现行为习惯的积极转变。

强化公共文明引导，让文明礼仪深入家庭、社区、企业、机关、网络、学校，培育友善优雅的成都市民，共筑文明和谐的社会秩序。出台《成都市文明行为促进条例》，以法治保障良好社会环境，激发市民奋发向上的精神风貌。

加强智能网络文明建设，深化网上精神文明创建，提升网络文明自

律，规范网络传播秩序。开展网络公益，倡导文明办网、上网，打造智能社区。引导互联网企业依法、文明运营，推进网络信息内容生态治理，探索建立网络诚信评价体系，共筑清朗网络空间。

（三）开展文化惠民提升行动

大力发展天府文化，实施文化精品和公共服务倍增行动，完善文物、书店、演艺、赛事、美术及创意设计体系。发挥“两中心一平台”的传播作用，推动天府文化时代化、数字化表达，广泛宣传文化传承中的新人新事新成效，展现天府文化的独特魅力与活力。

传承弘扬中华优秀传统文化，以重要节日为载体开展“我们的节日”活动，制作历史名人宣传片。践行社会主义核心价值观，升级历史名人虚拟博物馆，宣传名人事迹、功绩与精神品格，讲述成都历史故事，彰显文化魅力，激发民族自豪感。

加强文化服务供给，建设“书香成都”，打造阅读美空间，开展惠民购书活动。依托综合性书城、特色书店等，打造书店文化地标和品牌，形成覆盖城乡的实体书店网络，实现“一区一书城”“一街道一书店”布局，为市民提供更多优质阅读资源，营造浓厚文化氛围。

（四）开展文明实践提升行动

完善志愿服务体系，落实中央文明委《关于推进志愿服务制度化的意见》，健全服务机制和智慧社区积分制。建立志愿服务工作协调小组，发挥联合会作用，形成文明委领导、联合会统筹、基金支持的“一体两翼”工作格局，推动志愿服务制度化、规范化、常态化，为建设文明社会贡献力量。

打造志愿服务品牌，深化“友善成都 · 美在志愿”活动，举办志愿服务交流会，推进志愿服务互联网化，建设“文明兴蓉”平台，构建“一街百站千景万家”宣传服务系统。利用政务微信、小程序等构建志愿服务网络场景，提升文明实践影响力，营造浓厚社会氛围。

加强社会信用体系建设，依托“智慧蓉城”、文明兴蓉等平台，构建高质量社会信用体系与新型监管机制。依法奖惩，规范信用记录，完善信用修复制度。治理电信网络诈骗及互联网信息服务失信行为。弘扬诚信理念、文化及契约精神，营造守信践诺良好氛围。

二、成都市加快新时代文明实践中心体系建设

（一）塑造文明实践形象

加强阵地建设，结合“十四五”规划优化文明实践中心体系布局。突出社区教育服务功能，体现红色阵地特色，明确组织设置、工作规范、运行流程。配备专兼职结合的管理人员，打造群众心中的精神家园，让文明实践深入人心，助力社会文明进步。

扩大阵地覆盖，设置文明实践基地于居民聚集区、公共服务设施等场所。整合社区公共空间与“智慧蓉城”等平台资源，建立基地并延伸至小区院落。鼓励机关、群团、企业等常态入驻，开放阵地资源，构建便民利民的文明实践服务圈，实现文明实践的广泛覆盖和深入发展。

突出形象标识，成都市各文明实践阵地结合实际情况，采用“蒲公英logo+文字”形式，布置公益广告、宣传标语，并利用展板、广播等多种媒介宣传文明实践内容。让文明实践的形象标识广泛可见，使群众随时感受到文明氛围，确保文明实践深入人心，形成社会文明新风尚。

（二）加强志愿服务队伍建设

建好志愿服务总队，强化区级建设，发挥引领指导作用。各部门、行业和街道成立志愿服务队，归属总队统一管理。配备常备与特色志愿服务队，提升服务质量。加强新型智慧社区志愿服务力量，引领文明风尚，推动志愿服务深入社区，为建设美好社会贡献力量。

夯实一线志愿力量，建立公共服务志愿服务组织，加强党员、退役军人等队伍建设。倡导人人参与志愿服务，组织引导更多具有专业知识技能的人员成立志愿服务队，为打造“人文社区·智能社会”提供丰富的活动数据支持。建立对口联系和结对帮扶机制，推动志愿力量下沉。引导企业履行社会责任，参与志愿服务，共同助力社会和谐进步。

加强能力素养培训，构建多层次、立体化开展志愿服务培训机制，提升志愿者思想政治和业务技能。街道实践所逐级培训文明实践骨干和优秀志愿者，行业主管部门定期专业培训专业志愿服务组织，提高社区治理和服务能力。专业化的志愿服务为智能社区与网络空间融合治理、社区意识

形态发展研究提供有力支持。

（三）加强重点活动组织

加强主题思想宣传，突出传播习近平新时代中国特色社会主义思想的核心地位，深入贯彻于文明实践工作。组织“永远跟党走”“强国复兴有我”“我为群众办实事”等主题活动，引导群众坚定信念、感党恩、跟党奋斗，激发奋斗精神，推动社会文明进步。

突出主题特色活动，统筹五项任务。依托成都市广播电视台等平台，“学习强国”主题街区·社区频道、“一街百站千景万家”宣传与服务系统，常态化开展文明实践项目，做到月月有计划、周周有行动、天天有活动，确保活动规律有序。加强思想引领，打造文明智能网络空间，逐步提升群众文明素养。

加强社区关爱服务，依托智慧民政、群团系统平台，聚焦“一老一小”及心理健康。推广爱心食堂经验，银龄志愿服务暖人心。关爱因病因灾致贫者，助其解困，筑牢信心。完善“社区公共服务大数据＋应用场景＋算法”生态体系，提供精细化服务，共建幸福家园，让关爱与温暖常伴左右。

（四）实施特色创新项目

实现供需精准对接，依托区（市）县级融媒体中心及文明兴蓉微信小程序“雷锋热线”，广泛收集群众需求，精准区分共性与个性，制定服务清单。优化“点单—派单—接单—评单”流程，便捷、精准、高效对接文明实践志愿与新型智慧社区服务，让群众真切感受到文明实践的温暖与实效。

围绕“新时代文明实践＋”健康、友好、幸福等主题，积极组织参与志愿服务项目大赛，广泛征集优秀项目与短视频。重点扶持培育主题鲜明、效果显著的项目，推出一批受欢迎、可持续的志愿服务品牌，以实际行动传递新时代文明实践的温暖与力量，助力社会文明和谐发展。

打造优质服务品牌，围绕智能社区与网络空间融合治理等特色创新工作，精心策划、设计组织志愿服务项目。明确服务对象、内容与要求，按照流程闭环管理，从成立项目到招募志愿者，再到实施与评估，持续优化，确保服务质量和实效，塑造可持续、有影响力的志愿服务品牌。

（五）开启“新时代文明实践+”智慧服务体验新场景

坚持“创建为民、创建惠民、创建靠民”，借鉴吉林长春、上海等先进地区的经验，成都以“学习强国”主题街区为基础，打造“特色基地+社区文化体验馆+”、“学习强国”主题街区广场新时代文明实践沉浸式体验新空间，实现“学习强国”从线上App宣传服务到线下参与体验服务，打造具有地方特色的“新街坊·家空间”“邻里守望·家文化”等智能网络空间文化品牌，弘扬真善美，引领网络文化健康发展。

采取“共驻共建、共建共享”模式，整合“智慧蓉城”、文明兴蓉等多方数据资源，构建“新时代文明实践+”数据融合平台，完善志愿服务及社区活动数据体系。通过融合媒介渠道，打造“一街百站千景万家”社会宣传与民生服务生态，丰富志愿服务内容，拓展服务深度与广度，为“智慧蓉城”发展增添动力，推动社会文明持续进步。

围绕“服务老，养育小，让中青年发展好”目标，融合新型智慧社区，构建社区全生命周期教育培训与服务体系。打造“学习+家庭教育”“一老一小”等人文智慧服务新场景，推出“理响成都”等文明实践品牌。弘扬文明新风尚，引导群众树立文明观念、养成文明习惯，共同营造文明和谐的社会氛围。

（六）探索新时代文明实践“一街百站千景万家”生态体系

做好“两中心一平台”数据融合发展，成华区与成都市广播电视台聚焦融合发展，构建“一街百站千景万家”社会宣传与民生服务生态，发挥各类平台和终端作用，拓展文明实践“小细胞”。通过逛一街、入百站、观千景、进万家，打通宣传、教育、引领、服务群众的“最后一公里”，推动新时代文明实践深入人心，促进社会文明和谐进步。

做好“智慧蓉城”“一街”文明实践功能，以“智慧蓉城”街道（乡镇）城运平台“一街”的支撑功能，汇聚“看度”“成华发布”等融媒体资源，以及微信小程序“雷锋热线”、“学习强国”主题街区·社区频道、“云社区+智媒体”公共服务资源，为开展“人文社区·智能社会”治理和服务创新提供良好的环境。

做好“百站”文明实践空间阵地体系，在“学习强国”主题街区打造全国首个“学习+实践”沉浸式体验综合体，辐射公共服务窗口、国企、高校等多领域。通过构建点多面广、功能完备的社区公共服务“百站”体系，优化新时代文明实践中心布局，完善“社区公共服务大数据+应用场景+算法”生态，为群众提供更为便捷、精准的文明实践服务。

做好“千景”推选评选服务及群众参与体系，成都市广播电视台“都市生活频道”、成华区融媒体中心等平台利用积分机制，开展“最美街区”“好公婆好媳妇”等“千景”评选活动。通过融媒体、社区显示屏等媒介，展示文明实践新内容、新场景和新风尚。重点扶持培育特色鲜明、效果显著的项目，打造受欢迎、可持续的全民参与志愿服务品牌，激发群众参与热情。

做好“万家”社区生活服务体系，成华区各街道、社区积极推进“我为群众办实事”等志愿服务计划，覆盖“一老一小”服务、家校社协同育人等多个领域。设立“智能社区与大健康服务实验室”等平台，突出社区心理健康、医养结合、健康管理、运动健身、科学普及、法律服务、扶危帮困等公共服务和志愿服务工作。

为深刻把握“社区文化精神空间”智慧共同体构造机制与制度优化设计，成都市广播电视台与西财天府社区治理学院成立课题组，注重研究智能网络意识形态及社区文化的核心价值，以及AIGC、CIG等人工智能生成机制，注重构建智能网络空间行为新秩序，加强文化空间塑造、精神空间净化，营造清朗的网络空间，为网络文化的发展提供良好环境。

积极健全多元主体参与机制，鼓励居民、社区组织、企业等共建共治共享。围绕“一街百站千景万家”体系建设，积极探索文化创新激励机制，激发创造活力，推动社区文化繁荣发展。这些机制和制度的优化设计，为构造“社区文化精神空间”智慧共同体提供了坚实保障。

三、成都市探索智能社会治理实验试点的公共服务大数据应用

（一）智能交通管理系统

成都市积极探索智能社会治理，在公共服务大数据应用方面取得了显著成果。其中，智能交通管理系统作为智能社会治理的重要内容，通过部

署智能感知设备于重点路段、桥梁等区域，实现对交通流量的实时监测与智能调控。系统深入分析现代化大型社区居民出行数据，精准把握上下班交通大数据，不断优化公交车等交通线路，提升市民的出行体验，大幅提升交通效率，为城市的可持续发展提供有力支撑。

（二）智能城市安全监控系统

在智能社会治理实验试点中，成都市充分发挥大数据技术的优势，建立了智能城市安全监控系统。该系统借助人工智能和机器视觉技术，对城市的水电气、充电桩、停车棚等关键公共服务设施进行全天候的实时监控和智能分析，从而能够迅速发现并处理各类潜在安全隐患。通过构建“一芯百算千视万物”社区 AI 观察和管理服务及社会计算系统，实现对公共空间隐患的在线管理，确保城市公建配套设施设备的运行安全、高效。

（三）智能社区治理与民生服务系统

成都市运用智能社区公共服务管理平台，精准感知并预警社区隐患，确保及时处置。通过构建“社区公共服务大数据 + 应用场景 + 算法”生态体系，推动治理与服务深度融合。借助互联网、大数据和人工智能技术，精细化提供社区养老、医养结合等服务，显著提升社区智能化水平和公共服务质效，让居民享受更便捷、智能的社区生活。

第六节　成都市开启“人文社区 · 智能社会”人工智能社会实验初探

为深入探索智能社会治理，中央网信办等八部门于 2019 年启动实验基地试点工作，选出 10 个综合基地和 82 个特色基地。这些基地利用人工智能等技术，挖掘智能社会特质及治理关键问题，为政策制定提供实践案例与参考，推动智能社会健康发展。这些基地的设立与运行，不仅是对智能社会治理模式的创新探索，更是对未来社会形态发展的前瞻布局，对于推动国家治理体系和治理能力现代化具有重要意义。

成都市委、市政府高度重视综合实验基地建设，将其与“智慧蓉城”建设紧密融合，确保同步规划、建设、验收。市委常委会、市政府工作重点均将相关工作纳入其中，保障实验任务顺利推进。作为“智慧蓉城”建设的关键一环，成都市首批推出10个重点实验场景项目。其中，成华区与成都市广播电视台共同承担“智能网络空间舆论治理”项目，以舆情监测分析、文明实践及智慧治理信息系统为核心，开展深入的人工智能社会实验。项目旨在验证智能技术在网络空间舆论治理中的作用，评估社会效果与舆论生态影响，总结新模式，优化流程，为构建健康、和谐的网络空间提供支撑，推动成都市智能社会治理水平再上新台阶。

成华区积极践行“新时代文明实践＋”理念，探索社区治理新模式。立足社区与虚拟空间协同发展，整合“智慧蓉城·智慧成华”建设系统资源及整合“云社区＋智媒体”以及“惠客龙潭·智能治理”等项目资源，推出“智能社区与网络空间融合治理”项目。该项目贯穿社会主义核心价值观、新时代文明实践和网络强国要求，组建研究主体和技术主体团队，审慎提出“新时代文明实践＋”引领，通过实现虚拟与现实、物质与精神、智能社会与网络空间舆论的共同治理，努力构建“虚实共治、协同治理”新格局，增强社区治理整体效能。成华区的这一创新实践，有望为社区治理提供新路径，推动了智能社会治理与服务创新的深度融合，为居民提供了更便捷、高效的服务体验。

在此过程中，成华区着眼于“枫桥样本”的建设，致力于探索“人文社区·智能社会”治理与服务创新的标准规范和应用场景，为国家与地方政策制定提供有益参考。通过打造示范点位和场景，形成具有影响力的案例，培养专业技能人才，并孵化优秀AI产品和企业，成华区不断提升社区治理水平，为超大城市和国家治理现代化贡献成都力量。这一举措不仅丰富了社区治理的内涵，也为智能社会治理的创新发展注入了新动力，彰显了成都市在推动社会文明进步和智能科技发展中的积极担当与卓越贡献。

一、探索“人文社区·智能社会”治理和服务创新的政策背景

（一）国家级层面：深入开展人工智能社会实验

按照《中共中央关于制定国民经济和社会发展第十四个五年规划和二

〇三五年远景目标的建议》规划，深入开展人工智能社会实验，完善社会治理体系，实现基层治理的自治、法治、德治相结合，促进政府治理与社会调节、居民自治的良性互动。同时，充分发挥群团组织和社会组织的作用，畅通和规范各类社会主体参与社会治理的途径，共同构建人人有责、人人尽责、人人享有的社会治理共同体，推动社会治理向现代化、智能化方向迈进。

为深入探索智能社会的运行新模式、法律法规、标准制定、政策体系和体制机制，中央网信办联合 8 个部门共同推动国家智能社会治理实验基地的建设。基地分为综合与特色两大类，通过不同领域和类型的实践，为智能社会治理的深化提供坚实支撑。成都市成功入选综合基地，同时在教育和体育领域获特色基地荣誉，展现了成都市在智能社会治理领域的全面实力。此外，成华区承担的"智能网络空间舆论治理"项目，锦江区作为养老服务特色基地，以及武侯区在社区治理特色基地的卓越表现，都进一步凸显了成都市在智能社会治理创新方面的领先地位。这些人工智能社会实验项目将为成都市在智能社会领域的未来发展开辟新路径，提供先行先试的探索经验。

与此同时，随着数字经济的蓬勃发展，社区数据作为重要的生产要素，其资产化进程已成为政策关注的重点。在国家层面，关于"社区数据资产化"的政策日益受到重视，旨在推动各类数据资源的有效利用和价值实现。通过完善数据产权制度、加强数据资源整合和共享、推动数据要素市场建设等措施，为社区数据资产化提供有力保障，提高社会各界对社区数据资产化的认识和参与度。通过建立完善社区大数据安全保护机制、加强数据交易市场的监管、定期对政策实施效果进行评估和总结，确保社区数据资产化的健康有序发展。

（二）四川省级层面：深入推进基层治理制度创新和能力建设

《四川省国民经济和社会发展第十四个五年规划和二〇三五年远景目标纲要》为四川未来的社会治理描绘了清晰的蓝图。其中特别强调了提高社会生活数字水平的重要性，旨在通过云端集成的方式，构建便捷高效的城镇社区智慧场景，进而提升数字普惠服务能力。这一目标的设定，不仅顺应了信息化、智能化的发展趋势，更是对基层治理现代化水平的全面提升，为居民带来更加智能化、便捷化的生活服务。

为落实治理和服务规划，省委网信办等部门及时出台了关于国家智能社会治理实验基地建设及基层治理现代化建设的通知。通知中明确提出要深化街道管理体制改革，通过建立街道职责准入制度，引导街道（乡镇）将工作重心放在党建、治理和服务上。同时，健全党组织领导下的社区治理机制，构建党建引领、协同联动的小区治理架构，以推动社区减负增效，扩大社区自主权。此外，完善社区议事协调机制，推广院落、楼门栋等“微自治”模式，规范物业服务，也是通知中的重要内容。通过整合各类网格资源，构建“一网统管”的网格服务管理体系，将进一步提升基层治理的效率和水平，为四川省的基层治理现代化建设提供有力支撑。

（三）成都市级层面：打造有韧性、绿色、宜人、安全的新型智慧城市

成都市在加快建设公园城市示范区的征程中，正依托“智慧蓉城”建设，积极推动城市治理模式的深刻变革。“智慧蓉城”建设不仅是技术应用的升级，更是治理理念和方式的全面重塑。按照实施方案，成都市正努力构建跨部门、跨区域、跨层级的智慧应用场景，推动五级应用贯通，促进各方协同联动。通过搭建社区基础信息库、智慧治理平台、市民生活服务平台和社会主体参与平台，成都市不断整合和优化线上功能，既提升社区工作者的治理能力，又丰富社区居民的线上服务体验，还拓宽了社会主体的参与渠道。这样的建设不仅优化了城市的治理模式，更推动了治理体系的重构和治理能力的提升，为城市的综合竞争力注入了新动能。

随着国家智能社会治理实验综合基地的深入推进，成都市的城市精细化治理效能得到了显著提升。智慧社区、智慧交通、智慧环保、智慧生活、智慧文明实践等多样化场景应用，正逐步融入市民的日常生活。通过综合运用新一代信息化手段，成都市致力于打造具有韧性、绿色、宜人、安全的新型智慧城市。

社区大数据的合规审查，特别是法律与伦理方面的审查及分类分级是基本保障。成都市要求各单位对社区各类数据进行严格的合规审查，确保

数据使用的合规性和安全性，这包括检查数据的来源、采集方式、使用目的等是否合法合规，避免数据泄露、滥用等风险。这样不仅提升了人文智慧社区建设和城市运行的智能化水平，更在细微之处提升了群众的生活品质，让市民在享受便捷高效服务的同时，切实感受到城市发展的温度，不断增强群众的获得感、幸福感、安全感。

（四）成华区级层面：推进智慧成华与智能社会融合发展生态体系建设

成华区深刻把握成都市国家智能社会治理实验综合基地建设的契机，积极建立跨部门、跨领域的协同合作机制，推进智慧成华与智能社会融合发展生态体系建设。以“新时代文明实践＋”总揽，聚焦“人文社区·智能社会”的重难点领域，实施“智能社区与网络空间融合治理”等人工智能项目，推动“智慧蓉城”城运平台生态体系建设，同时探索“虚实共治、协同治理”的新体系和运行机制。

首批项目以双桥子街道“学习强国”主题街区为核心实验区，龙潭、青龙、府青路等区域作为对比实验点位，旨在通过实际应用与效果对比，深入探索智慧社会治理的创新路径。按照“136＋N”模式，精心进行功能设计、建设运营，以推动社区治理体系和治理能力现代化。

“1”即坚持“新时代文明实践＋”的核心理念，将其作为总揽全局的指导思想，贯穿于整个实验过程。

“3”则聚焦于社区公共空间风险隐患与舆情预知、社会心理健康关爱、社区微观治理与服务三大核心领域，通过精细化管理和创新技术应用，提升社区治理的精准性和有效性。

“6”则代表着六大特色应用场景的呈现，逐步呈现“AI＋”平安、服务、友好、健康、幸福等特色文明实践新场景，涵盖人工智能视觉下的平安监控、智能化服务提供、心理关爱体系建设、健康管理平台搭建、友好型社区环境营造以及幸福感提升举措等，全方位提升社区居民的生活质量和幸福感。

“N”则代表将打造多个平安、关爱、文明等主题的小区（院落）和智能实验应用研究及体验基地，通过这些具体项目的实施，将理论与实践相结合，不断推动社区治理的创新与发展。

成华区与驻区单位合作，以“新时代文明实践+”为指引，精心打造“学习强国”主题街区，科学运用AIGC、NLP、CIG等人工智能技术，构建“社区公共服务大数据+应用场景+算法”生态体系，陆续呈现“AI+”平安、服务、友好、健康、幸福等文明实践新场景，探索构建智能社会“社区文化精神空间”智慧共同体构造的新路径。

（五）街道（辖区）层面：以“人文社区·智能社会”探索创新引领促进“智慧蓉城”街道城运平台提质增效

“智能社区与网络空间融合治理”项目旨在通过“人工智能+”新质生产力驱动“人文社区·智能社会”建设和高质量发展，为智慧成华系统平台提质增效，并推动微治理、微服务、微感知、微计算、微机制等社区神经元生态体系建设。

建设内容涵盖多个方面，具体包括以下要点。

一是建立智能实验管理应用中心，作为新时代文明实践特色示范基地，整合先进技术和创新理念，为社区治理提供智能化解决方案。

二是与驻区高校合作，共建社区治理AI算法应用实验室和智能社区与大健康服务实验室，借助高校科研力量，推动社区治理领域的算法研发和应用创新。

三是研发智能实验管理调度平台和AI中台，构建三套底层融合支撑系统，为社区治理提供强大的技术支撑和数据处理能力。

四是开发80余个社区治理算法和特色功能子系统，涵盖多个功能模块，以满足社区治理的多样化需求，提升治理效率和精准性。

五是在社区公共空间部署“一芯百算千视万物”社区AI观测实验和服务点位，通过智能化设备和技术手段，实现对社区空间的全方位观测和服务。

六是打造健康、关爱、友好、文明或学习主题小区（院落），并结合社区、街区和综合体等空间，创造特色应用场景，为居民提供更加舒适、便捷的生活环境。

七是重视人才培养和成果转化，通过培养专业人才、孵化AI算法模型及智能产品、催生一批AI智能治理企业等，努力形成一套重点指标体系、相关标准规范体系，以及可推广复制案例、系统平台、经验模式。

（六）社区（小区）层面：推动新型智慧社区神经元体系建设

坚持“以人为本、集约节约、便民利民”的理念，积极构建“一港三云”社区治理底层支撑系统，同时打造“院落微治理平台”及微治理、微感知神经元体系。将人工智能社会实验与“智慧蓉城·智慧成华”、智慧社区、文明实践、微网实格等各项工作深度融合，以科技创新推动社区治理的现代化。集成“人文社区·智能社会”等精准化治理、精细化服务的人工智能应用新场景和示范案例的建设，提升新型智慧社区治理的智能化水平和效率。

围绕打造“全龄友好 幸福感知”的目标，大力推进“一街百站千景万家”微组织、微服务神经元体系建设。推动建立全生命周期社区服务体系，通过整合各类资源，为社区老人、儿童、残疾人、社会贫困户、优抚对象等特殊群体提供及时有效的社会救助和福利服务。推动文明实践、学习社区（家庭）、邻里互助、社区基金、社区慈善等工作的开展，努力营造和谐、文明、友爱的社区氛围。

成华区龙潭街道在智能社会治理融合实验的规划建设中，以需求和“应用场景”为导向，对社区大数据进行分类分级，根据数据的敏感性、重要性等因素，制定不同的管理和挖掘利用策略。通过社区大数据资源入表、数据资本化应用以及数据资产运营等手段，促进数据资产的有效管理与价值转化，推动智能社区治理与网络空间融合治理现代化的进程。这些举措的实施，进一步增强了居民的获得感、幸福感和安全感。

二、探索智能社会“文明引领、虚实共治”的现实需要

（一）探索智慧城市“物质层面”与“精神层面”协同共治

网络社会风险传播更快、更广、更深，治理难题层出不穷，凸显了虚拟社会治理的重要性。匿名性、隐蔽性和虚拟性导致网络充斥虚假有害信息，传播中易失真、异化，产生“放大效应”，带来高风险。网民思想多元，群体利益诉求各异，增加了整合难度。网络迅速传播热点问题和突发

事件，为智能社会“虚实共治”带来了新挑战。

在物质层面，以“智慧蓉城”各类系统平台为基础，积极运用物联网、大数据、人工智能等新一代信息技术，加强城市基础设施的智能化改造与升级，以科技手段提升城市治理的智能化水平。同时，注重党建引领基层治理创新，依托“一港三云”社区治理底层支撑系统及CIG等特色应用功能，推进微网实格、平安建设等工作，探索市域治理现代化体系和机制创新，以实现更高效、更精细的城市管理。

在精神层面，以“新时代文明实践+”为引领，加强智能网络空间意识形态形成和舆论发展研究，提升市民的文明素质和道德水平。关注人工智能技术在智能网络舆论治理和“社区文化精神空间”智慧共同体构造中的应用，研究其如何影响、优化重塑市区级治理行为。同时，深入探索区级文明实践、社会治理、网络治理模式的变革与流程创新，总结智能网络舆论治理的实现路径，提升网络空间舆论监管和执法效率，为构建清朗的网络空间提供有力支撑。

（二）探索构建人文智慧社区“微治理”与“微服务”融合发展的需要

目前，全国许多智慧社区仍局限于管理型的“物本”智慧化，主要形态多为物管型、平安建设及公共服务型，缺乏活力的社区微治理与微服务神经元体系。成华区则积极创新，致力于构建“微治理”体系，力求在服务中实现治理，在治理中提供服务，并在服务中谋求发展，从而实现新的突破，为社区治理注入更多活力与智慧。

在微治理领域，积极应对“住得近了，组织多了，却聚不拢了”等挑战，力求实现共组织、共管理、共发展的“熟人社区”智慧共同体新突破。针对社区资源匮乏、外部资源整合难、公共财政不足等问题，推动社区产业平台培育与长效闭环运营，为社区发展注入新动力。针对老旧社区配套设施差、流动人口多、安全隐患多等痛点，运用“人工+智能”虚实共治手段，提升社区安全防范和处置能力。针对社区系统平台多、智能设施使用率低的问题，探索通过低代码、原子化、积木化研发，推动社区治理和服务软件的创新与应用。

在微服务方面，秉持人文理念，精心构建“一街百站千景万家”社会宣传与服务生态体系。通过开展公共服务、专题媒体宣传、社区文化活动及志愿服务等多元活动，打通服务群众的“最后一公里”。积极融合科学价值与人文价值，完善“社区公共服务大数据 + 应用场景 + 算法”的数据生态体系应用场景，努力打造充满互动与体验的人文智慧社区。创新社区心理健康、医养结合等特色关爱服务，全方位提升居民的生活质量与幸福感。

（三）探索城市治理“人工智能技术”与“融合发展”的需要

聚焦“人工智能技术 + 公共管理、公共服务、公共安全、数字经济”四大关键领域，深入开展人工智能社会实验。以“智慧蓉城 · 智慧社区”综合信息平台和社区综合体智能平台为支撑，选取双桥子传统社区、华泰新建小区、昭青社区等老旧小区作为典型代表，观察并分析智慧治理、社会宣传与民生服务、智慧养老与智慧托育等建设对社区治理网络和公共服务水平的实际影响。探索从管理型的“物本”智慧社区向治理与服务融合型的“人本”新型智慧社区转型的路径。

围绕“智能社区与网络空间融合治理”实施人工智能社会实验，深入开展智慧社区中的公共服务与治理网络研究。通过对新型智慧社区平台运行成效的评估，以及对智慧社区公共服务与治理网络组织变革等因素的综合分析，研判智慧社区建设的成效及其社会影响。总结形成具有可推广性的经验、政策标准和管理机制。

围绕“人文社区 · 智能社会”的建设目标，依托新型智慧社区应用场景，深入探索智慧社区中的公共服务与治理网络维度。从中观和微观两个层面出发，以公共服务主体数量、主体间关系强度和中心度等关键指标，细致观测公共服务与治理流程、治理结构与治理文化的实际影响。同时，结合社区规模、企业技术水平和居民特点等指标，进一步分析智慧社区主体特征的影响表征。深入研究智能技术应用对社区治理和邻里交互的深远影响，并探讨其中涉及的组织变革和制度变革，为“人文社区 · 智能社会”建设探索新路径。

三、探索智能社会“文明引领、虚实共治”的基本原则

（一）坚持理论与实践创新原则

围绕“智能网络空间舆论治理”提出指导理论创新思路，这是国家智能社会治理综合实验的基本要求。成华区融合民政部“社区公共服务大数据”“新时代文明实践 +”等科研成果，探索智能社会治理创新路径。明确发展方向，构建支撑体系，完善机制，设计长效运营模型。为确保工作专业有效，公开招选具备部委级课题研究与实施经验并拥有成功应用场景的研究与技术主体，共同推进创新思路的先进性与实用性，为智能网络空间舆论治理贡献力量。

（二）坚持安全保障与伦理审查贯穿始终原则

成都市开展人工智能社会实验研究工作，要求各单位将工作和意识形态安全等放在首位，各系统平台、各环节必须严格遵守法律法规和网络、信息、数据及意识形态等各类安全保障规章制度。同时，实验团队还需严格遵守人工智能社会实验中的道德规范，确保实验设计、实施和结果符合社会伦理要求。所有涉及伦理审查的内容都应经过严格把关，确保实验活动的伦理合规性。

（三）坚持文明引领、问题导向、机制闭环、赋能增效原则

为构建新型智慧社区，成华区秉持“统筹规划、场景共建、技术攻关、机制闭环、长效运营”的原则，依托区、街城运平台，以及“天府通”社区公共服务、“一街百站千景万家”文明实践、“大联动 · 家空间”智慧治理等系统平台，力求打造稳定、安全、高效的社区治理体系。重视新时代文明实践志愿服务在公共服务中的推动作用，通过志愿服务激发社区活力，避免系统建设陷入缺乏自我生存能力的困境。通过线上线下良性互动的运行机制，确保系统平台具有良好的稳定性、可扩展性、数据安全性、运营长效性。

四、探索“人文社区·智能社会”人工智能社会实验工作的初步规划

（一）指导思想

坚定以习近平新时代中国特色社会主义思想为指导，贯彻落实党中央部署，以成都市公园城市示范区建设为引领，紧扣“城市治理现代化”定位，加快“智慧蓉城”和国家智能社会治理实验基地建设。坚持导向，聚焦“新时代文明实践+”智能网络空间、“人文社区·智能社会”治理创新、网络空间命运共同体构建等重难点，推动治理现代化与智能化，构建新时代网络空间新格局。

以“新时代文明实践+”为引领，在龙潭街道等地设立社区大数据采集应用制度实验区、社区产业实验基地，深入开展理论与实践研究，推动城市管理理念、模式及手段的创新。高度重视人工智能技术应用可能带来的潜在风险和挑战，加强研判和防范工作，切实维护市民及市场主体的利益和城市安全。结合“智慧蓉城”街道（乡镇）城运平台的提质增效、新型智慧社区公共服务体系的建设和推动县域社区公共服务大数据要素流通，以及以社区公共服务大数据为核心的县级社区大数据资源注册登记平台体系建设机制，不断总结“智能社区与网络空间融合治理”经验，努力健全现代治理体系，提升公园城市的治理效能，推动数字政府和数字乡村的建设，带动数字经济的高质量发展，为超大城市治理体系和治理能力现代化提供坚实支撑。

（二）相关规划概要

1. 基本原则及要求

第一，坚持理论与实践创新原则：紧扣新时代文明实践主题，围绕“智能社会与网络空间舆论融合治理”要求，整合“社区公共服务大数据”等重点课题科研成果，组织跨系统、跨学科、跨部门、跨平台、跨领域“跨界融合”研究，提出有关指导理论创新思路。

第二，坚持安全保障与伦理审查贯穿始终原则：坚持将党的绝对领导和智能网络安全贯穿实验工作的始终，严格遵守网络、信息、数据及意识形态等各类安全保障规章制度，以及人工智能社会实验中涉及的道德规

范、各类伦理审查等规章制度。

第三，坚持“因地制宜、利旧创新、融合发展”原则：以区、街城运平台为支撑，集成“大联动·家空间”人文智慧社区之芯（社区智能大脑），推动融合形成“一街百站千景万家”文明实践与“一芯百算千视万物”社区AI关爱服务体系等。

第四，坚持“问题导向、机制闭环、赋能增效”原则：依托现有社区治理、文明实践、公共服务等系统平台资源，形成“统筹规划、场景共建、技术攻关、机制闭环、长效运营”人文社区服务与智能治理的融合体系。

第五，坚持“服务引导、居民参与、持续运营”原则：以居民为中心，科学规划“人文社区·智能社会”治理和服务相关创新工作实施路径、支撑体系、配套机制、长效运营模型及实现方案。

2. 主要目标任务

坚持将践行社会主义核心价值观、新时代文明实践、网络强国等要求贯穿全过程，以“新时代文明实践+”为引领，以社区居民为中心，立足“服务小、关爱老，让中青年发展好”的原则，努力打造新时代文明实践民生服务示范区、社区风险隐患智能治理“枫桥样本”、智能社区大健康服务创新先行区。

以智慧社区、文明实践与社区公共服务等信息系统为基础，构建“社区公共服务大数据+应用场景+算法”的数据生态体系，实现数据资源的深度整合与高效利用。深入探索“现实社区与虚拟社区、物质层面与精神层面、智能社会与网络空间”的虚实共治、协同治理方向，以期在数字化时代为社区治理与服务开辟新路径。不断完善“智慧蓉城”城运平台神经元生态应用体系，丰富其功能与应用场景，使其更加贴近社区治理和服务的实际需求。积极创新“人文社区·智能社会”相关的治理和服务体系机制，为智能网络空间文明实践提供有力的综合支撑。

3. 重点研究方向、探索实践领域

第一，文明实践：以“两个基础+三个文明主题”为核心构建新时代社区文明新图景。在新时代的社区建设中，文明实践成为推动社区发展的重要动力。成华区坚持以“社区平安、综合服务”两个基础为立足点，聚焦“居民健康、社区友好、社区幸福”三个文明主题，构建一个多元化、立体化的文明实践体系。

第二，人文社区：满足“五个层次需求”打造人文气息浓厚的社区环境。人文社区建设是提升社区品质、增强社区凝聚力的关键。根据居民需求，将人文社区建设划分为“平安需求、服务需求、治理需求、组织需求、人文需求”五个层次。在平安需求方面，创新构建“一芯百算千视万物”社区 AI 观测治理系统；服务需求方面，完善“家空间”等社区服务体系；治理需求方面，完善多元参与、复合共治体系；组织需求方面，完善“一核三治”组织体系；人文需求方面，完善“一街百站千景万家”关爱服务体系。

第三，智能社会：以“五个推进阶段”探索智能社会治理和服务创新路径。智能社会是市域“虚实共治”的重要方向。按照“系统新生、数字孪生、虚拟原生、虚实共生、人文共生”五个推进阶段科学探索智能社会建设模型。在系统新生阶段，重在利旧创新，实现系统与数据资源的整合与共享；数字孪生阶段，重在运用数字技术构建社区的数字模型；虚拟原生阶段，重在拓展智能网络空间治理和服务范围；虚实共生阶段，重在实现虚拟空间与现实空间的深度融合；人文共生阶段，重在将社会计算、社区治理 AI 算法应用技术与人文关怀深度融合。

第四，线上线下互动：构建“五个智慧治理支撑体系”实现社区治理现代化。线上线下互动是实现社区治理现代化的重要途径。探索“微组织、微服务、微感知、微治理、微机制”五个智慧治理支撑体系，推动线上线下深度融合。微组织方面，建立“院落 + 社团”微组织网络和智能网络空间文化精神共同体；微服务方面，建立家门口生活服务体，构建“一街百站千景万家”社会宣传与民生服务体系；微感知方面，构建“一港三云”社区治理底层支撑系统和“一芯百算千视万物”社区 AI 监测管理体系；微治理和微机制方面，构建“一池三联”和共驻共建、共建共治联动联勤，以及包括社区业务、数据体系结构、权属、流转、应用等在内的社区大数据资产化等线上线下良性互动长效机制。

成华区与驻区高校携手成立“社区继续教育学院”“社区产业学院”，积极探索社区工作者职业体系，设立社区工作者培训基地，鼓励社会力量参与社区工作者培训工作。同时，与成都理工大学、西财天府社区治理学院等高等学校加强社会工作相关学科专业建设，积极开发社区治理和服务相关课程及CIG社区治理特色算法模型，鼓励在有条件的社区设立实习实践基地，实现教学培养与实践需求有效衔接。通过这些举措，不断提升“人文社区·智能社会”线上线下良性互动的能力。

（三）主要创新实验内容（结合“智慧蓉城”建设）

1. 集成“大联动·家空间”智能治理之芯

实验领域：针对社区智能设施不一、服务资源分散等问题，致力于打造精细化的社区治理数据库和智能算法，以支撑“链上社区、云上街区、数字政府、智能社会”的人文智慧共同体建设，提升社区治理效能，实现公共服务资源的优化整合与高效利用。

实验内容：以城市信息模型（CIM）分布式微存储系统为基础，依托“智慧蓉城”城运平台及社区基础数据库，设立与区级城运平台紧密联动的“大联动·家空间”智能治理之芯（社区智慧大脑），加强数据资源聚合和社区治理AI算法应用，推动社区治理“一屏畅达”，社会诉求“一键回应”，生活服务“一码通城”，风险防控“一网统管”，虚实空间“一体治理”。

2. 集成“一图三e”人文智慧社区标准化体系

实验领域：针对老旧社区安全隐患多、服务单一等问题，利用人工智能算法技术优化“智慧社区”系统，整合智慧停车、禁毒、消防、健康等多元服务数据，构建“一港三云”社区治理底层支撑系统，强化城市“微感知根系”，推动“人文社区·智能社会”建设，创新社会治理与服务，为居民提供更安全、便捷的生活体验，助力智慧城市发展。

实验内容：在推动智慧社区建设的过程中，充分利用人工智能算法技术，对现有“智慧社区”系统平台进行深度治理。通过结合人工智能社会实验，精准提取并优化了社会实验所需的功能，从而形成了“一图三e”结构化标准化体系。

“一图”体系依托智慧蓉城街道城运平台，不断深化智慧社区（街区）电子地图功能应用。集成城市管理、社会视频、安全隐患监控以及社区生活服务等多元事项，实现信息的实时更新与共享，为社区治理提供了强大的数据支撑。

“三e”体系则包括院落“e共治+”、社区“e共安+”和街区“e共服+”。在院落“e共治+”方面，构建党建引领、多方参与的微自治体系，通过线上平台促进邻里互动，打造“指尖邻里”熟人社交圈；社区“e共安+”方面，建立五级微安防体系，构建“大联动·家空间”3分钟智慧安防圈；在街区“e共服+”方面，推动新时代文明实践与社会服务体系的深度融合，打造5分钟便捷生活圈。

3. 集成“全龄友好、幸福感知”人文智慧社区公共服务体系

实验领域：针对老旧社区“一老一小”关爱及心理健康服务等需求，探索建立全生命周期映射模型，集成社区文化、志愿服务、文明实践等公共服务资源，致力于打造“美好社区·新街坊家空间”全龄友好公共服务体系，让每名居民都能享受到贴心、温暖的社区服务，共建共享和谐家园。

实验内容：在构建“全龄友好、幸福感知”人文智慧社区公共服务体系的过程中，紧紧围绕“一老一小关爱，服务中青年发展”的核心理念，以“智慧蓉城”城运体系及“大联动·家空间”人文智能社会之芯为基石，致力于打造一个包容性强、服务完善、智慧便捷的社区环境。

关注老年人和儿童的特殊需求是构建全生命周期服务体系的核心内容，也是完善“社区公共服务大数据+应用场景+算法”生态体系不可或缺的一环。针对老年人，推出医养结合、社区养老等智能化服务，满足其生活照料和健康管理的需求。对于儿童，创建儿童友好型社区环境，提供托幼等服务，保障其安全健康成长。在服务中青年方面，提供个性化职业规划、创业支持和继续教育等服务，帮助他们制定明确目标、发掘潜能、掌握行业信息、增强竞争力，助力其事业成功。

4. 集成“文明健康、幸福安全”社会宣传与社区服务体系

实验领域：以“新时代文明实践+”为总揽，聚焦文明健康、幸福优

惠、关爱互助等核心服务领域，努力构建“在治理中服务、在服务中治理、在治理中发展”的全新格局。推进“人文社区·智能社会”建设，探索智能社区与网络空间融合治理机制；打造“新街坊·守望家空间”，共同营造和谐美好的社区氛围。通过这些可推广复制的系统平台和经验模式，希望能够为其他社区的发展提供借鉴和参考，共同推动文明社区的建设与发展。

实验内容：依托“学习强国”主题街区和“一街百站千景万家”社会宣传与民生服务系统平台，构建起包括学习小站、文明实践站、连心驿站在内的社区服务网络综合体。围绕居民个人健康、社区群体友好及社区整体幸福等重点领域，打造“文明健康、幸福安全”新场景。例如，“学习+文明实践”特色院落（小区）的建设，为居民提供学习交流、文明实践的场所，共同营造文明和谐的社区氛围。推出“救在身边·社区应急、家庭救援”项目，通过培训和演练，提高居民在紧急情况下的自救互救能力。

5. 集成小区、社区、街区一体化治理和服务体系

实验领域：建立“一港三云”社区治理底层支撑系统，积极探索社区治理AI算法应用，以小区协商自治、社区多元治理、街道综合管理各类系统平台为基础，整合和提升社区公共服务力量。针对当前社区层面业委会、社会组织、社区精英、“微网实格”等公共服务力量分散的现状，借助“一池三联”等协同治理机制，促进各类力量有机聚合，形成合力。

实验内容：按照《成都市智慧蓉城“王”字形架构建设指南》以及公共数据、物联感知、城市运行数字体征等管理、建设规范要求，以市级—区（市）县—街道（乡镇）基础管理架构和内循环体系为基础，深入构建街道（乡镇）—社区—小区（院落）微治理外循环体系，促进基层小区、社区、街区治理与服务的有机统一。通过整合“一街百站千景万家”等基层宣传与民生服务系统，对接并融合了社区健康、教育、就业、家校社协同、未成年人保护、群团创新、城市管理、食品药品监管等领域资源，推动商居服务联盟发展和“社区5分钟智慧生活圈”建设。打造“新时代文明实践+”关爱、文明、学习等特色示范空间，构建智慧、文明、和谐的社区发展新格局。

6. “云社区＋智媒体”人文智慧社区治理与数据服务配套机制

实验领域：针对社区造血难、政社互动不足及数据采集更新滞后等挑战，利用“云社区”交互与“智媒体”宣传功能，开展媒体评选、社区宣传、文化、志愿服务等民生服务活动。通过线上线下良性互动，汇聚数据资源，不断提升街道城运平台的微治理和微服务能力，切实增强居民的获得感与幸福感。

实验内容：依托“智慧蓉城”城运平台及通过“一港三云”社区治理底层支撑等系统，充分利用 CIG、区块链等信息化技术，以需求和场景为导向，对社区业务、数据体系结构、权属、流转、应用等方面进行探索，构建以社区公共服务大数据为核心基础的社区大数据体系和“微组织、微自治、微服务、微空间（设施）、微存储、微数据、微计算”体系，以精细化、智能化、高效化为导向，推动“人文社区·智能社会”治理和服务创新。在龙潭街道等辖区设立“社区大数据基础制度实验区”，探索完善数据产权制度、加强数据资源整合和共享、社区数据资产化的监管和评估、推动数据要素市场建设等措施，确保社区数据资产化的健康有序发展。以社区公共服务大数据为基础，构建社区治理、公共服务、居民生活等多维度数据的“社区公共服务大数据＋应用场景＋算法”生态体系，以形成全面、细致的社区数据画像和“社区需求画像”，不断提升社区治理效能，为居民创造更加安全、和谐、宜居的社区环境。通过探索“街长助理·百姓城管”模式，建立“三社联动”、联动联勤专群结合的治理与服务机制，构建“党建联创、治安联防、资源联用、公益联办、环境联管、营造联动、事务联抓”全域治理新格局。

构建“社区公共服务大数据＋应用场景＋算法”生态体系，通过数据资源入表、资本化应用及资产运营，促进数据资产的有效管理与价值转化，推动智能社区与网络空间治理现代化进程。这一系列举措以需求和场景为导向，立足数字政府数据系统与业务系统分离建设的新模式，对社区业务、数据体系结构、权属、流转、应用等方面进行深入探索，对数据进行分类分级，制定针对性管理和挖掘策略，提升数据安全与利用效率。完善社区大数据的更新和活力机制，促进社区各类数据源能够保持持续更新和活力，推动县域社区公共服务大数据要素的科学有序流通，为社区大数据治理与数字经济发展提供新的思路和实现路径，对于推动智能社会治理与服务管理现代化和数字化转型具有重要意义。

7. 集成全生命周期健康服务社区公共服务体系

实验领域：围绕“全生命周期健康服务”，依托智慧健康、“智能社区与大健康服务实验室”等 AI 算法系统平台，推出心理健康和口腔、皮肤、眼、脊椎智能管理、营养膳食服务等社区大健康服务科普和公共服务项目，满足社区居民不断增长的健康服务需求。

实验内容：借助“智能社区与大健康服务实验室”等 AI 应用研发平台，致力于深化社区治理和服务业务体系、数据体系与算法体系的融合研究。发挥成都市广播电视台《健康成都》栏目宣传服务作用，建立社区健康 IP 科普专家库，打造线上线下同步开展科普讲座、活动、义诊等全龄健康服务，提升社区在线关爱服务，推动社区文化精神空间共同体建设。

（四）集成打造公共服务部分特色场景

健康示范小区：通过“早预防、早诊断、早治疗”理念，推动健康管理全面化、个性化、信息化。凸显成华区中医特色，将全生命周期健康服务延伸至社区、家庭，精心培育社区健康“五朵金花”，助力大健康产业蓬勃发展，共创健康和谐社区新篇章。

关爱示范小区：聚焦“一老一小”，依托“一街百站千景万家”服务体系与大数据算法，致力于精准解决居民生活细节。用心办好“小”事，温暖处理“老”事，努力营造“老少共融”的友好氛围，探索社区心理健康关爱服务机制，共同缔造和谐幸福的社区家园。

家庭安防示范小区：依托智慧治理系统资源，建立五级微安防体系，全面覆盖社区家庭。致力于消除社区安全隐患，实现全流程、全要素的安全监管，同时培育家庭应急救援体系，确保居民生命财产安全，打造安全和谐的社区环境。

学习示范小区（院落）：以“学习强国”主题街区为智能服务“大脑”，发挥“一街百站千景万家”社会宣传与民生服务的特色功能，分类打造学习示范小区（院落），搭建学习交流平台提供多元公共文化、文明实践服务，鼓励居民终身学习，共同建设智能社区知识库，打造文化繁荣的学习型社区。

党建社区及文明示范小区：坚持党建引领，依托“一街百站千景万家”答题系统，开展创“四有五好六无”等文明活动。培育文明风尚，倡导居民争做文明先锋，共同打造党建引领、文明和谐的社区典范。

全龄友好社区：借鉴“儿童友好型城市”理念，积极开展各类志愿服务和公共服务，覆盖儿童、妇女、老人等各年龄层。推动传统社区向全龄友好社区的转型，营造包容和谐、各得其所的社区氛围，让每名居民都能感受到家的温暖和友好。

未来公园社区：遵循《成都市未来公园社区指标体系》，坚持“以人为本”核心理念，着力增强社区安全韧性，确保居民生活安宁。推动社区现代化可持续发展进程，努力打造宜居、宜业、宜游的公园式生活新空间，让居民享受更高品质的生活。

特色智慧街区：以智慧蓉城城运平台与新型智慧社区系统为基石，融入文化元素，构建沉浸式体验。深入探索一体化治理服务新模式，将小区、社区、商区紧密连接，完善实现全方位、全领域、全要素的“人文社区·智能社会”数据应用体系，为居民营造智能、便捷、文化的生活新场景。

【本章总结】

本章以习近平新时代中国特色社会主义思想为指引，从马克思主义中国化研究的视角出发，系统阐述了新时代智能社会治理与服务创新等理论资源、价值意义、现实境遇及路径选择。我们认为，“新时代文明实践+”不仅是一个能完美统揽虚拟与现实社会之间的“协同共治”“映射共治”虚实共治的主题，还是一条能完美贯通现实与虚拟社会（社区）、物质与精神空间、智能社会与网络空间的主线。因此，审慎提出以习近平新时代中国特色社会主义思想为指引，以马克思主义中国化为视角，以“新时代文明实践+”为统揽（引领），以践行社会主义核心价值观为核心，以物质与精神、现实与虚拟社区、智能社会与网络空间“三个协同共治”为研究方向，以“五个层次需求（平安、服务、治理、组织、人文）、五个推进阶段（系统新生、数字孪生、虚拟原生、虚实共生、人文共生）、五个特色场景（健康、友好、关爱、幸福、服务）、五个支撑体系（微组织、微服务、微感知、微治理、微机制）”为主要研究内容，以“坚持四个面向、打造四个空间”为主要推进路径，着力打造“平安、服务、健康、关爱、幸福”等智能社会治理与服务创新的特色应用场景，力争形成标准规范、智能产品等实验成果，为制定相关政策与制度提供参考，为成都市成华区、成都市广播电视台等单位开展人工智能社会实验进一步明晰了目标任务和路径。

实现社区数据资产化是一项系统且复杂的工程，涵盖社区治理、公共服务、居民生活等多个维度，形成全面细致的社区数据画像，涉及从数据生产到应用的全流程。同时，社区数据资产管理与价值转化至关重要，需遵循核心步骤，严格的法律与伦理审查，真实反映社区动态，有助于提升数据资产的价值。全过程中确保数据来源、采集方式和使用目的合法合规，防止数据泄露和滥用，确保数据的准确性、合规性、安全性及高效利用，构建来自社区生活场景的鲜活社区大数据体系，实现数据的资本化应用与可持续性运营。

在实施路径上体现在“坚持四个面向、打造四个空间”方面。

一是坚持“面向社区居民身边的精神文化”，以“新时代文明实践 +”为总揽（引领），践行社会主义核心价值观，推动塑造弘扬时代主旋律的网络文化，围绕“新时代文明实践 +”平安、服务、健康、关爱、友好、幸福等场景主题，打造健康、清朗的智能社会“精神空间”，明确了理论指导方向。

二是坚持“面向社区居民身边的活动”，以媒体宣传活动、社区文化活动等为基础，按照“群众活动天天有、主题活动相约星期四”需求，对各推选评选、社区精神文化等活动进行整合，构建“一街百站千景万家”新时代文明实践等群众活动体系，打造智能社会“线下活动空间”，明确了广大居民群众的参与方式。

三是坚持“面向社区居民身边的信息化系统”，以现有智慧社区、微网实格等社区系统平台为基础，施以人工智能社会计算等“CIG社会计算融合手术”，构建“一芯百算千视万物”人文智能社区治理与服务体系，打造新型人文智慧社区和智能社会“线上系统空间”，明确了“虚实界面”的交互方式。

四是坚持“面向社区居民身边的服务”，以现有政府购买服务、社区生活服务、志愿服务等为基础，按照“志愿服务天天有、公共服务相约星期四”需求，构建“社区公共服务大数据+应用场景+算法”关爱服务体系，打造智能社会“线下服务空间”，明确了政府单位的推动方式。

另外，本章通过集成应用和场景打造的研究来看，还得到如下启发，也是下一步努力的方向。

第一，开展“人文社区·智能社会”治理和服务创新，需要思想和理论指导。人工智能不仅是自然科学与工程技术领域的问题，同样也是人文社会科学领域的问题，需要人工智能与人文社会科学携手共进，对于全面推进人文社会科学各个领域的创新，以及促进人工智能的向善发展，具有十分重要且深远的意义。

第二，深刻理解社会主义核心价值观内涵，创新“新时代文明实践+”，可以为新型智慧社区、智能网络空间文明实践、人工智能技术应用等智能智慧化创新工作提供方向和主题、主线。加强社区文化建设，强化人文关怀，实现信息数据赋予社区治理和发展，使社区公共服务的数据资源发挥最大价值。

第三，坚持“以人为本、利旧创新、融合发展、机制闭环”，把握好人文智能社会及智能社区建设应注意的“五个层次需求”“五个推进阶段”即线上线下互动的“五个智慧治理支撑体系”，有利于推动生成式人工智能等新技术的高质量应用，抢占发展先机。其中，社区平安、综合服务两个“基本需求”和居民健康、社区友好、社区幸福三个“根本需求”是社会治理与文明实践的重要内容，

第四，推进人文社区智慧化建设需要大量的跨系统、跨领域、跨部门、跨平台、跨学科“跨界融合”研究，推动构建“社区公共服务大数据+应用场景+算法”数据生态体系，是推进“人文社区·智能社会”治

理和服务等创新工作的有力支撑。

新时代文明实践、新型智慧社区、智能网络空间文明实践、智能社会治理与服务等理论和实践研究永远在路上。本书在研究和总结方面存在不少问题，特别是在谋篇布局上，在理论逻辑、现实逻辑、价值逻辑方面尚有不足之处，将在下一步深化研究中不断完善提升。

后　记

2018 年 10 月，习近平总书记在中共中央政治局第九次集体学习时指出，“要加强人工智能同社会治理的结合，开发适用于政府服务和决策的人工智能系统”“运用人工智能提高公共服务和社会治理水平”。在党的二十大精神的指引下，我们深刻认识到坚持和完善中国特色社会主义制度、推进国家治理体系和治理能力现代化的重大意义和深远影响。面对新科技革命带来的深刻变革和智能社会治理的迫切需求，我们更加坚定地认为，推进实现新科技革命与智能社会治理现代化的深度融合是必由之路。

成都市在这一历史进程中，勇于担当，积极作为，以“智慧蓉城”建设为依托，以国家智能社会治理实验综合基地建设为契机，创新性地提出以“新时代文明实践 +”为引领，并在智能社会与网络空间融合治理的创新理论和实践的相关领域取得了显著成效。这一举措不仅彰显了成都市作为西部重要城市的战略眼光和创新精神，更为全国的智能社会治理提供了有益的探索和借鉴。

为推进“智慧蓉城”建设、深化新时代文明实践与智能社会治理，成都市有关单位和成华区携手高校科研机构，成立“智慧城市治理研究会”“成华区社会治理与民生服务研究基地”等基地，并筹备成都市哲学社会科学研究基地“人工智能 +”社区治理特色基地等机构，合作设立智能社会治理综合实验区、社区公共服务大数据制度实验基地、大学生就业创业社区“VPE”实训基地，全面深入开展跨学科、跨领域、跨平台、跨部门、跨系统的跨界融合研究，为成都市乃至全国的社会治理提供有益的探索和借鉴。

同时，成华区依托各类科研基地，与四川创新社会发展与管理研究院、西南财经大学天府学院等单位合作，按社区教育、社区科研、社区培训、社区文化、社区服务、社区产业“六社一体”方向筹办全国第一个以人工智能新质生产力驱动的本科层面的“西财天府社区治理学院”（二级学院），加强社会工作相关学科专业建设，设立智能社区工作者培训基地、大学生和受训者实习实践基地，加强社区工作者职业标准和评价体系研究，为“人文社区·智能社会”建设提供有力支撑。

由四川创新社会发展与管理研究院、成都市智慧城市治理研究会、成都理工大学文法学院和成都成华智能社会治理与社会事业创新中心牵头成立课题组，我们经过一年多的深入研究与调研，广泛查阅国内外文献，系统分析了近60个相关案例。同时，以成都市的实践和研究为基础，借鉴上海、山东、重庆等地在智能网络空间治理、新时代文明实践“一街百站千景万家”社会宣传与民生服务、“一老一小”服务、心理健康关爱、智能社区与网络空间融合治理等方面取得的经验。同时，对成都市和成华区哲学社会科学规划项目“智能社区与网络空间融合治理”课题研究前期实验成果进行总结研究和借鉴应用。

在此基础上，我们从马克思主义中国化研究的视角出发，以习近平新时代中国特色社会主义思想为指引，审慎提出“新时代文明实践+”引领，系统研究和阐述新时代智能社会治理与服务创新等理论指导观点、价值意义、现实境遇、路径选择及实验实践取得的成效。经过6个月的集中研究和文稿撰写，题为《“新时代文明实践+”视角下国家智能社会治理综合实验的成都探索与研究》专著终于脱稿，以期为新时代智能社会治理实践提供有益参考。

第一章，我们深入探讨了“新时代文明实践引领智能社会治理实验试点的理论指导”的初步研究。分析了新时代文明实践的内涵与特征，探讨了它与智能社会治理的内在联系和相互作用。同时，我们还结合成都等地开展“人文社区·智能社会”集成打造的实验试点情况，分析了新时代文明实践在智能社会治理中的具体运用和成效，为后续的实践探索提供了理论支撑和实践借鉴。

为深入探究“人文社区·智能社会”的业务体系、指标体系、数据体系及运行机制、制度设计，成都理工大学与成都市智慧城市治理研究会组建智能治理智库专委会、“智慧治理数据指标研究中心”“法律与伦理规范研究中心”等多个专题课题组，深入研究人工智能 + 社区”的指标体系、算法模型及其在社区治理和服务中的实际应用，结合卷积神经网络、激活函数和向量数据库等先进技术，探索智能社会治理新模式。此举旨在汇聚学术力量，以科技创新和制度创新双轮驱动，推进社会治理体系和治理能力现代化，为构建智慧、和谐、宜居的城市环境提供理论支持和实践指导。

在此过程中，中央党校（国家行政学院）社会治理教研室主任马福云、中国社会科学院社会研究所教授王春光、中国社科院大学教授孟建伟等专家学者，以及民政部政策理论研究基地（重庆大学）张邦辉等专家学者，给予了思路启发和悉心指导；成都理工大学文法学院副院长、成都市智慧城市治理研究院研究员李海梅，西财天府社区治理学院院长苟兴才等专家学者，给予了大力支持与指导。各位的专业知识和宝贵经验为课题组的深入研究提供了重要支撑，推动我们不断取得新的理论创新和实践成果。在此，我们表示衷心感谢！

第二章，是对“新时代文明实践引领新型智慧社区建设与推进智能社会治理创新”的初步研究。人文智慧社区作为智能社会治理的重要载体，其建设与发展对于提升社区治理水平、增强居民获得感、幸福感、安全感具有重要意义。我们认为，通过加强新时代文明实践的引领，完善社区公共服务体系，并构建智能化社区大数据生态体系，能够推动新型智慧社区建设更加人性化、精细化和智能化。为此，成华区有关单位与西南财经大学天府学院康养护理学院合作成立“智能社区与大健康服务实验室”，聚焦社区医养结合、养老、学校和社会心理健康及大健康管理等关键领域，引进相关领域的实战人才和行业领军人才、专业博士参与科研，开展专题实验和社区科普宣传，旨在推动社区公共服务大数据服务体系的完善和就地转化应用。这一举措不仅体现了科技创新与社区治理的深度融合，也为社区居民提供了更优质、更便捷的健康服务。

我们通过对成都、南京、杭州等地人文智慧社区建设的调研分析，总结其成功经验与存在的问题，并提出了针对性的对策建议。在此，我们衷心感谢成都“学习强国”主题街区政务服务工作部主任彭昊，成都市智慧城市治理研究会副秘书长黎子韬、徐红英和社区治理研究中心韩彬、韩英，成都市成华区卫健局何梅，成都市成华区民政局党组书记张庆，成都市成华区文明办杨建春、周晓东等专家学者的支持和指导，他们的专业知识和丰富经验为实验室的建设与发展提供了宝贵的支持和帮助。

第三章，是对“新时代文明实践引领智能网络空间　推进智能社会治理创新”的初步研究。随着人工智能技术的发展与互联网的普及和发展，智能社会中的网络空间已成为人们生活的重要组成部分。然而，智能网络空间涵盖意识形态、精神文化等多个层面，使得线上网络舆情与线下社会舆情相互交织，呈现出前所未有的复杂性和不确定性。这种交织性不仅增加了治理的难度，更对传统的治理方式提出了严峻挑战。

在线上，网络舆情传播迅速、影响广泛，难以准确把控；线下，各类社区纠纷、隐患引发的社会面的舆情受到多元因素影响，治理策略需因地制宜，因此本课题率先以社区公共空间为主阵地开展社会面舆情触发、生成、演进等机制的深入研究和应用场景实践。面对这些挑战，智能社会治理亟须创新。我们需要构建线上线下联动、多元共治的治理格局，综合利用法律、技术、教育等手段，提升治理效能。同时，还需加强对网络空间的监管和引导，提高公众媒介素养和责任意识，共同营造清朗的网络空间。只有通过不断创新和完善治理体系，我们才能有效应对智能网络空间带来的新挑战，推动智能社会治理迈向更高水平。

为深入开展智能社区与网络空间融合治理的理论和实践创新路径，成华区国家智能社会治理实验综合基地推进小组会同科研单位采取政产学研用一体化模式设立“智能社会治理融合实验辖区”，通过实施小区—社区—街区一体化治理研究，初步探索了公共空间隐患和社会舆情治理的新途径。这些前期成果表明，通过强化智能社区与网络空间的融合治理及文明实践，能显著提升“人文社区・智能社会”线下的服务水平、线上网络空间的文明水准和融合治理效能，为智能社会治理提供坚实支撑。

在以上实践的基础上，我们深入剖析了“人文社区・智能社会”智能网络精神文化空间的特点及治理挑战，提出了以“新时代文明实践＋”为导向，强化智能网络文明建设、推进智能社会治理的具体策略。在本章的研究和撰稿中，感谢武汉大学网络传播与社会治理研究中心主任李小曼，成都市广播电视台党委委员、副台长蒋茂文等战斗在智能网络空间治理创新前线的专家学者，以及成都市智慧城市治理研究会林黎静致、重庆大学龚少微、四川新锐虚拟现实技术应用研发中心黎睿、代俊等青年学者的辛勤付出！

第四章，是对“新时代文明实践引领社会计算等技术　推进智能社会治理创新”的初步研究。社会计算等技术的发展为智能社会治理提供了强大的技术支持和可能性。我们认为，只有在正确的价值引领下，技术才能真正发挥其在智能社会治理中的积极作用。为深入开展社区治理 AI 算法模型研究，四川创新社会发展与管理研究院、西财天府社区治理学院、成都理工大学文法学院、四川新锐虚拟现实技术应用研发中心等联合在西部高技能人才培育总部基地成立“六社一体”的社区治理 AI 算法实验室、社区文化与意识形态实验室等科研机构，聚焦社区健康、友好、幸福等领域，首期筛选形成了 20 余个具有“虚实共治、协同治理”特色的社区小模型，作为现有异常行为、高空抛物等平安建设、社会管理成熟模型的突破和有益补充。

这一重大突破，不仅为现有的平安建设模型带来新的创新点，更是对智能社会治理体系的有力完善。在此，我们要衷心感谢电子科技大学、重庆大学、武汉大学、成都理工大学等单位专家学者的共同努力，特别是感谢四川创新社会发展与管理研究院教授级高级工程师、国家超级计算（广州）中心机房（天河二号）系统主持建设工程师肖连风在这方面给予的大力指导与支持。

第五章，重点研究了“新时代文明实践引领智能社会治理综合实验，因地制宜打造“人文社区 · 智能社会”特色场景”的探索与实践。近年来，成华区以“智慧蓉城 · 智慧成华”为引领，深化与科研机构的合作，致力于推进智能社区治理的理论创新和实践探索。

成华区通过加强“社区公共服务大数据工程与互联网背景下新型政社互动机制”（民政部 2016MZRJ031）、“智能社区与网络空间融合治理”、

“智能社区与大健康服务”等重点项目的研究，推进成果就地转化和应用场景打造，积极申报“全国创新社会治理典型案例”（由中央党校和人民网主办）。

同时，成华区积极承办“第五届中国社区治理论坛”等高端学术论坛活动，出版《中国老旧社区治理现代化》《新街坊·家空间智慧社区治理》多部专著，积极为智能社区治理现代化贡献丰富的理论成果和实践经验，也为申报国家智能社会治理实验综合基地“智能网络空间治理”实验项目奠定了坚实的基础。

在实践层面，成华区通过推进“守望新鸿”智慧社区、“云社区+智媒体”人文智慧社区（街区）、“新街坊·家空间”智能街区、“大联动·微治理”、“一街百站千景万家”社会宣传与民生服务等系统平台融合发展研究及提档升级，不仅推动传统智慧社区到人文智慧社区的转型，更进一步迈向了“人文社区·智能社会”的升级目标。

由此我们看到，人工智能技术在正确的价值导向下，不仅在理论和实践层面均取得新突破，也为社区治理带来了更多积极变革。通过以上一系列的创新举措，为“新时代文明实践+”视角下的国家智能社会治理综合实验的实践和研究提供了有力支撑，推动了“人文社区·智能社会”建设的现代化治理进程，同时也助力提升了居民的生活品质和幸福感。

对此，我们要感谢人民网吉林频道总编辑谢龙，成都市成华区龙潭街道办事处副主任刘敏、成华区龙潭街道智慧城运中心副主任杨平、成华区青龙街道蒋彬文、成华区双桥子街道毕从荣、成华区昭青社区党委书记闵艳等来自基层一线的专家学者。

回顾整个研究过程，我们深感新时代文明实践在智能社会治理中的重要性和必要性。它不仅为智能社会治理提供了有力的价值引领和文化支撑，更在实践中发挥着不可替代的作用。需要社会各界不懈努力，持续深入对新时代文明实践与智能社会治理的研究和探索，推动二者更加紧密地结合和相互促进，为构建更加美好、和谐、智能的社会贡献智慧和力量。

在此，我们还要对参与本课题研究指导的中央党校（国家行政学院）、中国社会科学院社会学研究所、中国科学院大学、民政部社会组织服务中心、民政部政策理论研究基地（重庆大学）、中国社会治理研究会、四川省委党校、四川省社科联、四川省科协、成都市委网信办、成都市委党校、成都市社科联（院）、成华区社科联、成华区科协等有关单位的专家学者及成都市成华区委、区政府有关领导，以及其他所有专家学者和实践者一并表示衷心的感谢和崇高的敬意！

正是大家的辛勤付出和不懈努力，才使得这项研究能够取得如此丰硕的成果。我们将继续携手前行，共同开创新时代文明实践与智能社会治理的美好未来。

我们相信，在大家的共同努力下，我们一定能够实现新时代“中国之治”的美好愿景，为中华民族的伟大复兴贡献更多的智慧和力量。